Florian Schroeder (Jg. 1979) studierte Philosophie und Germanistik in Freiburg, 2006 zog es den Kabarettisten in die Hauptstadt. Längst ist Florian Schroeder einem breiten Publikum bekannt: Er ist regelmäßiger Gast in Sendungen wie ZDF «Neues aus der Anstalt», SAT.1 «Genial Daneben», BR «Ottis Schlachthof», WDR «Mitternachtsspitzen» und «TV Total». In seinem Bühnenprogramm «Du willst es doch auch!» begeistert er bundesweit die Zuschauer mit einer Mischung aus Parodien, politischem Kabarett und intelligentem Nonsens. Die ersten kabarettistischen Schritte machte er bereits auf dem Schulhof, sein TV-Debüt hatte er als 13-Jähriger in der Harald Schmidt Show. Sein weiterer Weg führte ihn über Radiomoderationen bei SWR 3 schließlich auf die Bühne. In seinem ersten Buch zeichnet Florian Schroeder ein feines Porträt seiner Generation, die alle Möglichkeiten hat, aber keine Wahl. Mit Schroeder bekommt sie endlich eine Stimme – persönlich, pointiert, witzig, böse. Mehr über den Autor erfahren Sie unter: www.florian-schroeder.com und www.facebook.de/schroederlive

«Er ist jung, ohne Zweifel intelligent, jongliert virtuos mit Worten und Gedankenspielen.»
(Westfälische Nachrichten)

«Eine außergewöhnlich gute Beobachtungsgabe, Eloquenz, sprachliche Genauigkeit und ein paar wirklich gnadenlose verbale Querschläge.»
(Bonner General-Anzeiger)

florian-schroeder.com

Florian
Schroeder

Offen für
ALLES
und nicht ganz dicht

Rowohlt Taschenbuch Verlag

Inhalt

OFFEN
FÜR ALLES
UND NICHT
GANZ DICHT

Die Medien-Bibel

Steigen Sie ein!
Bleiben Sie dran!

«SOLL ICH'S
WIRKLICH MACHEN,
ODER LASS ICH'S
LIEBER SEIN?
JEIN.»

FETTES BROT

Liebe Leser,

Glückwunsch! Sie haben es geschafft, sich zu entscheiden. Sie haben sich entschieden, dieses Buch zu kaufen oder zumindest hier in der Buchhandlung das Vorwort zu lesen. Das ist nicht selbstverständlich. Entscheidungen zu treffen – das ist eine Entscheidung, für die sich keiner mehr entscheiden will.

Ich werde mich darum auch bemühen, schon in der Einleitung die zentralen Begriffe einmal fallenzulassen. Denn wenn Sie am Ende des Vorworts das Gefühl haben, das Wichtigste schon zu kennen, können Sie das Buch zielgerichteter verschenken.

Falls Sie es eilig haben, hier schnell der Inhalt: Wenn du unter 39 Jahre alt bist, wirst du dich und deine Altersgenossen nach der Lektüre besser verstanden haben. Wenn Sie älter als 39 sind, werden Sie am Schluss endlich Ihre Kinder, Neffen, Nichten, Halbschwestern, Halbbrüder und anderes Patchwork-Gesocks besser verstehen. Also ab zur Kasse und kaufen gehen!

Wenn Sie noch nicht entschieden sind, lesen Sie einfach weiter. Machen Sie es sich gemütlich, stellen Sie sich entspannt hin und lesen Sie einfach weiter.

In diesem Buch geht es um meine Generation. Eine Generation, die nicht einmal einen einheitlichen Namen hat, auf den sich alle Betroffenen einigen können. Ich nenne uns «Irgendwas-mit-Medien», andere sprechen von der Generation «Praktikum», «Krise», «Casting», «Fernbeziehung», «Youporn», «2.0», «3.0», «18.4», «123 1/3».

Wir alle leben in der Diktatur von Mobilität und Flexibilität. Andauernd auf dem Sprung trinken wir Kaffee to go und versteigern gleichzeitig unseren alten Walkman bei eBay. Wir sollen offen für alles bleiben und heiraten uns doch schneller denn je gegenseitig vom Markt weg. Wir bekommen Nachwuchs, aber ohne Eltern zu werden. Wir sind erwachsen, benehmen uns aber wie Kinder; sind

Kinder und benehmen uns wie Erwachsene. Wir arbeiten in unserer Freizeit und machen die Arbeit zu unserer Freizeit.

Kurz: Wir sind offen für alles – und nicht ganz dicht. Wir sagen nicht mehr ja und nein, wir sagen jein. Sowohl-als-auch.

Dieses Buch passt sich den Anforderungen mobiler und flexibler Menschen also in hohem Maße an: Ich habe mich für ein Taschenbuch entschieden, es ist also auch bus-, friseur- und waschsalontauglich. Einmal waschen, legen, schleudern, und schon ist wieder ein Kapitel gelesen. Flexibel ist es vor allem inhaltlich. Es werden hier alle wichtigen Themen unseres Lebens verhandelt: Es gibt Tipps für die beste Intimfrisur, beantwortet die Frage, warum wir uns ständig selbst fotografieren und warum wir fleischessende Vegetarier sind. Kurz: Es gibt praktische Lebenshilfe – ganz ohne Jakobsweg.

Außerdem werden Sie hier nicht durch Werbung gestört oder durch grinsende Moderatoren, die «Sonne satt» voraussagen, nicht durch lästige Gewinnspiele und vor allem nicht durch Hörer, die unter Androhung der besten Hits der 80er und 90er minutenlang ins Telefon kreischen, weil sie eine Reise an den Chiemsee gewonnen haben.

Der Nachteil eines Buches ist allerdings, dass es so verdammt endgültig ist. Schon deshalb ist es, trotz der obengenannten Vorteile, gemeinhin nicht das Medium meiner Generation. Wir twittern und posten lieber. Und geben Statusmeldungen ab. Das ist die Kommunikation unserer Zeit, die sagen will: Jetzt bin ich Vegetarier, schon in zwei Stunden habe ich aber vielleicht wieder Hunger und sehe die Welt doch fleischfarben. Ein Buch dagegen ist eine Entscheidung. Und deshalb schwierig. Entscheidungen sind out. Denn Entscheidungen sind Ja oder Nein – ganz ohne Jein.

Dieses Büchlein wendet sich also an Sie, der Sie noch mit Wählscheibe telefonieren gelernt haben, genauso wie an dich, der du immer noch unentschlossen in der Buchhandlung stehst und jetzt schnell entscheiden musst zwischen diesem Werk und dem eines Durchgeknallten, der mal wieder Deutschland abschaffen will.

Mein Tipp: Stoppt das Abschaffen – geht anschaffen! Und zwar jetzt und hier – dieses Buch. Ihr werdet einfach fröhlicher sein danach.

1. Gefangene der Möglichkeiten

«DER MENSCH
IST ZUR FREIHEIT
VERURTEILT.»

JEAN-PAUL SARTRE

An einem kalten Novembermorgen laufe ich in eine Star-bucks-Filiale. Nur kurz, für einen schnellen Kaffee. So schnell, wie ich gern eine Tasse hätte, geht es hier aber nicht. Im Coffee-Shop stehen einfach zu viele nervöse, koffeingeile Leute. Gerade will ich schreien: «Mehr Personal!», da erkenne ich den Sinn des Schlan-gestehens: Nur durch sehr langes Anstehen in sehr langen Reihen kann ich die sehr lange Getränkekarte wirklich so eingehend stu-dieren, dass ich anschließend professionell bestellen kann. Im Mo-ment stehen noch fünf Kunden vor mir. Ein Wettlauf gegen die Zeit beginnt: Wird es mir gelingen, die gesamte Karte gelesen – und vor allem verstanden – zu haben, bevor ich an der Reihe bin? Ich bin ein bisschen aufgeregt.

Sämtliche Getränke gibt es hier in tall, grande und venti. Das soll klein, mittel und groß heißen. Tall ist Englisch und bedeutet groß, der Becher ist aber der kleinste von allen. Grande ist spanisch und bedeutet ebenfalls groß, wenn ich den bestelle, bekomme ich aber nur einen mittelgroßen Becher. Venti ist italienisch und heißt zwan-zig, klingt irgendwie klein, ist aber der größte Becher, also tall und grande in einem.

Auf Englisch (tall), Spanisch (grande) oder Italienisch (venti) könn-te ich also Filterkaffee (deutsch), Caffè Latte (italienisch), Cappuc-cino (auch italienisch) und Espresso (original italienisch) bestellen. Hinzu kommen Caramel macchiato. Caramel – ist das arabisch? Dann gibt es noch Chocolate Mocha (mit dunkler Schokolade), White Chocolate Mocha (mit weißer Schokolade) und Vanilla Latte (ganz ohne Schokolade, dafür aber mit Vanillesirup).

Es sind nur noch drei Kunden vor mir. So schnell, wie die hier alle bestellen, sind die sicher Profis. Kann man das? Hier Profi werden? Und was muss ich dafür tun? Abends im Bett die Karte auswen-dig lernen, wie für den Vokabeltest in der Schule? Oder einfach im-mer das Gleiche bestellen? So wie die meisten Großstadtbewohner, die stets allen erzählen, dass sie in Berlin, Hamburg oder München wohnen wegen der großen Auswahl: der geradezu unglaublichen

Auswahl an Restaurants, Museen, Theatern, Clubs und Szenen. Nutzen tun sie sie zwar nicht – außer den Stammitaliener um die Ecke –, aber sie könnten, wenn sie wollten. Und darum geht es doch: Möglichkeiten zu haben. Zu können, wenn man wollte. Aber wollen wir noch?

Je mehr Möglichkeiten, je größer die Wahl, desto verlorener komme ich mir manchmal vor. Aber wenn ich mich im Coffee-Shop schon nicht entscheiden kann zwischen tall und grande und venti, zwischen Macchiato und Mocha und Vanilla – wie soll ich dann jemals mein Leben auf die Reihe kriegen?

Ich bin inzwischen ziemlich gestresst und überfliege hastig die Karte. Hinter dem Kaffee folgt die Abteilung «Chocolate and Tea». Da steht *Premium Hot Chocolate*. Das ist wohl supergute heiße Schokolade. Gibt es dann auch mittelmäßige und schlechte heiße Schokolade? Und heißt die schlechteste dann Premium auf Italienisch und die mittelmäßige Premium auf Spanisch? Und überhaupt: Kann ich mich hier bewerben, als Kaffeenamen-Erfinder?

Wie auch immer – Hauptsache Premium. Ein Superlativ. Das passt zu mir. Ich liebe Superlative. Bin ich von etwas angetan, dann finde ich es gleich «sensationell», «abgefahren» und «fett». Was will man auch erwarten, wenn man seit Kindertagen zugedröhnt wird mit dem besten Mix und den größten Superhits aller Zeiten? Alles auf einmal – und das gleich doppelt. Das ist doppelt Premium. Das liebe ich.

Nur noch ein Teenie vor mir. Wie bei den meisten 15-Jährigen heute kann ich nicht genau sagen, ob es auf dem Weg zu einem Mann oder zu einer Frau ist. Es bestellt jedenfalls ganz cool einen «Grande Chai Tea Latte to go». Korrekte Aussprache des Getränks, korrekte Größenangabe und vor allem mit der klaren Ansage: zum Mitnehmen.

Das schaffe ich nie. Ich werde spicken müssen. Beim Bestellen werde ich stets die Karte über der Verkäuferin anstarren und stammeln.

Wie ein schlechter Fernsehmoderator, der ständig auf die Pappen über der Kamera guckt – nur nicht ins Gesicht der Zuschauer.

Chai Tea Latte werde ich garantiert nicht bestellen. Schon wegen des Namens nicht. Chai ist das südasiatische Wort für Tee. Tea ist das englische Wort für Tee. Wir trinken also übersetzt eine Teeteemilch. Bald auch im Angebot: das Cheese-Käsesandwich und das CarCarAuto. Alles auf einmal und das auch noch abgefahren sensationell doppelt – krassfett!

Was soll ich bloß sagen, wenn ich meinen Kaffee hier im Laden trinken will? «For here»? Oder besser auf Deutsch: «Zum hier»? Oder lieber: «Für zum hier»?

Ich fange an, meine Bestellung zu üben. Ich brabble sie halblaut vor mich hin, wie ein Schauspieler seinen Text vor der Premiere. Die Leute um mich herum sehen mich an wie einen, der gleich mit weit aufgerissenen Augen und ausgebreiteten Armen ausruft: «Jesus lebt! Und Elvis ist sein Bruder!» Ich übe still weiter.

Nach fast zehn Minuten in der Schlange ist Showtime. Ich bin überzeugt, selbstsicher und weiß, dass ich meinen Text fließend beherrsche. Also sage ich: «Einen kleinen Kaffee, bitte.» Die Kassenkraft ruft schrill über die Schulter: «Tall Coffee to go.»

To go? Wieso to go? Habe ich das gesagt? Ist hier alles nur noch to go? Weil es schnell gehen muss? Oder will sie mich loswerden, weil ich nicht korrekt bestellen kann? Ich sage: «Nein, zum hier ... äh, für zum hier!»

Aber es ist zu spät. Der Pappbecher hat seinen Weg unter die Kaffeemaschine schon gefunden.

Mit dem Becher in der Hand falle ich erschöpft in einen leeren Ohrensessel und schaue mich um. Die Möbel hier erinnern mich an die Cafés meiner Kindheit. Damals gab es nur Oma-Cafés. Wenn Oma nachmittags um drei derbe einen draufmachen wollte und einen O-Saft springen ließ, fand ich mich in Cafés mit einer Einrichtung wie dieser hier ein. Oma verdrückte ein Stück Sahnetorte und bestellte mir unaufgefordert drei.

Im Oma-Café bediente immer eine Oma oder wenigstens eine ältere Dame, die kurz davor war, Oma zu werden. Zu ihrem Look gehörte eine blumenbestickte Schürze und ein knielanger Rock. Bestellte man bei ihr einen Cappuccino, bekam man einen bitteren schwarzen Kaffee mit einer dicken Portion Sprühsahne drauf. Italienische Wirte nennen das mit großer Verachtung Cappuccino für «die Deutsche». Warum gibt's den eigentlich nicht bei Starbucks? «Einen Grande Grandma German Cappuccino to go!»

Neben meinem Starbucks-Oma-Ohrensessel stehen unbequeme Holzstühle mit zu kleinen Holztischen davor. Es ist ein unheimlicher Stilmix hier. Ziel der Innenarchitekten war offenbar, zwischen die verratzten Oma-Café-Sessel noch ein wenig zeitgemäße chillige Lounge-Atmo zu bringen. Ein bisschen Oma und ein bisschen cool, ein bisschen alt und ein bisschen neu. Beide Stile zusammen wirken allerdings eher etwas hilflos. Im Grunde ist der Möbel-Mix hier wie ich: von allem etwas und nix richtig. Nur nicht festlegen. Auf den Kaffee nicht und auch sonst auf nix. Mit dem Ergebnis: Lounge und Oma passen einfach nicht zusammen. Wer geht schon in eine Oma-Lounge?

Ein junger Anzugträger, der auch mit mir in der Schlange stand, sucht offenbar Kontakt. Er hat sich mir gegenüber in einen Sessel fallen lassen. Ich versuche ihn zu beobachten, ohne ihn anzuschauen – er könnte meinen Blick als Aufforderung zum Talk begreifen. Zu spät. «Also diese Preise hier», meckert er laut, als wären er und seine Anzugträger-Firma nach einem Getränk pleite. «Und dieses ewige Anstehen! Also sooo toll schmeckt der Kaffee ja nun auch wieder nicht. Ich versteh diesen Hype, der um diese Coffee-Shops gemacht wird, echt nicht!»

Er sagt dann noch, dass man da doch vielleicht mal irgendwie eigentlich echt was machen müsse.

Das sind auch meine Lieblingsworte: irgendwie, eigentlich, vielleicht. Das ist die Sprache des Konjunktivs, die Sprache der unzähligen Möglichkeiten, in der alles offen bleiben kann und soll.

Als ich den Laden verlasse, sehe ich aus dem Augenwinkel, wie der Meckerprofi schon wieder in der Schlange steht und in bestem Italo-Spanisch-Englisch einen «Venti Strawberry Cream Frappuccino to go» bestellt.

Er ist wie ich. Er beschwert sich lautstark über die herrschenden Verhältnisse und will im nächsten Augenblick der Erste, Schnellste und Beste in diesen Verhältnissen sein.

Hier in den Kaffeeketten spiegelt sich mein Leben: Es soll alles geben, in allen Größen, mit Sirup und ohne, fett, halbfett, fettarm, ganz ohne Fett. Aber wenn es drauf ankommt, stehe ich hilflos vor der endlosen Auswahl und wünsche mir Oma und eine Kellnerin mit Blümchenschürze zurück.

2. Das erste Date

«ECHTER GESCHMACK, ZERO ZUCKER. WARUM DANN NICHT AUCH 'NE FREUNDIN MIT ZERO WIR-MÜSSEN-REDEN?»

COCA-COLA

Jedes erste Date ist eine Premiere. Umso wichtiger ist es, alles richtig zu machen. Dazu gehört auch, dass ich mich darum kümmere, wie dieses erste Treffen abläuft. Ein bisschen kennen wir uns ja schon – aus der Ringvorlesung an der Uni zum Thema «Medien als Medien in den Medien» oder so. Auf jeden Fall drehten wir uns schnell im Kreis. Anne sitzt immer in der letzten Reihe, ich immer in der zweiten. Letztes Mal saß ich bei ihr hinten. Danach haben wir uns verabredet. Was also tun? Kino? Nein. Kino ist tabu. Stumpfsinnig nebeneinandersitzen und einen Film gucken, danach noch was trinken, und dann geht jeder zu sich nach Hause – nee, das kenne ich von früher. Wenn Frauen ins Kino wollen, dann wollen sie einen höchstens als guten Freund. Die Phase habe ich hinter mir, ausgiebig und mit allen Konsequenzen. Fünf Jahre lang, zwischen 14 und 19.

Ich habe den Liebeskummer von Mädchen aus meiner Klasse geheilt, in die ich selbst verliebt war. Geduldig habe ich ihnen Tipps gegeben. Das Erstaunliche war: Ich gab Tipps für bessere Beziehungen, obwohl ich selbst nie eine gehabt hatte. Beste Voraussetzungen für eine Coach-Karriere: Nie was zustande gebracht, aber anderen zeigen, wie man's macht.

Am Anfang habe ich Sorge, dass auch Anne mich schon für die Rolle des besten Freundes vorgesehen hat: Ursprünglich hatte sie vorgeschlagen, wir könnten ja mal Käsekuchen essen gehen, nachmittags um 3. Ich dachte: Wie ist die denn drauf? Käsekuchen essen – das ist in etwa so erotisch wie Sex mit Socken. Ich lehne ab. Vorher würde ich eher noch ins Kino gehen.

Jetzt ist es an mir, den ultimativen Vorschlag zu machen. Anne sagt, sie sei offen für alles. Das klingt doch schon mal gut.

Also schlage ich vor, essen zu gehen. Da kann ich am Ende sehr männlich wirken, indem ich zahle. Von meinem Geld. Na ja, um genau zu sein, von Mamas Geld, aber das muss Anne ja nicht wissen.

Ein weiterer Vorteil: Das Eintreten der drei großen Gs ist beim Essengehen sehr wahrscheinlich: Genuss, Gespräch, Geknutsche.

Die Wahl des Restaurants war die zweite große Herausforderung. Ich hatte den Anspruch, eines zu finden, das alles bietet: gehoben, aber nicht schickimicki, edel, aber nicht schnieke, gemütlich, aber nicht eng. Alles auf einmal, aber von nichts zu viel. Das Ergebnis meiner Suche: nichts. Wahrscheinlich muss ich dieses ultimative Restaurant erst noch selbst eröffnen.

Ich bin in punkto Restaurantwahl ein gebranntes Kind: Meiner Kurzzeit-Ex-Freundin Nina konnte man es diesbezüglich nie recht machen. Entweder war das Restaurant zu klein, oder es war zu groß, zu eng oder zu plüschig, zu voll oder zu leer. Häufig checkten wir fünf Locations, bis sie endlich erlaubte, dass wir uns in einer niederließen.

Den Laden, den ich schließlich für Anne und mich wähle, heißt *Godot* und erfüllt fast alle Kriterien. Ich reserviere sogar einen Tisch. Das habe ich noch nie gemacht. Damit hätte ich mich ja festlegen müssen. Um Himmels willen! Eine Wahl, die eine andere ausschließt! Ich hoffe, das Date wirkt durch die Reservierung nicht allzu sehr durchgestylt, so, als hätte ich jeden Schritt geplant wie ein Drehbuch.

Godot klingt toll, irgendwie französisch. Und was französisch klingt, kann nur gut sein. Und schlau. *Godot* klingt wahnsinnig schlau. Wahrscheinlich stehen alte Bücher im Fenster, und überhaupt wird alles ein bisschen verratzt sein und doch chic. *Godot* – da denke ich an Pfeifenrauchen und Late Night Whisky trinken. Also nach allem, was ich noch nie gemacht habe. Aber es klingt danach, und das reicht doch.

Wir sind um 20 Uhr verabredet. Ich bin um 19.57 Uhr da. So pünktlich war ich noch nie. Leider ist Anne noch pünktlicher.

Ich finde, sie sieht verdammt gut aus. Sie ist geschminkt – aber so, dass man's nicht sieht. Dieser Satz ist Blödsinn, denke ich, nachdem ich ihn gedacht habe. Entweder man sieht's, oder sie ist nicht geschminkt. Beides wollen nur Leute wie ich, die Kneipen suchen, die groß und klein, eng und weit, stylish und gemütlich zugleich sind.

Pflege und Schminke, ja, aber bitte so, dass man's nicht sieht. Ich finde mich irgendwie anstrengend. Gut, dass Anne das nicht merkt. Ihre Haare trägt sie offen, ein gutes Zeichen – das habe ich jedenfalls in einem Buch über Körpersprache gelesen. Wenn sie jetzt noch den Kopf leicht schief legt und mit ihren Haaren spielt, ist der Abend so gut wie im Sack ...

Ich bin ein bisschen stolz auf dieses Date. Anne ist eine von den Frauen, die mich früher nicht mit dem Arsch angeguckt hätten. Allerhöchstens hätte sie mich mit zusammengeknoteten Haaren im Zuhause-Schlabberlook empfangen, um sich bei mir auszuheulen und sich von mir Beziehungstipps geben zu lassen. Vielleicht hätten uns ihre Eltern auch Käsekuchen aufs Zimmer gebracht.

Anne hat keine Ahnung von Wein. Das freut mich, denn ich finde es ungeheuer männlich, den Wein auszusuchen. Zugegeben, ich habe auch keine Ahnung, kann aber ganz gut so tun, als ob. Ich wähle einen Merlot. Ein Merlot im *Godot*. Ob sie diese feinsinnige Anspielung versteht? Eigentlich kenne ich nur Merlot. Und Cabernet Sauvignon, aber das wäre mir jetzt sprachlich zu affig gewesen. Das ist was für Kaschmirschal-Träger, die mit der Kellnerin eine Diskussion darüber anfangen, ob der 2007er Jahrgang besser oder schlechter ist als der 2006er und warum sie hier nur den 2005er haben, der doch, wie man weiß, der allerschlechteste ist. Unschuldige Lehramtsstudentinnen, die nebenher bedienen, werden in ihrem Leben nie wieder Wein sehen können, ohne weinen zu müssen.

Anne hat einen Spinatsalat bestellt. Wahrscheinlich weil sie sowohl ihrer Waage als auch meiner Geldbörse nicht zur Last fallen will. Ich esse Tortellini in Gorgonzolasauce. Vorzügliches italienisches Essen bei einem französisch klingenden Restaurant, das ist mal Cross-over. Der Abend läuft gut. Wir unterhalten uns, und es entstehen kaum peinliche Pausen. Ich finde aber auch, dass ich ausgesprochen interessiert nachfrage. Das kann ich wahrscheinlich noch aus der Zeit, als ich Beziehungscoach war. Trotzdem liegt über allem die entscheidende Prise Flirt.

Relativ schnell kommt es zur ersten Prüfung des Abends: Wir reden über Beziehungen. Annes Bilanz fällt gleich dreifach bescheiden aus. Anzahl, Qualität und Dauer sind allesamt ausbaufähig, wie ein cooler Coach an dieser Stelle vermerken würde. Ich überlege kurz, ob ich meine Bilanz ein wenig frisieren – also nach unten korrigieren – soll. Es gilt schließlich die Faustregel: Weniger ist mehr. Je weniger Beziehungen, desto besser. Alles über drei Jahre macht einen guten Eindruck. Alles unter einem Jahr einen sehr schlechten. Viele kurze Beziehungen wirken schnell halodrimäßig, unzuverlässig, sprunghaft, unentschieden, draufgängerhaft und alles, was man sonst noch Schlechtes über einen Mann sagen kann.

Im Lauf der Zeit habe ich gemerkt: Am besten kommt bei Frauen immer noch eine Beziehung vom 16. bis zum 26. Lebensjahr. Mit Fernbeziehung, Zusammenwohnen, Verlobung und dem ganzen Hokuspokus. In der Zehn-Jahres-Beziehung steckt alles: Romantik, Ausdauer, Verlässlichkeit, Kampfbereitschaft im Hinblick auf den immer gleichen Gegner, Toleranz und Leidensfähigkeit.

Wer andauernd Kaffee ohne Koffein und Milch ohne Fett bestellt, braucht wohl auch ein Leben ohne Abenteuer. Ich habe mir vorgenommen, bei der Aufarbeitung der Liebesvergangenheit immer drei lange Beziehungen gehabt zu haben. Bei Nina hat das nur halb hingehauen. Ich habe damals den Fehler gemacht, zu behaupten, dass jede einzelne sieben Jahre gedauert hat. Das hätte bedeutet, dass ich mit vier Jahren meine erste Freundin gehabt hätte. Ich habe den Abend dann notdürftig gerettet mit der Ausrede, ich habe eine angeborene Rechenschwäche.

Heute geht alles glatt – auch mathematisch.

Dennoch merke ich, wie Anne innerlich ihre Checkliste abarbeitet. Raucher ja / nein, treu ja / nein, selbständig und fürsorglich, Vater und Lover. Ich spüre eine gewisse Erwartungshaltung.

Plötzlich erinnert sie mich an Nina. Nina war die einzige ältere Frau in meinem Leben. Ich war 25, sie 29. Also gefährlich nahe an der gefürchteten 30er-Grenze.

Männer und Frauen um die 30 sind die Mensch gewordene Hölle auf Erden: Sie bauen nur Mist: Reihenendhäuser und spießige Familien. Sie hören Uhren ticken, zeugen ohne Not ein Kind, schließen Bausparverträge ab, oder melden sich bei PARSHIP an. Jetzt muss was Großes passieren, sagen sie sich.

Anne ist da wesentlich cooler. Anne weiß vor allem, was sie nicht will. Zum Beispiel eine Beziehung. Schnell sind wir uns einig, dass wir eine Beziehung weder wollen noch brauchen. Das hindert Anne aber nicht, in den nächsten Minuten zu fragen, ob ich mir irgendwann mal vorstellen könnte, Kinder zu haben. Natürlich! So, wie ich mir auch vorstellen kann, irgendwann mal nach Papua Neuguinea auszuwandern oder auf einem Bauernhof in Brandenburg zu leben. Welche Antwort erwarten Frauen auf diese Frage? Ich sage also ganz unverbindlich: «Och, irgendwann mal vielleicht bestimmt.» Damit mache ich wohl nichts falsch. Ich verspreche nichts, schließe aber auch nichts aus.

Als es ans Bezahlen geht, zücke ich souverän meine EC-Karte. Ich finde, mit Karte zahlen kommt so professionell, wie Merlot mit langgezogenem O zu bestellen.

Wir ziehen weiter in eine Bar. Ich setze mich jetzt neben Anne. Es geht jetzt darum, unaufdringlichen, aber doch spürbaren Körperkontakt aufzubauen. Eine Phase höchster Konzentration steht bevor. Ich werde im Angesicht der vorgerückten Stunde etwas müde, darf mir aber nichts anmerken lassen. Es wird jetzt heißer und heißer. Die Gespräche werden kürzer, die Pausen länger, die Blicke auch. Es ist nun an mir, Fakten zu schaffen, und so beschließe ich, Anne jetzt gleich zu küssen – bevor sie noch fragt, ob ich mir Küssen irgendwann vielleicht mal vorstellen könnte. Der erste Kuss ist mein Job. Ich bin der Mann.

Ich versuche, den richtigen Moment zu erwischen. Welchen Blödsinn man denken kann! Es gibt keinen richtigen Moment für einen Kuss. Genau wie es keine Frauen gibt, die sich schminken, ohne dass man es sieht. Entweder ich küsse sie jetzt, oder ich lade sie für morgen Nachmittag auf ein Stück Kuchen ein. Kurz darauf sorge ich dafür, dass es passiert. Jetzt wird die Nacht spannend, der Abend hat sich gelohnt. Nach längerem Knutschen unterbricht Anne abrupt, rückt ein paar Zentimeter von mir weg und fragt:

«Hast du das geplant?»

«Was?»

«Na, diesen Abend.»

«Wie – geplant?»

«Na, so, das alles hier, zuerst essen gehen, dann in eine Bar und jetzt das hier.»

Es klingt, als hätte ich Anne vorsätzlich und heimtückisch in einen Hinterhalt gelockt, um sie jetzt auszurauben. Mir wird klar, dass das mit der Reservierung eine Scheißidee war. Das wirkt alles zu perfekt. Ich fange an zu stottern:

«Nein, ich habe...»

«Machst du das öfter?»

Ich versuche es mit Ironie: «Nein, keine Sorge. So was mache ich sonst nie. Normalerweise esse und trinke ich nicht, spreche nie und Körperkontakt widert mich an. Egal, mit wem.»

Anne muss kurz lachen. Ich freue mich, dass ihr das noch gelingt. Man wird genügsam im Besprechungsraum Beziehung.

«Also, ich mache so was normalerweise eigentlich nicht», sagt Anne, als sei sie gerade von der Polizei beim Koksen erwischt worden.

«Ah, du isst, trinkst und redest auch nie. Das ist toll, dann passen wir ja phantastisch zusammen», kommentiere ich sarkastisch.

«Nein, ich meine, einfach so mit einem Typen rumknutschen.»

Ich bin selbst überrascht, welche bekloppten Diskussionen ich aushalte, nur, weil ich diese Frau so höllisch heiß finde. Eigentlich müsste ich jetzt aufspringen und sagen: «Führ doch deine spaßfreien Dialoge, mit wem du willst, aber nicht mit mir. Ich will leben, nicht quatschen.» Aber ich mache es nicht. Ich bin wie ein dressierter Dackel, dem man den Tennisball ein wenig zu hoch vor die

Schnauze hält. Ich weiß, wenn ich jetzt dranbleibe und vertrauen-
erweckend wirke, kann das noch was werden heute Nacht. Warum
eigentlich heute Nacht? Warum muss alles jetzt sein? Warum habe
ich keine Zeit? Die Jahre als Freund-Coach haben Spuren hinterlas-
sen. Einmal habe ich gelesen: Man bleibt immer der Waisenjunge
der Jugendlieben, die man nie hatte. Und ich erinnere mich auch an
den Satz: Wer ficken will, muss freundlich sein. Für Anne scheint zu
gelten: Wer ficken will, muss diskutieren wollen.

«Das Problem ist, ich kenne dich ja nicht.»

«Ja, das ist natürlich ein Problem», sage ich mit ironischer Betrof-
fenheit. «Vielleicht sollten wir uns noch ein paar Monate treffen
und erst mal besprechen, ob wir uns kennen, und dann einen Termin ausmachen, um uns zu berühren.»

Anne scheint zu bemerken, dass ihr Geplapper nervt.

«Ich wollte jetzt nicht unterbrechen. Ich wollte es nur sagen.»

«Na klar! Du wolltest auch nicht diskutieren, nur mal drüber
reden.»

«Ich bin nicht eine von denen, eine, die einfach so am ersten Abend
mitgeht. Das habe ich nicht nötig.»

Ich habe schon fast wieder so etwas wie Respekt vor ihr. Dass sie
ihr Geschwätz so selbstbewusst durchzieht – so ganz ohne Sorge,
dass ich gehe. Hatten wir nicht die sexuelle Revolution längst hinter uns? Waren wir nicht aufgeklärt? Stattdessen benehmen wir uns
wie Prinz und Prinzessin, versichern uns, dass wir uns nicht brauchen und nicht wollen und so unglaublich unabhängig sind. Es ist
ein trostloses Kammerspiel. Alles müssen wir kontrollieren – vor
allem uns selbst. Leben ohne Spaß.

Sex ist etwas, das man bloß nicht nötig haben darf. Im Grunde genommen sind wir unfähig zum Sex. Wir kennen ihn nur noch als
Freak-Show aus dem Fernsehen. In Doku-, Reality- und anderen
Soaps sehen wir Bauer Kasuppke, der erzählt, dass er gerne mal seine Ziege vögeln wolle, während seine Frau dabei zuguckt – wenn er
eine hätte. Warum er keine hat, wird klar, wenn man ihn sieht.

So ist der Sex zu einer Veranstaltung von Unterschichten-Zombies geworden, die wir anschauen wie Affen im Zoo. Über alldem steht die permanente Abstiegsangst, die stille Drohung: Auch du kannst so werden wie die, wenn du dich nicht anstrengst. Also sieh zu, dass du weiter von oben mit dem Finger auf sie zeigen kannst. Der Schritt vom Sofa zu Hause aufs Talksofa im Studio ist kleiner, als du denkst. Werde bloß nicht so wie die, die es nötig haben.

Den täglichen Talkshow-Terror haben wir inzwischen privat übernommen: Statt Sex zu haben, zerreden wir ihn – politisch korrekt, moralisch, langweilig, angeekelt, bieder. Wer redet, ist schon mal per se eine Stufe über denen da unten.

Die sexuelle Befreiung hat nicht in die Freiheit geführt, sondern in eine neue Sklaverei. Eine krude Mischung aus jungfräulichem unschuldigem Kleinmädchen-Gehabe mit gleichzeitigem Selbstbewusstsein bei Frauen und selbstverliebtem metrosexuellem Gutaussehen bei Männern. Beide genügen sich selbst und haben nur ein Ziel: möglichst clean und rein zu wirken. Sex ist aber nicht clean.

Was Mann und Frau heute noch verbindet: Wir machen Versprechungen, die wir nicht halten wollen. Wir wollen aufreizend wirken, aufreizend sein wollen wir nicht. Der Spaß kommt erst nach der Sicherheit. Uns reichen die Blicke, die uns sagen, wir könnten, wenn wir wollten. Aber wir wollen nicht mehr.

Anne ist mit dem Taxi nach Hause gefahren. Wir haben uns wieder verabredet für nächste Woche. Zum Kuchenessen. Und danach wollen wir ins Kino. Vielleicht.

3. **Fototerror**

«DU SOLLST
DIR KEIN BILDNIS
MACHEN. OBWOHL DIR
AUFGETRAGEN IST,
DIE LEEREN SEITEN
ZU FÜLLEN.»

DEREK JARMAN

Anne und ich sind jetzt seit einem halben Jahr zusammen. Es wird Zeit, Annes Freunde und Freunde der Freunde in aller Welt kennenzulernen. Los geht's mit Freunden in Hamburg. Aber nur für ein Wochenende. Wir stehen am Hauptbahnhof, es ist frühmorgens, ich bin noch todmüde.

Nichtsdestotrotz möchte Anne jeden Moment unserer Reise dokumentieren. Darum müssen wir vor der Abfahrt noch ein Foto von uns machen. Ich erwidere, dass ich mir kaum vorstellen kann, dass ich jetzt um diese verdammte Uhrzeit an diesem verdammt kalten Morgen auf diesem verdammt kalten Hauptbahnhof das Zeug zum Fotomodel habe. Und außerdem komme doch gleich der Zug.

Doch Anne kennt keine Gnade und beginnt zu kramen. Genau genommen haben wir jetzt zwei Probleme: Das eine ist, das Handyfoto zu machen, das andere ist, das dazu notwendige Fotohandy zu finden.

Anne weiß immer ganz genau, wo sie ihr Handy hingepackt hat, findet es dort nur leider nie. In der Tasche, ruft sie, müsse es sein. Ganz sicher. Die Stimme auf dem Bahnhof sagt, dass der ICE in Richtung Hamburg jetzt gleich einfahren wird. Ich sehe uns schon über den Bahnsteig hechten und den Zug verpassen, nur wegen eines Handyfotos, das wir dann trotzdem nicht gemacht haben. Anne ignoriert die Durchsage und verteilt den Inhalt ihrer Tasche auf dem Bahnsteig. Ich schlage vor, dass wir Spürhunde einsetzen. Dann sagt sie den Satz schlechthin: «Ruf mich mal an!» Ich soll sie also anrufen, obwohl sie neben mir steht, damit sie mich anschließend nach unserem Telefonat, das nicht stattfinden wird, fotografieren kann. Die moderne Technik macht das Leben nicht immer einfacher. Ich rufe Anne also an, in der Hoffnung, dass sie das Handy findet, weil sie das Klingeln hört. Freizeichen. Kein Klingeln, nirgends. «Ich glaub, ich hab's auf lautlos gestellt!» Na toll.

Der Zug fährt ein. Es bleiben zwei Minuten, um 1.) Annes Haushalt in die Tasche zurückzufüllen, 2.) die Tasche und all ihre Reißverschlüsse wieder zu verschließen und 3.) in den Zug einzusteigen, ohne einen der vier Koffer stehen zu lassen. Ob wir an diesem Wochenende noch nach Hamburg kommen? Plötzlich fasst sich Anne an den Kopf: Zielsicher greift sie in die Außentasche ihres großen Koffers. Da ist es. Normalerweise steckt sie es da nie hin, nur heute. Der Zug steht abfahrbereit im Gleis, viele aufgetakelte Business-Pendler steigen ein, es dauert. Wir gewinnen Zeit, die Anne nutzen möchte, um uns vor einer ganz besonderen Kulisse zu fotografieren: der geöffneten ICE-Tür. Beim Einsteigen. Es gelingt uns, einen Stau zu verursachen. Ich spüre den kommenden Aufstand mehrerer Dutzend Blackberrys auf dem Bahnsteig. Ich versuche, Anne abzuhalten, aber es ist zu spät. Sie hat schon abgedrückt.

Wir sind zwar beide nur verschwommen zu sehen auf dem Bild, aber das ist egal. Hauptsache, es gibt ein Bild. Wir schießen nicht mehr Fotos, um Augenblicke festzuhalten, wir schaffen Augenblicke, um sie auf Fotos festzuhalten.

Es ist wie neulich auf Annes Geburtstagsparty. Auch da musste sie alles fotografieren, vor allem sich selbst. Verlässlich zu erkennen am nach oben ausgestreckten rechten Arm. Viele ältere Mitbürger müssen denken: Die macht den Hitlergruß und beherrscht ihn nicht! Aber es ist auf viel harmlosere Art tragisch. Nachdem Anne den rechten Arm ausgefahren hat, kommt auch noch der linke zum Einsatz. Sie wedelt und fuchtelt wild durch die Gegend, damit auch all die Freunde, die gerade um sie herumstehen, auch noch mit aufs Foto kommen. Da Anne sehr viele Freunde hat, wird es meist eng auf dem Bild. Wenn alle auf ein Foto sollen, ist eben am Ende keiner mehr zu erkennen.

Fünf Leute auf ein Foto. Sie streckt also den rechten Arm aus, drückt ab, überprüft das Foto auf dem Display. Und ist entrüstet: Es sind nur zweieinhalb zu sehen! Sie drückt wieder ab, wieder sind nur zweieinhalb auf dem Bild. Nun choreographiert Anne alles neu: zwei Leute nach rechts, zwei nach links und insgesamt alle enger zusammen. Es blitzt. Anne guckt wieder auf ihr Display, wieder ist nichts zu sehen, dieses Mal hat sie sogar von den zweieinhalb Leuten dem Halben nochmal eine Hälfte abgeschnitten. Und weiter geht's: horizontal, vertikal, von oben, von unten, von rechts, von links. Jedes Mal unterbrochen von dem Satz: «Mann, schon wieder nicht alle drauf!» Irgendwann sage ich: «Bitte lass es! Dein Arm ist zu kurz für fünf Freunde!» Aber ich habe keine Chance.

Beim gefühlt achtzehnten Versuch haut es endlich hin. Es sind alle Auserwählten auf dem Bild. Die Meute stürmt auf Anne zu, um sich selbst anzuschauen. Sie wird fast überrannt – wie ein Löwe, der die letzte Hyäne des Jahres erlegt hat. Schnell beginnt der Protest: «Boah, wie sehe ich denn aus?» «Und ich erst!» «Ich guck voll doof!» «Bei mir ist der Mund schief! Hab ich etwa immer so 'nen schiefen Mund?» «Lösch das sofort!» Anne findet sich auch «nicht so prickelnd», wie sie in solchen Momenten gerne bemerkt. Was soll ich da erst sagen? Ich habe auf dem Foto beide Augen zu. Aber ich halte die Klappe, es ist mir egal. Ich will nur verhindern, dass es von vorne losgeht. Aber es ist zu spät. «Also nochmal!», ruft Anne. Es reicht nicht, einen Schnappschuss zu machen – nein, er muss perfekt sein. Die richtigen Klamotten, der richtige Blick, der richtige Mund und vor allem: die richtigen Leute. In unserem Anspruch an die Handykamera spiegelt sich unser Anspruch ans Leben: Es hat perfekt zu sein.

Weil ich keinen Ärger mit Anne will, stelle ich mich brav wieder mit dazu und lasse es über mich ergehen. Ich muss an meine Kindheit und den alljährlichen Urlaub an der Nordsee denken. Wie ich Fotos gemacht habe mit einem Fotoapparat, nicht mit einer Kamera. Mit einem 24er- oder einem 36er-Film drin. Wie ich schon vor Ort die Motive auswählen musste, weil wir höchstens zwei 36er-Filme für zwei Wochen mitgenommen hatten. Auswählen – das Wort habe ich schon lange nicht mehr benutzt. Gibt es den Begriff überhaupt noch? Auswählen – das klingt nach Entscheidung. Das ist jetzt nicht so mein Ding. Lieber nehme ich alles mit, so wie Anne hier. Löschen kann man immer noch, irgendwann. Vielleicht.

Nach dem Urlaub brachte ich die Bilder zum Entwickeln. Es kostete

Geld und dauerte Monate, bis sie fertig waren. Matt oder glänzend – das war hier die Frage. 9 x 13 war die Größe der Wahl. 10 x 15 wirkte prollig. Aufgeregt lief ich zu «Foto Horst», dem Fotoentwickler unseres Vertrauens, um noch im Geschäft zu gucken, welche Bilder etwas geworden waren und welche nicht. Meist war ausgerechnet auf dem einen, an das ich mein Herz gehängt hatte, nichts zu erkennen. Die besten wanderten ins Fotoalbum, sauber eingeklebt mit dem gelben UHU-Stift.

Wenn Anne zum ersten Mal meine Mutter kennenlernt, werde ich Fotoalben auspacken, noch bevor das Gespräch ins Stocken geraten kann. Wenn Annes Kinder mit ihrem ersten Freund ankommen werden, wird sie die Handyfotos der letzten drei Tage zeigen.

Zwischen analogem und digitalem Foto kam noch die Polaroid-Kamera. Polaroid war der letzte Dreck. Da fiel das Bild unten aus der Kamera raus wie ein Wurmfortsatz, und ganz langsam wurden die Umrisse der Personen darauf sichtbar. Ein paar ganz Schlaue glaubten, sich schneller erkennen zu können, wenn sie das Foto durch die Luft schüttelten und wedelten. Gebracht hat es nichts, aber wir hatten das Gefühl, etwas getan zu haben. Heute kriegen wir diese Befriedigung nur noch, wenn wir im Lift die «Tür zu» – Taste drücken und danach glauben dürfen, wir seien schneller am Ziel. Das ist natürlich Quatsch – die Taste ist nur dazu da, die ungeduldigen Beschwerden verrückter Hektiker zu verringern. Aber schneller geht nix.

Nach dem Schütteln hingen Polaroid-Fotos immer in der Diele. Polaroid-Fotos hingen immer in der Diele. Man warf nochmal einen schnellen Blick drauf, wenn man die Schuhe anzog oder den Hausschlüssel suchte. Sie waren Durchgangsfotos. Eine Art Brückentechnologie zu den heutigen, jederzeit erneuerbaren Fotografien, auf denen wir alles immer sofort sehen können. Wir entwickeln heute nichts mehr. Es ist immer alles da – digital, direkt, perfekt. Und was nicht perfekt ist, verwerfen wir, ohne es zu löschen. Löschen wäre zu viel verlangt. Lieber machen wir gleich das nächste Bild. Das Drama kommt erst, wenn der Speicher voll ist. Dann kommen die großen Krisen.

Mittlerweile ist es Anne nach drei weiteren Anläufen gelungen, ein Foto zu machen, auf dem 1.) alle drauf sind und 2.) alle so drauf sind, dass sie damit leben können. Nun geht es darum, das Bild zu veröffentlichen. Anne kommt die verantwortungsvolle Aufgabe zu, das Bild an alle zu verschicken, die es dann wiederum an weitere Freunde verschicken und an Pinnwänden posten werden. Als Beweis, dass sie noch am Leben sind und ganz, ganz viel Spaß haben.

Anne sagt, wenn sie keinen Spiegel hat, fotografiert sie sich schnell selbst, um zu wissen, wie sie aussieht. Sie macht das dann drei-, vier-, fünfmal, bis sie auf dem Foto so aussieht, wie sie aussehen möchte. Sie weiß: Es geht darum, authentisch zu ein. Sei du selbst! Das ist der Befehl heute. Weil wir nicht mehr wissen, wer wir sind, brauchen wir das Fotohandy. Die Handykamera ist zu unserem Spiegel geworden. Alben sind heute Tracks zum Download, Familien sind, wo Kinder sind, große Utopien sind kleine Meinungen geworden. Es gibt kein Ganzes, nur noch Einzelnes. Es gibt kein Wir, nur noch Ich. Und das letzte Ziel des Ichs ist das eigene Spiegelbild. Das Handy soll zeigen, dass ich der bin, von dem ich hoffe, dass ich es bin. Ganz bei mir und doch komplett offen für alles. Geschminkt, aber ohne es so aussehen zu lassen.

Und so schicken wir uns dann per MMS hinaus in eine Welt, die genauso funktioniert. Die moderne Demokratie hat die Sehnsucht nach Spiegeln verstanden und weiß sie für sich zu nutzen. Wird heute ein Haus gebaut, ist es aus Glas. Das soll Offenheit symbolisieren. Schau zu uns rein, wir haben keine Geheimnisse! Aber das ist eine Lüge. Ein Betrug. Denn wir können nicht hineinsehen: Das Glas ist verspiegelt. Stehen wir davor, sehen wir uns selbst – was drin passiert, nur verschwommen. Banken, Versicherungen und Regierungen verwalten unser Schicksal ungestört und unkontrolliert in Gebäuden, aus denen sie zu uns, den ihnen Anvertrauten, hinausschauen. Versuchen wir, genauer hineinzusehen, dann nur um den Preis, dass wir uns selbst auch sehen. Als wollte man uns sagen: «Guck lieber nochmal, ob deine Frisur sitzt, und mach dir weiter keine Gedanken, stelle bitte keine größeren Fragen, die über deine kleine Welt hinausgehen.»

Nirgends kann man sich so schön verschließen wie hinter der Fassade der Offenheit. So funktioniert Demokratie, in der alle mitmachen dürfen, aber keiner stören soll.

Sollte ich ein symbolisches Foto machen von der Zeit, in der ich lebe, müsste ich mich vor die Zentrale der Deutschen Bank in Frankfurt stellen und mich in den zwei blauschimmernden, vollverglasten Hochhäusern mit dem Handy selbst fotografieren. Auf dem Bild sähe ich anschließend mich selbst, wie ich mein eigenes Spiegelbild im Spiegel fotografiert habe.

Mit diesem Foto kann ich mich dann nur noch aufhängen. Oder an die Wand stellen. Oder beides gleichzeitig, indem ich mich an meine Pinnwand hänge. Das Fotohandy ist meine große Waffe: Nur mit ihr kann ich mich überall und jederzeit gepflegt abschießen.

4. Topfschlagen gegen Studiengebühren

«YOU'RE DRIFTWOOD FLOATING UNDERWATER JUST DRIFTWOOD HOLLOW AND OF NO USE WATERFALLS WILL FIND YOU BIND YOU GRIND YOU.»

TRAVIS, DRIFTWOOD

Ich war sehr froh, als ich mein Abitur bestanden hatte und dann auch noch, zu meiner großen Überraschung, sogar mit einem Sonderpreis für soziales Engagement. Ursache dafür muss mein Jahr als Schulsprecher gewesen sein. Kraft meines Amtes hatte ich den Kuchenverkauf vor der großen Pause mit zehnminütigen Kohl- und Grönemeyer-Parodien angesagt. Die Ehrung ließ mich zuversichtlich ins Leben starten: Würde ich meine Komiker-Karriere nur halbwegs konsequent weiterverfolgen, sollte mir bald das Bundesverdienstkreuz winken.

Also ging ich nach Freiburg und begann ein Germanistik- und Philosophie-Studium. Abschluss: Magister. Meine Fächerwahl rief sowohl Bewunderung als auch Mitleid hervor. Die Bewunderer schauten so, als sei ich ein Glückskind: Dass der sich das leisten kann! Philosophie! Der hat den Taxischein aber früh gemacht. Die Mitleidigen fragten sich: Was mag wohl in seiner Kindheit schiefgelaufen sein? Wieso plagt er sich freiwillig mit Fragen herum, die entweder längst beantwortet sind oder in diesem Leben nicht mehr beantwortet werden? Wo komme ich her? Wo gehe ich hin? Die entscheidende Frage ist doch vielmehr: Was trinken wir in der Zwischenzeit? Um diese Frage zu beantworten, brauchten wir keinen Gott, sondern eine ausreichend große Getränkekarte. Darum gab es um die Uni herum viele Kneipen. So konnten wir sicher sein, dass das Wochenende von Freitagabend bis Freitagmittag dauerte.

Freiburg war die ideale Stadt, um zu studieren. Eine schöne Puppenstube, nicht zu groß, nicht zu klein. Klein genug, dass man sich kannte, aber nicht so klein, dass jeder jeden kannte. Es war wahrscheinlicher, von einem Fahrradfahrer über den Haufen gefahren zu werden, als auf natürlichem Wege einzuschlafen. Was draußen in der Welt passierte, war uninteressant. Die Welt endete in der Dunkelheit des Schwarzwalds.

Wer zum ersten Mal vorbeikam, erkannte die Stadt an den obligatorischen fünf Punks vor der Uni. Fünf Punks müssen immer vor Unis sitzen, sonst wären die Unis keine Unis und die Punks keine Punks.

Eine klassische Win-win-Situation. Fast. Denn die Punks saßen ausgerechnet vor der Juristischen Fakultät – ein Restprotestposten aus der Vergangenheit: Die Seitenscheitel sollten allein durchs offensive Rumlümmeln angepisst werden. Und Pissen war tatsächlich ein Problem. Die Punks pinkelten fröhlich gegen Bäume, Büsche und Fahrräder, statt der freundlichen Einladung der Rechtswissenschaftler zu folgen und deren Toiletten aufzusuchen. Die ordentlichen blaubeleuchteten «Ätsch – Fixer! – in dem Licht findest Du Deine Venen nicht!»-Toiletten.

Es wird mir ein Rätsel bleiben, warum ausgerechnet die Toiletten der Juristen neonblau beleuchtet sein müssen. Juristen fixen nicht, sie trinken Red Bull. Und Punks fixen auch nicht, sie trinken Bier. Flaschen finden sich auch blau.

Am Anfang meines Studiums stand eine Einführungswoche. Studenten höherer Semester zeigten uns Kneipen, Cafés und die eine oder andere Lounge. Wobei Lounges als No-go-Areas unter Germanisten galten. Sie waren der Hort für glattgeschleckte Juristen und andere Einstecktüchlein.

Am Ende der Woche gab es einen Erstsemester-Familiennachmittag. Studenten und ihre Eltern friedlich versammelt in den beiden größten Hörsälen der Uni. Teddys und Playmobil-Männchen waren dann allerdings doch überraschenderweise zu Hause geblieben.

Im ersten Seminar, das ich belegte, sagte der Dozent zu Beginn: Die Chance der Uni bestehe in ihrer Freiheit. Inhalte seien das eine, wichtiger aber sei es, selbständig zu werden, sich selbst organisieren zu lernen.

Ich kapierte schnell, was damit gemeint war: Stundenlang saß ich in vergammelten Gängen vor vergammelten Räumen und wartete auf eine Audienz beim Prof, der auch nach dem vierten Semester meinen Namen nicht kannte. Immer war ausgerechnet vor mir jemand dran, der da drin wohl gerade seine komplette Doktorarbeit vorlas. Die Anmeldung zur Zwischenprüfung wirkte umständlicher als ein Antrag auf die kambodschanische Staatsbürgerschaft. Großteile meines Studiums bestanden aus Bürokraten-Bundesjugendspielen. Wichtigste Disziplin: Langstreckenlauf im Stempel- und Unterschriftensammeln.

Darüber hinaus erlebte ich Dozenten, die so viel Spaß an ihrem Job hatten, dass jedes Wartezimmer beim Arzt als fröhliche Party durchgehen konnte. Die Abbrecherquote war hoch, je höher die Semesterzahl, desto weniger wurden wir. Mit jedem Studenten, der wegblieb, hellte sich die Stimmung der Dozenten spürbar auf. Diejenigen Studenten, die geblieben waren, hielten sich spätestens nach der Zwischenprüfung für fertige Journalisten, Produzenten und Verleger. Sie sagten dann: «Ich hab schließlich studiert!» Es klang, als hätten sie gerade ganz allein Amerika entdeckt.

In den Seminaren wusste ich oft nicht: Bin ich hier an einer Uni oder in einer Therapiestunde für Profilneurotiker? Jeder hielt die eigenen Gedanken für überaus bedeutend, es gelang jedoch nur selten, sie auch in verständliche Sätze zu packen. Es reicht nicht, sich keine Gedanken zu machen, man muss auch unfähig sein, sie auszudrücken, hat Karl Kraus gesagt. Er muss dabei an Germanistikstudenten gedacht haben.

Rhetorisch waren wir alle Stoiber und schafften es, mit großem Aufwand nicht auf den Punkt zu kommen. Stattdessen redeten wir vor allem darüber, dass man mal drüber reden müsste, was wir dann auch stundenlang taten. Wir waren schließlich Germanisten und hatten schon von Berufs wegen einen großen Wortschatz. Und das sollten auch ruhig alle merken.

Ebenso an der Tagesordnung: Ewige Referate von Studenten, die es schafften, achtzig bis neunzig Minuten durchzunuscheln, ohne einmal den Blick von ihren Notizen zu heben.

Wenn am Ende eines Semesters ein Seminar bewertet werden durfte, schrieb ich immer in den Bewertungsbogen: Das Seminar hätte toll werden können – wenn keine Studenten dabei gewesen wären.

Mit der Zeit genoss ich die Stunden, in denen ich allein geduldig vor dem Büro des Dozenten auf Einlass wartete. Auch ich hielt Referate, ohne ein einziges Mal den Blick von den Notizen zu heben, erklärte regelmäßig, dass man mal darüber reden müsste, und lernte die Zeit zwischen Woher und Wohin mit ausgelassenen Trinkgelagen zu überbrücken. Ansonsten studierte ich fröhlich vor mich hin. Insgesamt hatte ich das Gefühl, den anderen Studenten ging es wie mir: Sie wollten in erster Linie ihre Ruhe – und wenn nebenher noch ein Abschluss dabei rumkam, war das kein Grund zu Beschwerde. Der Rest war egal. Hauptsache, die Sonne schien weiter – hier in der Toskana Deutschlands. Doch plötzlich zogen Wolken auf. Das Tief hatte sieben Buchstaben: Bologna. Eine Bildungsreform, die nach Nudeln klang, aber Käse war.

Bologna, das war unser Feindbild. Bologna störte unsere Ruhe. Bologna, das bedeutete Studiengebühren – oder wie ich sie nannte: eine Elite-Flatrate. Gerade für uns Germanisten eine Hölle: Welche Eltern zahlten schon 34 Semester lang zweimal im Jahr 500 Euro? Das konnten wir nicht auf uns sitzenlassen. Außerdem sah Bologna Anwesenheitslisten mit eigenhändiger Unterschrift vor. Das dramatische Wort hier war eigenhändig. Wer dreimal fehlt, ist raus. Das Semester wäre also nach drei Wochen beendet gewesen und das Studium kurz danach. Das mussten wir verhindern – mit aller Macht! Bologna war unser Islam, der Bachelor der Koran, die Politik der Prophet und der Rektor der radikale Islamist des Bildungssystems. Er schien zu allem bereit, er hatte sich an die Reform gekettet. Er würde sich auch mit ihr in die Luft jagen, wenn es sein müsste.

Und so begannen wir zu protestieren. «Bildungsstreik» nannten wir dieses kleine Proseminar in Sachen Widerstand. Der Name war irritierend: Bildungsstreik. Das machte RTL2 seit Jahren erfolgreicher. Statt in die Mensa marschierten wir vorübergehend eben ins Rektorat. Das Motto war: Protest ja – aber nett. Wir wollten wirklich niemandem weh tun. Wir gingen auch trotz Streik immer brav in die Hörsäle. Wir waren tief besorgt, dass uns drei fehlende Sitzungen im Proseminar «Identitätskonstruktionen im frühen Spätwerk von Thomas Mann und Franz Kafka» irgendwann als Lücke im Lebenslauf reingedrückt werden könnte. Wir wollten dagegen sein und dafür geliebt werden. Wir wollten kantig sein, ohne anzuecken. Wir wollten streiken und trotzdem anwesend sein. Wir wollten alles, das ganze Programm des Ja und Nein.

Entsprechend betitelten wir unsere Aktionen: «Grillen statt Guerilla». Bei der Kundgebung «Die Bildung geht den Bach runter» ließen sich Studierende der Sporthochschule mit dem Kanu flussabwärts treiben. Treibenlassen war bis dahin eine unserer Kernkompetenzen gewesen. Doch wir ahnten: Bei Bologna würde es darum gehen, uns das Treibenlassen ein für alle Mal auszutreiben. Auch die Grundschullehrer von morgen zeigten eine geradezu erschreckend revolutionäre Wut mit der Veranstaltung «Topfschlagen gegen Studiengebühren».

Ein paar ganz Radikale besetzten sogar das Uni-Rektorat. Sie waren wohl eher zufällig daran vorbeigelaufen und dachten: «Gegen den Rektor zu sein ist immer gut, da gehen wir doch mal rein, legen unsere Matratzen in den Eingang, ziehen die Bettlaken ab, sprühen ‹Streik!› drauf, und schon ist das Haus besetzt!» Leider hatten sie die Rechnung ohne den damaligen Rektor gemacht, dessen reaktionärer Konservatismus einfach ausblieb.

Vielmehr gab er sich kumpelhaft und hatte damit die Wirkung des Handtuchs, das man auf Flammen wirft, um sie zu ersticken. Er gab die Parole aus: «Wir werden das Gebäude nicht räumen lassen!» Nicht einmal auf Rektoren mit CDU-Parteibuch war noch Verlass. Es musste sich irgendwie herumgesprochen haben, dass man jedem auch nur im Ansatz aufkeimenden Zorn am einfachsten den Nährboden entzieht, indem man ihn irgendwie voll versteht: «Macht ruhig weiter, das ist echt wichtig für euch, dass ihr auch mal ein Haus besetzt. Das gehört doch auch zu einem Studium.»

Willkommen in den Gummiwänden des Verständnisses. Fassungslos stehen wir vor dem, was die Elterngeneration damals durchgespielt hat – vom Spaßprotest bis zum bewaffneten Widerstand. Wie sollten wir denen je das Wasser reichen? Seit dem 11. September hing die Latte für terroristische Events ohnehin eine ganze Stufe höher. Was also tun? Die Uni in die Luft jagen? Wir waren ja für «mehr Bildung». Den Arbeitgeberpräsidenten kidnappen wie damals die RAF? Bringt nix. Den vermisst auch so schon niemand. Da müssten wir schon schwerere Geschütze auffahren. Aber welche? Den Manager einer großen bösen Bank kidnappen? Dafür gäbe es nach der Finanzkrise wahrscheinlich Standing Ovations.

Im Rektorat spekulierte man darauf, es werde sich schon alles von alleine erledigen, schließlich standen die Pfingstferien bevor. Spätestens dann wollte auch der profilierteste Bildungsstreiker wahlweise zu Mutti Wäsche waschen oder die Fernbeziehung in Lüneburg besuchen. Ferien und Feiertage sind heilig, auch bei uns Revoluzzern. Ein Wunder, dass uns der Rektor nicht noch zu sich nach Hause eingeladen hat. Als Dank, weil wir so schön aufgeräumt haben vor Pfingsten. «Wisst ihr, ich finde Blödsinn, was ihr da macht. Aber ich mag euch. Ab jetzt dürft ihr ‹du› zu mir sagen. Du Rektor.»

Ein paar tausend Euro Schaden mögen vielleicht entstanden sein, nicht weiter der Rede wert, die Uni zahlte die Zeche, ein paar Tage Abenteuerland sind schon okay. Der Rektor wusste, dass er das Geld sowieso bald mittels Studiengebühren hundertfach zurückbekommen sollte. Weniger direkt von uns, als vielmehr von unseren Eltern und Großeltern.

Vielleicht hätten die besser an unserer Stelle protestieren sollen. Sie betrifft Bologna doch viel stärker. Wir hätten uns die 500 Euro pro Semester sowieso nicht leisten können. Zudem sind sie ja auch die erfahreneren Demonstranten. Zumindest, wenn wir ihren sentimentalen Monologen bei einem gepflegten Glas Rotwein Glauben schenken dürfen.

Auch die Dozenten waren vom heimischen Kamin aufgesprungen und standen natürlich hinter uns. Bereitwillig gaben sie wertvolle Seminarminuten her, damit bärtige Strickpullis vom AStA um Unterstützung werben konnten. Wenigstens die sahen noch aus wie früher. Vielleicht fühlten sich unsere Dozenten auch ihretwegen an die 70er Jahre erinnert. Als sie selbst noch auf der Straße waren und sich die Stimme heiser geschrien hatten. Jetzt waren sie leiser, halfen aber gern, uns das Mikrophon hinzuhalten. Man ist dabei und muss anschließend keine Ricola-Bonbons lutschen. Es war passiver Protest. So fürs Gewissen. Klar waren auch die Dozenten unzufrieden damit, sich auf die alten Tage noch einmal umgewöhnen zu müssen; sie befürchteten den frühzeitigen Tod durch Erstickung – in Bürokratie. Acht Formulare allein, um in die Tiefgarage zu kommen, das hält kein Mensch aus. Viele spielten schon mit dem Gedanken, sich bald auf dem Unigelände vor ein Fahrrad zu werfen.

Natürlich bin ich auch mitgelaufen damals. Ich weiß nicht mehr genau, warum eigentlich. In erster Linie war ich gegen volle Hörsäle. Protest ist schließlich dazu da, dass man mitmacht. Protest ist ein Event. Es geht darum, dabei zu sein. Jeder demonstriert gegen das, was ihn betrifft: Der Eine kann sich Studiengebühren nicht leisten, der Andere möchte lieber ganz allein sein, wenn er in die Uni kommt. Was uns damals beim Bildungsstreik verband, war: Wir waren dagegen – irgendwie. Größere Fragen stellten wir nicht: Was wollen wir lernen? Was ist relevant, was nicht? Volle Hörsäle sind ein cooleres Feindbild.

Am Ende hat unser Protest wenig geändert, wir haben Bologna nicht verhindert. Vielleicht sollten wir den Bildungsstreik doch weiter RTL 2, 3 und 4ü berlassen.

Politiker kamen vorbei und zeigten vor laufenden Kameras großes Verständnis für uns. Wirtschaftsvertreter kamen und sagten: «Mehr Bildung? Super! Wenn ihr nach dem Studium mehr Bildung mitbringt, bekommt ihr von uns als Gegenleistung mehr befristete Verträge!»

Mehr Bildung – wir hätten auch für mehr Liebe protestieren können! Dafür hätte dann auch der Papst seinen Segen gespendet. Oder Proteste gegen den Klimawandel. Das sind Proteste, die muss man einfach super finden.

Der Feind spielt heute unseren Freund, das macht es so schwer, dagegen zu sein. Er hat Verständnis für alles, geht auch mit uns Kaffee trinken und fragt, ob man nicht mal drüber reden sollte.

Als der Spuk vorbei war, ging alles weiter wie bisher. Auch die Uni ist nur ein Starbucks: Wir stehen in der Schlange, beschweren uns über die Zustände – und bestellen dann doch.

Irgendwas-
mit-Medien

«MAN HATTE
SIE VOR DIE WAHL
GESTELLT, KÖNIGE ODER DER
KÖNIGE KURIERE ZU WERDEN.
NACH ART DER KINDER WOLLTEN
ALLE KURIERE SEIN. DESHALB GIBT ES
LAUTER KURIERE. UND SO JAGEN SIE,
WEIL ES KEINE KÖNIGE GIBT, EINANDER
SELBST DIE SINNLOS GEWORDENEN
MELDUNGEN ZU. GERNE WÜRDEN SIE
IHREM ELENDEN LEBEN EIN ENDE
MACHEN, ABER SIE WAGEN ES NICHT
WEGEN DES DIENSTEIDES.»

FRANZ KAFKA

Nach ein paar Semestern an der Uni denke ich: Du kannst in philosophische Theorien eintauchen. Aber die Gefahr, nie mehr aufzutauchen, ist groß. Mir droht der Tod durch Ertrinken in den Fluten der Theorie. Ich muss mal wieder an die Oberfläche. Da ist ein Praktikum perfekt. Eines beim Radio. Da gibt es so viel Oberfläche – das ist grandios. Ein Praktikum im Bereich Irgendwas-mit-Medien, das macht sich außerdem gut im Lebenslauf.

Und das, obwohl ich nicht einmal Lehramt studiere. Lehramt studieren ist die FDP-Mitgliedschaft unter den Studiengängen: Es ist peinlich, aber irgendjemand muss es ja machen – einfach im Sinne der Demokratie. Beide sind darum «Ja, aber»-Entscheidungen. «Ja, ich mache das, aber ich bin anders als all die anderen!» «Ja, ich studiere Lehramt, aber eigentlich will ich Irgendwas-mit-Medien machen!», sagen darum Lehramtsstudenten. Wann immer ich einen künftigen Lehrer an der Uni fragte: «Was studierst du?», kam die Antwort: «Ach, Lehramt, aber eigentlich will ich lieber Irgendwas-mit-Medien machen.» Das ist so, als würde man auf die Frage «Was machst du beruflich?» antworten: «Ich bin Zuhälter, aber nur nachts.»

Mein Sender heißt Antenne STAR. Sein Format nennt sich AC. Das ist kein Medikament, sondern ein Musikstil. Es steht für «Adult Contemporary» und richtet sich an die Zielgruppe der 20 – 49-Jährigen. Mit anderen Worten: Es herrscht dort eine Bryan-Adams-Phil-Collins-Diktatur mit Moderatoren, die aufgesetztes Dauergrinsen mit einem netten Lächeln verwechseln. Schon länger hält sich das Gerücht, der Sender habe mehr Mitarbeiter als Hörer. Es wäre von Vorteil, wenn es gelingen würde, das Verhältnis umzukehren. Ich hätte gewarnt sein müssen – aber ich mache es trotzdem. Ich sage: «Ja, aber ich bin anders als all die anderen …!» Jeder zweite Lehramtsstudent würde seine Oma verkaufen für ein Praktikum hier. Und ich habe es. Also gehe ich hin. Auch wenn ich dafür meine Selbstachtung an der Sendertür abgeben muss. Aber so ist das nun mal. Man nennt das heute Unternehmenskultur.

Natürlich habe ich mich vor meinem Praktikum im Internet schlau gemacht und gelesen, dass sich das Programm an die «haushaltsführenden Frauen» richtet. Ich wusste gar nicht, dass es die noch gibt. Der Sender möchte «Abschaltfaktoren» im Programm gezielt vermeiden. Dazu zählen «kreischende Gitarren-Soli und längere Rap-Passagen». Aha. Es wird also alles gekillt, was Musik spannend macht.

Am ersten Tag schicken mich die Radioleute für eine Umfrage auf die Straße. Volkes Stimme soll sprechen, und ich soll sie zum Sprechen bringen. So entscheiden es emsige Redakteure am Mittagstisch in der Glutamat-Hölle des Chinesen um die Ecke.

«Was liegt denn gerade so in der Luft?», fragt einer in die Runde. Er kann es nicht wissen, da er von morgens bis abends nur den Geruch von abgestandenem Kaffee, Zeitungspapier und penetrantem Parfüm der Kolleginnen einatmet.

«Es ist doch wieder Heuschnupfenzeit!», bricht es mit großer Geste aus einem zweiten hochmotivierten Radiohandwerker heraus. «Nein, Heuschnupfen ist durch!», hält ein eifriger Dritter dagegen. Für Medienleute ist immer alles durch, was die haushaltsführende Frau beim Abendbrot schon mal in den Mund genommen hat. Kein Wunder bei einem Beruf, den ich mir noch während des Praktikums auf die Visitenkarte drucken könnte. Jede Socke kann sich Journalist nennen, nur weil sie einmal den Fuß eines Praktikanten gewärmt hat.

«Alle klagen doch gerade über Kopfschmerzen!», ruft die Kollegin aus der Musikredaktion dazwischen. Das habe sie gestern im *stern* gelesen. «Tja, was wären wir, wenn es die fleißigen Kollegen vom Print nicht gäbe», kommentiert einer süffisant, der zwar auch keine bessere Idee hat, aber wenigstens darauf aufmerksam machen will, dass man lieber keine Idee als eine vom *stern* abgekupferte verfolgen sollte.

Also Kopfschmerzen.

Draußen auf der Straße wäre ich schon froh, wenn wenigstens ein

Passant mal stehen bleiben würde. Sobald die Leute aber das Antenne-STAR-Mikrophon erblicken, ergreifen sie die Flucht. Gerade noch schlendern sie gemütlich vor den Pelzmantel-Schaufenstern auf und ab, doch kaum nähere ich mich, drücken sie aufs innere Gaspedal und verschwinden. Sie ziehen den Kopf ein, die Schultern nach oben, fahren den Schildkrötenpanzer aus und sehen plötzlich alle aus wie Angela Merkel. Ich denke mir: Vielleicht sollte ich den Sender, für den ich arbeite, doch einmal hören.

Die Sendung am Vormittag heißt «Julia am Vormittag», benannt nach Moderatorin und Tageszeit. Am Nachmittag funkt «Lars bei der Arbeit». Wer hätte das gedacht, dass auch Radiomoderatoren arbeiten, während sie moderieren? Oder arbeitet er insgeheim woanders? Vielleicht hat er einen Zweitjob als Fußpfleger. Kann gut sein – irgendwas muss er ja machen, während die vier Superhits am Stück dudeln. Reihenfolge: Bryan Adams – Phil Collins – Bryan Adams – Phil Collins. Motto: «Mehr Abwechslung!»
Spätestens ab dem späten Vormittag fiebern Julia und Lars für alle hörbar dem Feierabend entgegen und geben alle zwei Minuten durch, wie viele Stunden, Minuten, Sekunden es noch bis dahin sind.
Eine noch größere Rolle als der Feierabend spielt bei Antenne STAR nur das Wetter. Im Winter ist es Julia und Lars immer zu kalt und zu glatt, im Sommer nicht warm genug oder zu heiß, im Frühling zu wechselhaft und im Herbst zu früh zu dunkel.
Wie gute Kumpel wollen Lars und Julia im Radio rüberkommen. Ich möchte aber keine Kumpel, die mit mir alle fünf Minuten über meinen Feierabend und schlimme Staus und das Wetter reden. Menschen, die nur übers Wetter reden, sind die langweiligsten und blödesten, die man finden kann. Sie kennen nichts, wissen nichts, erleben nichts. Genau wie Lars und Julia.
Hört man den beiden zu, sind die Hörer von Antenne STAR armselige Opfer höherer Mächte, das Leben ist ein einziges Grauen: Ar-

beit, Wetter, Stau. Nur Antenne STAR mit seinen übermotivierten Sprechpuppen kann kurzzeitig für Entlastung sorgen.

Nach mehreren Stunden Fußgängerzone rauf und wieder runter habe ich endlich genügend junge Stimmen beisammen. Der Redakteur findet, nachdem er meinen Beitrag gehört hat, man könne das so machen. In den Medien kann man immer alles so machen. Das ist die maximale Begeisterung, die aus den Menschen hier sprudeln kann. Ich solle aber besser noch einmal den Chef vom Dienst fragen. Der Chef vom Dienst sagt, man habe neulich erst was zum Thema Halsschmerzen gemacht. Und jetzt schon wieder Kopfschmerzen? Das seien vielleicht zu viele Schmerzen auf einmal. Ich solle den Programmchef fragen, der habe das letzte Wort. Der Programmchef sagt, er habe nie Kopfschmerzen, darum sei er erstens der Programmchef und zweitens der falsche Ansprechpartner. Er halte Kopfschmerzen grundsätzlich für überschätzt. Bei nächster Gelegenheit aber werde er den Geschäftsführer fragen, der habe Geld und trotzdem ständig Kopfschmerzen.

Ich bin erstaunt: Alle laufen hier durch die Gänge, als hätten sie das Medium Radio gerade höchstpersönlich erfunden. Entscheiden will aber offenbar keiner. Wenn es um Entscheidungen geht, sind die ganzen aufgeblasenen Wichtigheimer plötzlich ganz klein. Im Grunde sind sie selbst so, wie sie sich ihre Hörer vorstellen: Opfer höherer Mächte, Opfer der Quote, des nächsten Vorgesetzten.

Meine Kopfschmerzen müssen weiter warten. Denn von nun an schenkt der hausfrauenführende Sender seinen Hausfrauen stündlich den Himmel auf Erden. Wie kleine Kinder werden sie behandelt, die für einen blöden Lolli alles tun. Ein Gewinnspiel soll die Hörer an Antenne STAR binden. *Dottingen oder Dubai* heißt das Spielchen. Wegfliegen oder hierbleiben, das ist jetzt die Frage. Hörer müssen knifflige Fragen beantworten («Wie heißt Bryan Adams mit Vornamen?») und sich anschließend gefälligst lautstark quietschend und schreiend über ihren Gewinn freuen. Schließlich dürfen sie für ein Wochenende nach Dubai oder in den kleinen Ort Dottingen fahren, der übrigens direkt neben der Metropole Ballrechten im Schwarzwald liegt und immer eine Reise wert ist.

Selbstverständlich fahren die Hörer nicht alleine in die Dünen. Marco begleitet sie. Marco ist der STAR-Star-Reporter, der sonst nur Phil Collins und Bryan Adams befragt. Marco trägt sein Mikrophon mit dem dicken STAR-Logo drauf vor sich her wie ein Maschinengewehr. Man munkelt, er gehe sogar mit ihm schlafen.

Sobald Hörerin Angelika in den Hotelpool hüpft, geht STAR-Reporter Marco live drauf, um der gespannten Hörerschaft zu Hause mitzuteilen, dass die Angelika gerade in den Pool gesprungen und jetzt mit hoher Wahrscheinlichkeit nass sei. «Sobald sie auch mit dem Kopf einmal unter Wasser war, melden wir uns wieder. Bleiben Sie dran, es bleibt spannend!», sagt Marco, bevor er live wieder runtergeht.

Am Ende meines Praktikums bietet mir der Programmchef eine freie Mitarbeit an. Als Reporter. Wegen meiner gelungenen Kopfschmerz-Umfrage, die er leider nicht senden konnte. Sie sei super gewesen, aber zum Thema Urlaub passten einfach keine Kopfschmerzen.

Verdammt. Warum ein Job als Reporter? Moderator wäre mein Ding. Während der vier Hits am Stück würde ich Nietzsches Werke in zwölf Bänden komplett gelesen haben. Außerdem könnte ich dann in den nächsten mündlichen Prüfungen davon profitieren: «Beschreiben Sie die Gelassenheit beim späten Heidegger.» Ich würde mit einem fetten Grinsen aufspringen und rufen: «Super Frage! Fragen wir doch einfach die Hörer! Also, Sie da draußen, wenn Sie's wissen, rufen Sie an! Für nur 12 Cent pro Minute aus dem Festnetz! Die Lösung dann gleich nach vier Hits am Stück! Bleiben Sie dran!»

Oder ich könnte in meiner Radio-Show ein bisschen Comedy machen. Vor den größten Staus und den besten Baustellen sagte eine Stimme den Satz: «Der aktuellste Verkehrsbericht wird Ihnen präsentiert vom Autohaus Mühlbauer in der Hauptstraße.» Ich würde einen Wechsel des Sponsors anregen: «Der aktuellste Verkehrs-service wird Ihnen präsentiert von Samantha und Stefania aus dem *Lonely Hearts Club* an der Autobahnausfahrt Nord. Hier beginnt Ihre Spritztour!» Dafür würde manch ein übermüdeter Trucker sicher schnell nochmal kuppeln.

Ich traue mich nicht, dem Programmchef von meiner eigentlichen Berufung zu erzählen. Stattdessen frage ich lieber, was das denn hei-ße, Reporter zu sein, also längerfristig. «Ja, da muss man dann mal gucken, was so anliegt und so ... da muss man dann mal sehen, wie das so aussieht.»

So genau wollte ich es gar nicht wissen. Ich sage zu, der Job ist doch wie für mich gemacht: Ich werde mich hier nie entscheiden müssen. Weder für den Reporterjob noch gegen das Studium, weder für ein Thema noch dagegen. Ich werde mich an der Uni als cooler Repor-ter verkaufen und im Radio den coolen Intellektuellen geben, der Kafkas Werke auch von innen kennt. Sie setzen mich als Freelancer ein, sind nicht für mich verantwortlich, müssen kein Risiko einge-hen. Wenn ihnen meine Kopfschmerzen nicht mehr gefallen, sind sie mich mit einem Anruf los. Habe ich keinen Bock mehr auf sie, gehe ich einfach nicht mehr ans Handy. Es bleibt alles herrlich un-verbindlich.

Bei meinen Freunden werde ich nur noch schwer durch die Tür pas-sen, schließlich bin ich jetzt Radio-Reporter. Das klingt verdammt wichtig. Nach gepanzertem Jeep und kugelsicherer Weste und fetter Satellitenschüssel auf dem Dach. Hautnah dran am Weltgeschehen. Ich werde mir auch privat diesen Tagesthemen-Reporter-Singsang angewöhnen, mit dem man im-mer je-de Sil-be ein-zeln be-to-nen muss, weil man nicht sicher sein kann, ob man am En-de des Satzes noch lebt.

Es muss ja niemand wissen, dass ich in Wirklichkeit nur hektisch durch die Gegend renne, um herauszufinden, ob gerade Heuschnup-fenzeit ist oder nicht, dass ich den Angelikas dieser Welt beim Plan-schen am Strand zugucken und Sendeminuten füllen werde, die besser leer geblieben wären. Dass ich ein Programm machen werde, das ich selbst nicht einmal für Geld hören würde. Dass ich dabei helfen werde, Events in den Himmel zu heben, die sich der Programmchef im Zustand geistiger Umnachtung ausgedacht hat. Ich bilde nicht die Welt draußen ab, sondern die Welt hier drin. Antenne STAR schickt Hörer nach Dubai, um dann anderen Hörern erzählen zu können, dass es Hörer nach Dubai geschickt hat.

Medien züchten sich ihre Themen wie eine Pflanze im Treibhaus, die sie dann künstlich großziehen. Im Fernsehen laufen nur noch «Scripted Reality»-Formate. Geschriebene Wirklichkeit. Das bedeutet, normale Leute spielen erfundene Normalos so, wie sich Leute, die keine Normalos mehr kennen, normale Normalos vorstellen. Von den Leuten, für die sie senden, haben sich die Macher längst verabschiedet. Sie nehmen sie als bedrohliche Gruppe war, weil sie die Macht hat, umzuschalten. Darum machen sie sie lieber zu Opfern von Wetter und Verkehr.

Vorsichtig frage ich den Programmchef, ob ich denn als Reporter vielleicht auch einmal eine richtige Reportage machen dürfte. Zu einem großen Thema, Klimawandel zum Beispiel. Nein, Klima sei schwierig, winkt der Programmchef ab. Er persönlich finde das Thema natürlich super, aber der Geschäftsführer habe gerade neue Zahlen präsentiert, aus denen glasklar hervorgeht, dass Klimawandel der totale Abschalter sei. Schlimmer noch als Gitarren-Soli und Rap-Gesang. Die Hörer haben die Schnauze voll von Klima und vom Wandel erst recht. Wenn Klimawandel, dann müsse ich das Thema schon runterbrechen. Ich könne ja mal nach Dottingen fahren und die Menschen im Freibad fragen, ob die 25 Grad noch Sommer oder schon Klimawandel seien. Aber nur junge Stimmen, bitte. Irgendwas Fröhliches für den Feierabend. Mit mehr Gefühl und weniger Kopf. Darum geht es. Bloß niemanden erschrecken. Lieber alle langweilen.

Die Medien-Bibel

Die 10 Gebote

für den Weg nach oben

1. DU BIST MOTIVIERT. Du bist neugierig. Das ist gut. Versuche, dir das zu bewahren. Aber zeige es nicht zu deutlich. Nach außen gilt: Du hast alles schon einmal gehört. Nichts kann dich mehr überraschen. Du bist cool, abgeklärt. Sonst wärst du ja nicht hier. Immer schön wissend nicken, noch bevor das Gegenüber seinen Satz zu Ende gebracht hat. Gewöhne dir ab, erstaunt zu sein.

2. ES KOMMT DARAUF AN, ALLES BESSER ZU WISSEN. Formulierungen wie «Ich mach das ja nun schon eine ganze Weile» gehören zu deinem Standard-Repertoire. Täusche jahrelange Erfahrung vor, auch wenn du sie nicht hast: Kompetenzsimulation bei völliger Ahnungslosigkeit ist vollkommen normal. In der Folge wirst du jedes Projekt an dich reißen, das dir begegnet. Denn nur du vereinst Talent, Können, Erfahrung und Knowhow.

3. DU HAST ANDAUERND STRESS und nie Feierabend. Erst wenn dich deine Mitmenschen täglich kurz vor dem Herzinfarkt sehen, bist du ein echter Medienschaffender. Die Höhe deines Blutdrucks muss sich in deinem Gesicht widerspiegeln.

4. DU HAST MINDESTENS ZWEI SMARTPHONES und drei Handys, auf denen du nie erreichbar bist.

5. DU BIST DER ERFINDER DEINER KUNDEN. Künstler, Politiker, Manager, Wissenschaftler und andere notorische Selbstdarsteller sind dein Werk. Du bist ihr Schöpfer, ihr Macher. Ohne dich wären sie nichts als nutzlose, armselige Würstchen. Jetzt sind sie Würstchen in deinem Kochtopf. Lass sie schmoren und leiden, aber nicht platzen. Wenn du sie deinem Publikum servierst, sollen sie schließlich appetitlich aussehen.

6. WER DICH ANRUFT, IST RAUS. «Don't call us, we call u» tätowierst du dir fett auf den Oberkörper.

7. ♦ **DER BEGRIFF «MENSCHEN» IST TABU FÜR DICH.** Sie sind nichts weiter als Energiesparlampen. Du knipst sie an und wieder aus. Du entscheidest, wann und wie lange sie dein Universum erleuchten. Gewöhne dir jede Sorge und Mitgefühl schnell ab. Wenn du eine Leuchte ausgeknipst hast, weil sie dir nicht mehr gefällt, wirf sie einfach weg. Irgendein Idiot wird sie schon recyceln.

8. ♦ **DU BIST EIN GETRIEBENER.** Darum spielst du den Antreiber. Du jagst den Stier durch die engen Gassen in die Arena. Wenn er zusammenbricht? Egal. Das Medium ist die Arena, der Stier ist die Attraktion, du entscheidest, wie lange er überlebt. Auch wenn du nicht der Torero sein wirst, der ihn am Ende bezwingt, bist du wichtig. Nur wenige werden Torero, die meisten bleiben Teil der hetzenden Dorfgassenmeute. Die Wahrscheinlichkeit ist groß, dass du zur Meute gehörst. Mache dir darüber keine Gedanken. Halte dich besser ran, nur die besten Stiere in die Arena zu lassen, deren spektakulärer Tod das Publikum auf den Tribünen beglücken wird.

9. ♦ **FOLGENDE REGEL IST ÜBERLEBENSWICHTIG:** Entwickle Hass und Verachtung für alle, außer dich selbst. Insbesondere für dein Publikum, das du nicht kennst, weil du dich schon lange nur noch mit dir selbst beschäftigst. Je nach Medium nennst du die Leute draußen Leserpöbel oder Klatschvieh.

10. ♦ **IM FORTGESCHRITTENEN STADIUM** – also nach spätestens fünf Jahren – sind Cognac, Whisky und Tabletten deine ständigen Begleiter, spätestens ab der Mittagspause. Du sprichst nur noch davon, was du eigentlich gerne mal machen würdest, was man mal machen müsste, aber nicht kann, weil alle außer dir Idioten sind und man ja sowieso nur gegen Windmühlen kämpft. Du bist jetzt am Ziel: Du verachtest dich und die Welt ausreichend, um erfolgreich Programm zu machen – Programm, das du verachtest, für Menschen, die du verachtest. Im Grunde bist du schon tot. Ab und zu liest du in einem Buch oder einer Zeitung einen Text, der dich beschreibt. Du wirst dann kurz aufwachen und denken: Scheiße, das bin ja ich! Der Alkohol wird dir helfen, diesen Gedanken schnell wieder loszuwerden. Was soll's. Du bist jetzt abgesichert, saturiert, ein bisschen fetter, als du je sein wolltest, aber gerade noch gepflegt genug, um zwischendurch mit einem schönen Wesen Sex zu haben, bevor du es in die Arena treibst.

6. Kohls Enkel

«DIE NEUE MITTE.»

WAHLSPRUCH
DER SPD, 1998

«DIE MITTE.»

WAHLSPRUCH
DER CDU, 2007

Als ich ein kleiner Junge war, feierte ich jede Woche Weihnachten. Immer donnerstags Punkt 18.55 Uhr. Da startete das A-Team. Gegen 20 Uhr, kurz vor der Tagesschau, war Schluss. Zum Glück, denn die Tagesschau fand ich ungeheuer öde, genau wie die heute-Sendung eine Stunde früher. Wer wollte schon zweimal hintereinander genau dasselbe von unterschiedlichen Vorlesern vorgelesen bekommen? Das A-Team zeigte doch auch nicht zweimal hintereinander die gleiche Folge mit verschiedenen Schauspielern.

Am 9. November 1989 war ich zehn Jahre alt, und es geschah der Super-GAU: Das A-Team entfiel. Ersatzlos. Stattdessen sah ich die Tagesschau-Vorleser nicht nur um 20 Uhr, sondern lange davor und noch lange danach im Fernsehen. Sie schalteten andauernd nach Berlin und wieder zurück. Dort tanzten Leute mit eigenartigen Frisuren auf einer Mauer herum und fuhren mit noch eigenartigeren Autos durch sie hindurch. Die Familie um mich herum war begeistert. Ich wollte nur das A-Team zurück. Da passierte in 45 Minuten einfach bedeutend mehr als hier.

Hannibal, Face, Murdoch und B. A. hätten mit richtigen Autos die Mauer durchbrochen und nicht mit diesen Trabbis, die wie hässliche Playmobil-Autos aussahen. Und außerdem hätten sie niemals diesen dicken Mann aufgenommen, von dem nun alle sprachen. Der Mann, der plötzlich mit seinem ganzen Gewicht die schwere Mauer zum Einsturz gebracht hatte: Helmut Kohl.

Er war Kanzler geworden, als ich drei Jahre alt war und ging, als ich gerade neunzehn wurde. Lange glaubte ich: Es gibt nur ihn. Der Unsterbliche! Im Ethikunterricht lasen wir später Aristoteles, der geschrieben hatte, Gott sei der unbewegte Beweger. Ich dachte: Er muss Kohl gemeint haben. Der Gute Gott von Oggersheim hielt sich genau an das Drehbuch, das ihm die Bibel vorgeschrieben hatte: Nach fünf unbewegten Tagen schuf er am sechsten den wiedervereinigten Deutschen. Am siebten Tag vollendete er sein Werk und ruhte. Sein siebter Tag sollte nun aber neun Jahre, von 1989 bis 1998 dauern, eine gefühlte Ewigkeit.

Die irdische Welt drehte sich derweil weiter: Die Arbeitslosenzahlen stiegen, die Schulden auch, die Globalisierung nahm unaufhaltsam ihren Lauf. Aber Gottes Zeit war stehengeblieben. Er zog es vor, sich auszuruhen und zwischendurch mal einen Spaziergang zu machen. Dann hielt er ab und zu noch eine Sonntagsrede. Dabei rief er in den Blätterwald hinein, dass er bei seinem Spaziergang da am Wegesrand in der Pfalz viele blühende Landschaften gesehen habe und dass die sicher auch ganz bald nach Bitterfeld geliefert werden würden.

Was ihn störte, kehrte er unter den Teppich und setzte sich drauf. Er verbreitete damit eine spießige, aber wohlige Gemütlichkeit. Ich wuchs auf in dem Gefühl: Alles ist in Ordnung.

Solange das A-Team und die Nudeln dazu pünktlich kamen, war meine Welt in Ordnung. Mit 14 Jahren wurde ich zusätzlich halbprofessioneller Kohl-Parodist – einer von insgesamt 82 Millionen in Deutschland. So feierte ich erste Erfolge auf Schulfeiern. Dank der Nudeln musste ich äußerlich gar nicht viel tun, um Kohl zu werden. Man spricht ja auch davon, der Parodist müsse in die Figur fallen. Ich stellte mich also auf die Bühne, drückte meinen Bauch raus, faltete die Hände vor dem Bauch, ließ mein Kinn auf die Brust sacken, sodass ein schönes Doppelkinn entstand, und sagte mit teigiger Stimme Sätze, die keiner verstand. Ich sagte «blihnde Lonnschoftn», und schon kochte der Saal. Meine Parodien waren kindlich-harmlos. Sie waren keine Kritik und keine Anklage, sie wollten Spaß, keine Wut. Was hätte ich auch anklagen sollen? Dass ich es gut habe? Ich hätte höchstens eine Demo organisieren können für einen Hollywood-Schauspieler als Kanzler, wie ihn die Amis mit Ronald Reagan hatten. Aber wer wollte schon Heiner Lauterbach als Kanzler?

Ein Jahr vor der Wende hatte ich noch die Olympischen Spiele im Fernsehen geguckt. Wenn ein Deutscher eine Medaille bekam, freute ich mich. Meine Oma wies mich zurecht: «Der ist doch von drüben!» Ein Riesenaufreger war das vor dem Fernseher, dass immer die aus der Zone die meisten Medaillen holten. Ich fand, die von drüben sprachen doch mehr oder weniger meine Sprache und machten auch sonst einen netten Eindruck, von ihren komischen Frisuren mal abgesehen. Kurz nach der Wende sah ich sie wieder – sie räumten jetzt in unserem ALDI die Regale voll. Und auch wieder leer!

Wer drüben geblieben war und keinen ALDI um die Ecke hatte, half dabei, aus der ehemals Sowjetisch Besetzten Zone eine National Besetzte Zone zu machen. Der Anblick brennender Asylantenheime in Hoyerswerda und Rostock-Lichtenhagen schockierte mich. Aber irgendwie waren diese Orte noch immer weit weg. Vielleicht lag es daran, dass wir in der Schule auch fünf Jahre nach dem Mauerfall noch immer den Diercke Weltatlas mit einer fetten Linie quer durch Deutschland benutzten.

Heute verstehe ich mich besser. Ich hatte damals das Gefühl, es würde sich nichts ändern, egal, was ich tat. Das war das Grundgefühl meiner Jugendjahre. Mit dem Fall der Mauer und dem Ende des Kalten Krieges schien es keine Alternativen mehr zu geben. Der Kapitalismus hatte wohl seinen Endsieg errungen – durch eine friedliche Revolution, ganz ohne Tote. Das war großartig, gab ihm aber auch eine erdrückende Macht. Welche Argumente sollte man also gegen ihn ins Feld führen?

Es ging nicht mehr darum, Widersprüche zu lösen, es ging darum, sie richtig zu kombinieren. Man begann, Krawatten zu tragen in Kombination mit Lederjacken. Es wuchs nun auch zusammen, was nicht zusammengehörte. Löchrige Jeans mit Metallnieten wurden bürotauglich. Bisher ging das nur, wenn man sich samt Schäferhund und Bierfahne bei den drei Punks vor der Uni um ein Praktikum bewerben wollte. Meine Oma war entsetzt. Es herrschte fröhliches Cross-over, in der Mode genau wie in der Musik: Bands wie *Rage Against the Machine* und *Linkin Park* mischten Metal mit Rap. Rap wiederum bediente sich bei Mozart. Zugleich kamen die Girlies auf: *Blümchen* war die Diddl-Maus fürs Ohr: Eines der größten akustischen Verbrechen der 90er. Techno meets Kinderkitsch mit Texten wie «Piep, piep, kleiner Satellit» oder «Herz an Herz hörst du mich – SOS ich liebe dich! Ich und du immerzu!» Blümchen bewies, Musik ist wie Physik: Nicht alles, was technisch machbar ist, sollte man auch machen.

Lucilectric lieferte mit «Mädchen» den Hit meiner Spätpubertät, sie und andere Girlie-Bands waren das Cross-over von Kind und Frau. Getreu dem Motto: Ich nehme mir die Rechte der selbstbewussten Frau, bleibe aber trotzdem das unschuldige Mädchen, das erobert werden will. Dieser scheinbar harmlose Song sagt mehr über uns, als beabsichtigt. Vielleicht haben wir uns in diesem Moment entschieden, für immer Kind zu bleiben. Vielleicht ahnten wir, dass Erwachsensein in der mobilen und flexiblen Welt schon bald keinen Wert an sich mehr darstellen würde, dass wir immer beides sein müssten: ein bisschen Kind, ein bisschen Erwachsener. Je nach Anforderung. Manchmal erlebte ich eine frühe Form von Nostalgie. Ich dachte: Frühere Generationen haben etwas zu erzählen. Sie sind groß geworden in Zeiten der Studentenproteste, in Kriegswirren oder Trümmerjahren. «Opa erzählt vom Krieg!», hieß es oft in meiner Kindheit. Bei mir würde es später heißen: Opa erzählt vom A-Team.

Es musste also etwas passieren. Ich musste mich engagieren. So wurde ich in der 12. Klasse Schulsprecher. Es war wie in der echten Politik: Es war gerade kein anderer da, also fragte man mich. In den Schulsprecher-Sitzungen drehte sich alles um das große weltbewegende Thema, das wirklich keinen Aufschub zuließ: die Organisation der Schulparty. Das war das zentrale politische Großprojekt jedes Schuljahres, das wir vorantreiben mussten. Wir waren eine kaufmännische Schule, das bedeutete: Niemand erwartete von uns die beste Party – aber jeder die geilste Bilanz. Sie gelang uns nicht. Zukünftige Volks- und Betriebswirte machten Miese bei einer popeligen Schulfete. Ich glaube, hier am Fuße des beschaulichen Schwarzwaldes muss die Finanzkrise ihren Anfang genommen haben.

Das Amt des Schulsprechers hätte auch ein politisches Amt sein können. Doch die Schülerversammlung war eine Verwaltung, darum hieß sie auch SMV, Schülermitverwaltung. Eine innerschulische Behörde zur Verwaltung der Schulparty. Darin trifft sie sich mit dem Politikunterricht. Der hieß aber nicht so. Man ahnte, das Wort Politik könnte abschrecken, und sprach lieber von Sozialkunde. Aber das half wenig.

Stundenlang referierten müde Lehrer vor desinteressierten Klassen über die Frage, was die Bundesversammlung ist, warum sie sich nur alle fünf Jahre trifft und warum da auch schon mal der eine oder andere C-Promi mitmachen darf. Politik war langweilige Funktionslogik. Positionen, Haltungen, Meinungen – all das waren Fremdworte für unsere Lehrer. Hatten sie Angst? Wovor? Vor dem nächsten Elternabend, an dem eine aufgebrachte Mama auftauchen und bemäkeln könnte, dass ihr 17-jähriger Sohn zu Hause heimlich Lenin zitiert und im Wohnzimmer den Gulag nachspielen will? Immer schön objektiv bleiben, war die Devise. Am Ende der Stunde stand stets ein politisch korrektes «Das kann man so sehen, aber auch so». Entsprechend war im Deutschunterricht die Erörterung das große Anliegen: Am Ende musste ein Ergebnis stehen, das Pro und Contra schön brav miteinander vereinte. Höchstens am Ende des Schlusses war kurz Raum für eine kurze persönliche Bemerkung, aber immer mit dem Hinweis: Vorsicht! Meinungen sind gefährlich. Lieber schön Pro und Contra zusammenfassen zu einem gemütlichen Jein. «Da macht ihr nichts falsch», war der am häufigsten ausgerufene Satz. Das Jein hat man uns in die Hirne gemeißelt. Und heute wirft man uns vor, dass wir es leben und immer schön korrekt bleiben.

Unsere Lehrer wussten, dass sie ein Out-Fach unterrichteten, entsprechend lehrten sie es. Ihre Müdigkeit vergrößerte unser Desinteresse, unser Desinteresse ihre Müdigkeit. Wenn es eine klassische Win-win-Situation gibt, war das eine klassische Lose-lose-Situation.

Aktuelle Fragen, die uns hätten begeistern, spalten oder wenigstens bewegen können, haben wir kaum diskutiert. Uns interessierte die

Schulparty und die Lehrer die Frage, ob sie nach der sechsten Stunde im Halteverbot einen Strafzettel kassiert hatten. So war es gelungen, uns jedes Interesse für politische Zusammenhänge konsequent auszutreiben.

So beerdigte ich folglich mein Interesse für Politik, noch bevor es wirklich geboren war – und wendete mich mir selbst zu. Wer braucht ein Parteiprogramm? Es ist schon schwer genug, einen Platz im Trainee-Programm zu kriegen. Lieber einen sicheren Ausbildungsplatz als einen unsicheren Listenplatz.

Natürlich machte ich von meinem Wahlrecht Gebrauch. Am Ende meiner Schulsprecherzeit, 1998, durfte ich zum ersten Mal ran. Es war ein großartiges Gefühl, zumal es mir mit meiner Stimme auch direkt gelungen war, Kohl abzuwählen. Ich war das! Ich konnte mit Nietzsche größenwahnsinnig sagen: «Gott ist tot, und ich habe ihn getötet!»

Jetzt lag ein Hauch von Frühling in der Luft. Es hieß, nun seien die 68er am Ziel. Aber in meiner Schule sagten viele: «68? Hm... Mit Wein kenne ich mich jetzt nicht so aus.» Den Kuppelparagraphen hielten sie für eine Frage in der theoretischen Führerscheinprüfung. Und die Notstandsgesetze griffen auch nur morgens um 3 in unserer Dorfdisco.

In den ersten Regierungsjahren wollten auch die Rot-Grünen in erster Linie Spaß. Sie rauchten in teuren Anzügen teure Zigarren und genossen sich selbst. Nebenher spielten sie eine Runde Politik.

Ich machte in dieser Zeit Abitur, bevor ich hinausging in die weite Welt – nach Freiburg. Alles schien möglich. Die Mauer war seit zehn Jahren weg und eine neue nicht in Sicht. Statt dem Russen stand nur noch der Ossi vor der Tür. Und der hatte sowieso schon einen Schlüssel.

Schnell zeigte sich aber: Wirklich links war diese Regierung auch nicht. Schnell dunkelte Gerhard Schröder nach. Politik und Haarfarbe gingen eine ganz eigene Koalition ein. Dauernd faselte er nun von der Neuen Mitte, zu der wir angeblich alle gehörten – oder gehören sollten. Nachdem es keine Gegner mehr gab, standen notwendig alle in der Mitte.

Die Mitte ist wie ein Nordseestrand. Alle baden im gleichen Wasser, aber es gibt einen Abschnitt für Bikinis und Badehosen, einen für Hunde, einen für Nackte, für Kleine, Große, Dicke und Dünne. Das Wichtigste ist, dass niemand dem anderen in die Quere kommt. Wir wollen uns nicht gestört fühlen. Der Dünne nicht vom Dicken, der Angezogene nicht vom Nackten. Es soll jeder machen, was er will, solange ich es nicht mitkriege. Natürlich bin ich tolerant – aber nur denen gegenüber, die so sind wie ich. Ich habe mich eingerichtet in der letzten sicheren Zone, der IBZ – der Ich Besetzten Zone.

Die Politik bestärkt mich ständig darin: Kanzler Schröder hatte nach fünf Jahren Regieren mal unter den Teppich geguckt, unter den Kohl jahrelang den ganzen Dreck gekehrt hatte. Das Ergebnis: die Agenda 2010. Darin ist von Selbstverantwortung die Rede, von fordern und fördern. Nun forderte man von mir, was ich schon lange tat: Sorge vor für DEIN Alter, zahle PRIVAT zu, kümmere DICH um DEINE Zukunft. Selbst die Politik bestätigte mich nun hochoffiziell darin, mich nur noch um mich zu drehen.

Wenn ich mal einen Nackten in meiner Badehosen-Zone sehe, der mir nicht gefällt, darf ich mich direkt belästigt fühlen. Und wenn ich mich belästigt fühle, werde ich eigentlich auch schon diskriminiert. Und dann kann ich klagen. Juhu! Wenn ich dick bin, klage ich gegen die *Brigitte* und ihre Diäten. Wenn ich ein aufgedrehter Kokser bin, klage ich auf Legalisierung harter Drogen. Als Atheist klage ich gegen die Kirchen oder gleich gegen Gott, weil er die Schöpfung versemmelt hat. So bekommt jeder sein kleines Antidiskriminierungsgesetz. Den eigenen halben Quadratmeter am Mittestrand der Gleichgültigkeit.

Der Schutz der Schwachen ist nur ein Vorwand der Politik, um sich aus der Verantwortung zu stehlen. Beim Rauchverbot ging es nie um den Schutz der armen Kellner, die den Qualm nächtelang ertragen mussten. Der Schutz der Nichtraucher vor Krankheiten war nur ein perfider Vorwand, um das Rauchen zu einem Privatvergnügen zu machen und damit MICH für MEIN privates Vergnügen haftbar zu machen. Stirb langsam – und allein. Wenn sich Politik für das Schicksal der armen Kellner interessieren würde, dann hätte sie ja längst einen gesetzlichen Mindestlohn in der Gastronomie durchsetzen können.

Politik ist nur noch dazu da, um im Namen von angeblich Schwachen zu verbieten. Sie verschließt, statt zu öffnen. Mein Ziel muss also sein: Werde schwach! Das hat viele Vorteile. Du wirst gehört und kannst immer sagen, ich bin ein Opfer. Schuld sind die anderen.

So hat sich alles gewandelt seit meinen Kindertagen unter Gott Kohl: Vom spießigen Oggersheim-Deutschland zu einem angeblich offenen, linken Deutschland. Vor allem aber zu einem überkorrekten, sicherheitssüchtigen Land, in dem man es allem und jedem recht machen muss. BRD – Besorgte Republik Deutschland.

Das Jahr 2001 ist mir, wie vielen anderen auch, bis heute in Erinnerung geblieben: Es war das Jahr, das mein Leben veränderte: Ich kaufte mir mein erstes Handy. Und ich zog zu Hause aus. Doch kaum war ich angelangt in der Freiheit, wurde aus Freiheit auch schon Sicherheit: 9 / 11 veränderte alles. Mit einem großen Rums wurde Blümchens Herz-an-Herz-Spaßblase unter zwei Hochhäusern begraben – wenn auch nur vorübergehend.

Für ganze drei Wochen aber war nichts mehr wie vorher. Viele Kommunisten a. D. fragten erschrocken: Was wird denn jetzt aus meinen New-Economy-Aktien?

Selbst Gerhard Schröder fiel vor Schreck die Zigarre aus dem Mund. Jetzt musste er regieren. Wie ging das nochmal? Schnell rief er bei Sabine Christiansen an, um zu fragen, was jetzt zu tun sei. Christiansen wusste auch nicht weiter – aber Schily, der Terrorminister: Neue Gesetze mussten her. Jeder Geborene war zunächst einmal Terrorist; das Gegenteil sollte er erst einmal beweisen. Konnte er das nicht, wanderte er eben ein paar Jahre in den Knast. Früher sprach man von Beugehaft, jetzt von Vorbeugehaft. Niemand habe die Absicht, die Demokratie abzuschaffen, hieß es. Nur ihre Gesetze.

Endlich können wir nun die Mauer wieder hochziehen – und dahinter sperren wir den Moslem ein.

Zwei eingeäscherte Hochhäuser, das ist der größte Gefallen, den der Islam der westlichen Welt tun konnte: Endlich gab es wieder ein neues Feindbild, und zwar ein zeitgemäßes, ein globalisiertes. Eines, auf das sich alle einigen konnten.

Wenn ich die Nachrichten sah, dachte ich immer: Insbesondere in Amerika muss nach dem Fall des Eisernen Vorhangs eine ungeheure Langeweile eingetreten sein, so ganz ohne Gegner. Der damalige Präsident Bush hörte vom Fall der Twin Towers, als er in einem Kindergarten Bilderbücher vorlas. Wer als Präsident so viel Zeit hat, braucht dringend eine größere Aufgabe. Seitdem gibt es eine neue Gleichung: Angst vor dem Islam + Genervtheit von der verklemmten politischen Korrektheit = neue Rechtsparteien. Der neueste Megaseller auf dem Politmarkt.

Die neuen Rechten sind frühere Linke und Liberale. Sie stellen sich nackt vor die ganzen Bikini- und Badehosenträger aus der Mitte und lassen stellvertretend für sie die Sau raus. Thilo Sarrazin hat das eindrucksvoll gezeigt. Ihm und seinem Buch haben wir viel zu verdanken. Er hat bewiesen, dass nicht nur der Islam, sondern auch wir, das christliche Abendland, hervorragende Hassprediger hervorbringen können. Von der ganzen politisch korrekten Mitte angenervte Strandkorbbesetzer riefen laut: «Endlich sagt's mal einer!»

Das heißt: Endlich lässt mal einer die Badehosen runter und spricht aus, was das Badehosen-Volk so denkt, das sich selber nicht nackig machen will. «Das wird man ja wohl noch sagen dürfen!», war monatelang der Satz Nummer 1 unter den Sarrazin-Fans. Gefolgt von «Die sind doch eh alle gleich da oben!» und auf Platz 3: «Es war nicht alles schlecht damals.»

Trotz aller Alarme der letzten Jahre: Ich habe mich immer sicher gefühlt. Ich lebe mit dem Gefühl: Wenn ich an mich glaube, wird schon alles gutgehen. So wurde ich politisch geprägt und mit mir eine ganze Generation. Es ist dieses Kohl-Urvertrauen. Alles wird gut – wenn nicht für die Welt, dann für mich.

So habe ich stets an meiner Ich-AG gearbeitet, bin immer brav den Anforderungen gerecht geworden und habe mich bemüht, mich nicht festzulegen.

Wer wie ich im Jahre 1998 Gott getötet hat, muss auch ein Leben ohne Gott alleine meistern: Also muss ich heute selbst Gott spielen. Ich muss der Schöpfer meines Lebens werden. Es gilt, die eigene Biographie täglich neu zusammenzubauen. Damit habe ich vorerst genug zu tun. Jetzt kann ich beim besten Willen nicht auch noch die Welt retten.

Abgesehen davon gibt es nach wie vor keinen Adressaten, der meine Stimme hörbar machen könnte: Die neue Linke mit Lafontaine und Konsorten – ein nörgeliges, schlechtgelauntes Plastiktüten-Prekariat. Verschämt fährt man Porsche, während man offiziell den Kommunismus anhimmelt, wie ein Mann, der beim Sex mit der Ehefrau an kleine Jungs denkt.

Alte Linke sind jetzt neue Rechte und neue Linke alte Spießer. Unter Kohl war das einfacher. Es gab Gut, es gab Böse. Kohl hatte uns vor dem Chaos der Welt nicht bewahrt. Er hatte die Kälte der Globalisierung einfach nur geschickt mit seinem großen Mantel verdeckt.

Jetzt, da er weg war, folgten Krisen im Stundentakt. Banken und Staaten brachen zusammen. Hier ein Rettungsschirm, dort ein Rettungspaket. Bis 2001 hieß es: Wer keine Aktien hat, hat nicht alle Tassen im Schrank. Plötzlich galt: Wer immer noch Aktien hat, hat nicht mal mehr einen Schrank.

Mein eigentlicher politischer Schock ist aber ein ganz privater: Er trifft mich ausgerechnet kurz nach meinem 30. Geburtstag. Der Schock trägt drei Namen: Christian, Kristina und Philipp. Schon vom Namen her radikaler Durchschnitt. Und natürlich alle Anfang bis Ende dreißig und alle Kinder der aktuellen Regierungsparteien CDU und FDP. Von heute auf morgen waren sie einfach da. Christian Lindner als Generalsekretär der FDP – eine Art Justin Bieber der Liberalen. Kristina Schröder, die CDU-Familienministerin, und Philipp Rösler als Gesundheitsminister. Politiker waren für mich bisher immer alte Männer. Plötzlich regierten mich Leute meines Alters. Als wollte mir das Leben einen fernen Wink geben: «Jetzt wird es ernst. Das, was du hier machst, ist keine Probe. Es ist dein Leben. Das Licht ist an, dein Auftritt hat begonnen. Du hast es nur noch nicht gemerkt. Die Anderen sind schon auf der Bühne.»

Es ist wie eine Ohrfeige: Diese Leute haben mit meinem Leben so gar nichts zu tun. Warum haben nicht die unglaublich jugendlichen Grünen ein paar coole Leute an die Front geschickt? Geht das etwa nicht, weil sonst die dauerjugendlichen Künasts und Trittins merken würden, dass sie gar nicht mehr so jung sind, wie sie sich den ganzen Tag geben? In der SPD hat man gesagt: Es reicht, wenn wir Frank-Walter Steinmeier eine coole Kassengestellbrille auf die Nase setzen, auch wenn die in etwa so gut zu ihm passt wie Sigmar Gabriel als Hochspringer zur Leichtathletik-WM.

Aber wenn ich ehrlich bin, darf ich mich nicht beschweren. Ich hätte ja auch mal von meinem aktiven Wahlrecht Gebrauch machen können, statt immer nur vom passiven. Ich benehme mich wie ein Raucher in Bayern, dem per Volksentscheid seine Raucherkneipen genommen wurden, weil er selbst vor dem Wahllokal gestanden hat und sagte: «Wahllokal … hm. Da soll ich abstimmen? Darf man da drin rauchen? Nicht? Dann geh ich auch nicht rein.»

Lindner, Schröder und Rösler jedenfalls sind Leute, die sich anscheinend nie gequält haben mit Entscheidungen, die nie mobil und flexibel waren. Im Gegenteil: Sie sind Leute, für die alles immer klar zu sein schien.

Sie beweisen: Auch in der globalisierten Welt kommt man nach wie vor am weitesten, wenn man dort bleibt, wo man herkommt.

Ihre Wochenenden verbrachten sie nicht in der Disco, sondern im lokalen Ortsverein. Da wendeten sie Würstchen für die CSU Obermittelunterfranken-Nordwest. Kristina Schröder hatte schon in der Schule einen I-like-Birne-Sticker auf dem Streberhefter. Allein dafür verdient sie eine lebenslange Sicherungsverwahrung im Hinterbänkler-Guantánamo. Mit 14 Kohl-Fan und stolz darauf! Wahrscheinlich findet sie es auch cool, *Blümchen* gehört zu haben.

Christian Lindner hat vor zehn Jahren auf dem Höhepunkt der New-Economy-Welle mal eine Internetfirma gegründet. Eineinhalb Jahre später waren mehr als eine Million Euro öffentliches Fördergeld verbrannt. Danach ging er zurück zur FDP. Das ist so, als wenn die Grünen einen gescheiterten Bio-Bauern zum Chef machen würden, der nach seiner Pleite genmanipulierten Mais angebaut hat.

Es sind Zuhausebleiber-Karrieren in Parteien, in denen es aufs Hocharbeiten und Hochschleimen daheim im Orts-, Kreis-, Bezirks- und Landesverband ankommt. Parteien sind die Kleingartenvereine des 21. Jahrhunderts.

Früher war der Politiknachwuchs Hausbesetzer, heute ist er Hausbesitzer. Vollkommen bei sich zu Hause. Kein Bruch, keine Störung, kein Zweifel am Vorgegebenen. Nach allem, was wir wissen, sind diese Jungen nicht einmal jung gewesen. Sie sind jugendfrei. Ihr Ziel ist ein Sitz. Ein gemütlicher im Haus, das sie besitzen, und ein komfortabler im Bundestag, den sie damit besetzen. Und wenn sie mal straucheln, dann höchstens im Untersuchungsausschuss, und auch da gibt es zum Glück Sitze mit Armlehne. Nach oben kommen die Sitzenbleiber. Kohls Enkel sind Kohl. Nur dünner.

7. Erfolgreich abgebrochen

«IM B.A.-STUDIENGANG WIRD DAS EUROPEAN CREDIT TRANSFER AND ACCUMULATION SYSTEM (ECTS) ANGEWENDET. DER STUDIENUMFANG ENTSPRICHT IN DER REGEL 180 ECTS-PUNKTEN, VON DENEN IN DER REGEL 120 ECTS-PUNKTE AUF DAS HAUPTFACH ENTFALLEN. AUF DAS NEBENFACH UND DEN BEREICH BERUFSFELDORIENTIERTE KOMPETENZEN ENTFALLEN IN DER REGEL INSGESAMT 60 ECTS-PUNKTE, VON DENEN MINDESTENS 30 ECTS-PUNKTE IM NEBENFACH UND MINDESTENS 20 ECTS-PUNKTE IM BEREICH BERUFSFELD-ORIENTIERTE KOMPETENZEN ZU ERWERBEN SIND.»

PRÜFUNGSORDNUNG DES STUDIENGANGS BACHELOR OF ARTS, UNI FREIBURG

Der erste echte lebende Bachelor-Student, den ich kennenlerne, ist Andi. Ein sympathischer Chaot, der irgendwann in Annes WG einzieht. Einer, der an jedem zweiten Abend für seine jeweils neueste Flamme kocht und noch schneller als von ihm selbst erwartet von einem Hormon-Flashmob heimgesucht wird. Einer, der das halb leer gegessene Geschirr grundsätzlich in der Küche herumstehen lässt.

Einer, für den das Leben ein großer Spielplatz ist. Einer, bei dem ich sofort verstand, warum die Politik glaubt, an der Uni die Schrauben anziehen zu müssen.

Das erste Seminar, das ich zusammen mit Andi besucht habe, ist eines zum Thema Konfliktlösung, angesiedelt im Bereich «Schlüsselqualifikationen». Ein Bereich, der, wie es heißt, immer immer wichtiger wird. Schlüsselqualifikationen bedeuten: aufs Leben vorbereitet die Uni verlassen – trotz Studium.

Im Vorlesungsverzeichnis ist gleich unter dem Seminartitel von «Sperrung» die Rede: Wer bei der ersten Sitzung unentschuldigt fehlt, verliert seine Teilnahmeberechtigung und ist für diesen Kompetenzbereich zukünftig gesperrt. Ich dachte, bei Schlüsselqualifikationen ginge es auch darum, einen Menschen zu öffnen, zu erweitern. Jenseits des Prüfungszwangs. Aber da habe ich mich wohl geirrt.

Was genau wir in diesem Seminar besprochen haben, weiß ich nicht mehr. Ich erinnere mich nur noch dunkel an das Wort Deeskalation. Das war das Mantra dieses Seminars. Stets sollte allgemeine Gelassenheit aufkommen, wenn man in einen Raum das Wort Deeskalation hineinruft. Beim WG-Zoff wegen Restgeschirrs in der Küche wollte das irgendwie trotzdem nicht funktionieren. War wohl doch nix mit der vielbeschworenen Praxisrelevanz.

Andi und ich unterscheiden uns von Anfang an grundsätzlich: Ich *kann* das Konfliktseminar besuchen, er *muss* es tun. Denn Andi studiert auf Bachelor. Beim Bachelor gibt es kein Dürfen, da gibt es nur noch Müssen.

Trotzdem ist Andi sehr zufrieden mit seinem Studium. Es gibt mehr Ordnung, mehr Überblick, mehr Vorgaben, mehr Schule. Der Bachelor ist auch das Ergebnis seiner Wünsche. Er will Gewissheit, nicht Zweifel, Ziele, nicht Wege, Ergebnisse, nicht Prozesse. Er will wissen, ob ein Gedanke prüfungsrelevant ist oder nicht. Er darf keine Zeit verlieren, das nächste Date steht schon vor der Tür. Das Leben im Offenen sehnt sich nach Festem.

Ich sehe das anders: Bachelor. Das klingt schon nach einer schallenden Ohrfeige. Das ist die Fortsetzung der Realschule in noch dreckigeren Räumen. Ein McDonald's des Bildungssystems, in dem man schnell fett, aber nie wirklich satt wird. Ein Drei-Jahres-Nonstop-Wikipedia mit Modulen, credit points, workloads und anderen Wichtigheimer-Begriffen, die vorbereiten sollen auf ein Leben als Coach, Trainee, CEO oder Latte-Verkäufer.

In Wirklichkeit bereitet er auf gar nichts vor, höchstens auf einen Auftritt bei *Wer wird Millionär*. In einer Masse von Punkten und Klausuren gelingt es so, jedes echte, weitergehende Interesse treffsicher zu ersticken. Das Ziel des Bachelor ist Wissensbulimie. Fakten in sich hineinzufressen, um sie dann unverdaut wieder auszukotzen. In einem guten Studium würde man das Gegenteil lernen: wiederkäuen. Gedanken verdauen, sie wieder drehen und erneut wenden, Gedanken wachsen lassen, um selbst an ihnen wachsen zu können. Nicht von oben auf Fakten hinuntergucken oder von unten zu ihnen hinauf, sondern durch sie hindurch über sie hinauszugehen.

Stattdessen muss alles so sein wie in den USA. So wollen es deutsche Bildungspolitiker. Die sind wie Chinesen: Was in den USA angeblich funktioniert, kopieren sie schlecht. Das nennen sie dann Qualitätsoffensive.

Andi soll jetzt also kurz und schnell studieren, um dann lebenslang zu lernen. Ob es dazu kommen wird, entscheiden die drei großen Richter: Markt, Globalisierung und Zukunft. Keiner hat sie je gesehen, aber sie entscheiden über alles.

Niemand weiß, was eigentlich genau ein Leben lang zu welchem

Zweck zu lernen ist. Aber der Zweck ist egal. Das Mittel heiligt den Zweck. Genau wie das Ziel. Es geht ums Lernen um des Lernens willen. Das ist wie Kochen ohne Zutaten und Sex ohne Lust.

Markt, Globalisierung und Zukunft sagen: Wenn du trotz lebenslangem Lernen keine Chance hast bei uns, dann liegt es an dir. Dann kommst du in die Sicherungsverwahrung der Agentur für Arbeit.

Um das zu verhindern, wollte Andi eigentlich BWL studieren. BWL ist immer gut. Wo BWL draufsteht, da ist er richtig. Man hat ihm gesagt, es ist alles möglich im Leben, aber nur mit BWL. Auch wer bei Starbucks irgendwann Frappuccino mit ohne Sahne und Sojamilch verkauft, hat Vorteile, wenn er verstanden hat, dass am Ende des Tages mehr Geld in der Kasse sein sollte als am Anfang.

Dreimal hat Andi nun schon versucht, den Kurs «Basiswissen BWL» zu besuchen, beim vierten Anlauf hat es erst geklappt. Ständig hatte er ein schlechtes Gewissen, dass er nicht richtig BWL studiert hatte. Die drei Worte, die er am häufigsten benutzte, waren: hätte, hätte und hätte. Hätte ich doch mal BWL studiert ... Hätte ich nur früher ein Praktikum gemacht ... Hätte ich mal früher aufgehört, zu leben. Ich erwidere dann immer, dass es doch nichts bringe, jetzt über das zu reden, was man hätte machen können. Außerdem habe er doch alle Möglichkeiten.

Vielleicht ist das ja das Problem. Nach dem Bachelor könnte er sich bewerben, Praktika machen oder das Leben mit dem Master und einer Doktorarbeit getrost weiter aufschieben. Mit BWL hätte er nichts aufschieben können, da würde er mit Handkuss irgendwo in einer verrückten Finanzbuchhaltung genommen.

Seit der ersten Minute an der Uni hat man uns eingebläut, dass wir möglichst oft möglichst lange ins möglichst ausländische Ausland gehen sollen. Andi hat es trotzdem nicht getan. Ausland – das war früher. Heute brauchen wir die Zeit, um credit points zusammenzuzählen. Und um einen Coach anzurufen, der uns dabei helfen kann. In den Semesterferien müssen wir dann jobben, um den Coach zu bezahlen, der für uns gerechnet hatte.

Wenn Andi vor dem Einschlafen keine Punkte zählt, muss er bewerten. Alles muss er evaluieren, ständig gibt es irgendwo ein Ranking. Rankings sind besonders beliebt im Bachelor. Einmal sollte er die Frage beantworten, ob das Seminar zu oft ausgefallen sei. Andi ließ die Zeile frei. Er war sich nicht sicher, wer häufiger nicht da war – der Dozent oder er.

Das einzige Ziel des Bachelor ist, uns als Humankapital mobil und flexibel zu halten. Man versucht, uns auf dieses flexible Dasein, in dem alles jederzeit passieren kann, mit einem Studium vorzubereiten, das vollständig durchgeplant und standardisiert ist. Das ist so sinnvoll, als wenn jeder einen Führerschein bekäme, der auf einem Parkplatz im Kreis herumfahren kann. Autobahn kann man sich ja dann selber beibringen.

Der selbständige Mensch ist unerwünscht. Es geht um funktionierende Klone. Die Uni ist der Zulieferbetrieb für gut angepasstes Menschenmaterial. Er spuckt es aus, das Material, und verschickt es. Darum sollen wir Seminare zum Thema Schlüsselqualifikationen besuchen. Wir sollen zu Schlüsseln werden, die, abgeschliffen, in alle Schlösser und Türen dieser Welt passen. Wir sollen multifunktional einsetzbar sein: an der Haustür genauso wie am Eingang der Wohnung, im Keller und im Müllraum. Wir sollen schnell und einfach nachzumachen sein, wenn wir mal verloren gehen.

Andi sieht das Ganze erstaunlich pragmatisch. Neulich sagt er zu mir: «Der Bachelor hat auch Vorteile. Du musst sagen: Ich habe erfolgreich abgebrochen. Ich kann sagen: Ich habe den Bachelor.»

8. Digitalien und Analogistan

«WHERE DO YOU WANT
TO GO TODAY?»

MICROSOFT

Anne und mich trennen drei Jahre. Ich bin vor 1980 geboren, Anne danach. Während ich noch eine echte 70er-Spätlese bin, ist sie ein 80er-Frühchen. Drei Jahre, zwei Welten. Sie kommt aus Digitalien, ich aus Analogistan.

So will es die Wissenschaft, die sagt: Alle, die nach 1980 geboren wurden, sind Digital Natives. Wer vorher schon auf der Welt war, ist digitaler Immigrant. Und wenn die Wissenschaft das sagt, dann stimmt das: Anne ist also quasi online geboren worden und hat die Muttermilch via Wikipedia aufgesaugt.

Ich dagegen kenne noch Telefone mit Wählscheibe – und zwar nicht nur aus dem Museum. In bestem Badisch habe ich gelernt: «Ganz durchdrehe musch die Scheib, sonsch hörsch nix am andre End!» Telefone mit Wählscheibe waren der Plattenspieler unter den Telefonen. Irgendwann kam dann die Kassette – das Telefon mit Tasten.

Ich liebte Tastentelefone. Man konnte so lange drauf rumhacken, bis die Tastatur irgendwann einbrach wie dünnes Eis auf einem See. Das bereitete mir diebisches Vergnügen. Ich liebte das Tastentelefon fast so sehr wie echte Kassetten. Stundenlang habe ich Musik aus dem Radio aufgenommen und auf dem Walkman abgespielt. Schon damals habe ich mich geärgert, wenn der Moderator über den Schluss von *Ghostbusters* plapperte oder irgendein Falschfahrer *La isla bonita* abwürgte. Meine Mixed Tapes hießen Chrome Maxima 2 und waren von BASF. Sie kosteten 5 Mark 99. Unter den Aufnahmekassetten waren sie die teuersten. Aber auch die besten: Sie ließen sich mehrfach überspielen, und die Qualität blieb gleich gut. Zumindest auf meinem kleinen Kassettenrecorder.

Lange hielt ich die Firma BASF darum auch für einen harmlosen Kassetten-Hersteller. Als ich mit acht Jahren zum ersten Mal durch die BASF-Anlagen von Ludwigshafen fuhr, dachte ich zunächst, das riesige Gebiet sei eine große Ferienanlage. Beim Anblick der Rauchschwaden über dem Gelände wunderte ich mich, dass meine Kassetten so viel Dreck machen konnten.

Gut, dafür ließen sie mich auch kreativ werden: Ein Bleistift war für mich immer mehr als nur ein Schreibwerkzeug. Seine eigentliche Bestimmung war es, in den Rädern der Kassette nach entstandenem Bandsalat das Kassettenband wieder zurück in die Kassette zu drehen. Ganze Tage gingen dabei drauf. Das Ergebnis enttäuschte oft: Entweder das Band sprang beim nächsten Abspielen wieder raus, oder es eierte so sehr, dass auch Metallica heulten wie Xavier Naidoo.

Bis heute habe ich eine Kassettensammlung von damals zu Hause. Sie hängt in einem Kassettenregal an der Wand. Gut sichtbar, an zentraler Stelle. Anne kann das nicht verstehen. Sie sagt, ich solle die Dinger endlich verschwinden lassen. Sie sind hässlich, rauben Platz und stauben nur ein, meint sie. Was man da alles hinhängen könnte ..., ein schönes Bild zum Beispiel. Ich sage dann: Ich habe aber damals Musik nicht auf Bilder aufgenommen! Das verstehen diese touchpadverseuchten Digitalien-Bewohner nicht. Analogistan ist nun mal eine Welt, in der man noch nicht mit Tweets und Feeds und anderem Vogelfutter hantiert. Wir in Analogistan denken noch in Anschlägen – auf der Schreibmaschine. Chefs nannten hier ihre Sekretärinnen noch Fräulein und baten sie zum Diktat. Wahrscheinlich nannte man Analogistan deshalb auch eine Diktatur.

Bis vor zehn Jahren bekam ich noch Angst, wenn ich das Wort « online » hörte. Wie soll das gehen?, fragte ich mich. Ich konnte ja noch nicht mal inline. Das Radio verkündete damals zwischen *Ghostbusters* und *La isla bonita* die Wahrheit, nichts als die Wahrheit. Im Grunde war jeder Sender Radio Vatikan. Die Hörer hatten nichts zu melden. Einmal pro Woche durften sie sich was wünschen und noch jemanden grüßen. In Digitalien dagegen dürfen alle ständig mitreden. Jeder kommentiert den Kommentar des Kommentars. Digitalien ist außen die vollendete Demokratie, innen auch nur Diktatur. Eine Meinungs-Diktatur. Auch wer keine hat und nie eine haben wollte, hat eine zu haben! Alle müssen ständig mitquaken. Es hört zwar keiner mehr zu, und genau darum geht es ja auch. Man sagt:

Lass sie plappern, dann sind sie abgelenkt und machen keinen anderen Blödsinn! Besser ein verbaler Amoklauf online als ein richtiger offline.

Als 1979er-Jahrgang stehe ich direkt an der Schwelle zwischen Analogistan und Digitalien. Ich habe den Untergang des analogen Zeitalters live miterlebt. Und ich bin ja bis zu einem gewissen Grad auch froh darum, dass dieses dunkle Kapitel endlich abgeschlossen ist. Trotzdem sage ich: Es war nicht alles schlecht damals. Und so muss ich mich immer wieder aufs Neue bemühen, mich zu integrieren in Digitalien. Klar, ich habe Zugang zum Internet und einen Router, den ich allein in Betrieb genommen habe. Gut, fast allein. Also, mit Hilfe eines Telekom-Mitarbeiters. Der mehrfach vorbeikommen musste, weil jedes Mal ein Kabel gefehlt hat, von dem ich gar nicht wusste, dass ich es brauche. Aber das ist ja nicht mein Problem, wenn der Kerl nicht alle Kabel beisammenhat.

Ich kann problemlos Videos bei youtube anschauen und mir alle paar Stunden den neuesten Flash Player runterladen, wenn der Bildschirm mal wieder wegen eines fehlenden Updates schwarz bleibt. Meine Zeitungsabos habe ich gekündigt. Ich lese online, auch wenn ich deshalb ein schlechtes Gewissen habe. Darin bin ich Superprofi, ein schlechtes Gewissen habe ich ständig. Ich bin nämlich auch gegen den Klimawandel und fliege trotzdem. Ich nehme mir jeden Tag vor, den Müll zu trennen, und werfe dann doch wieder alles in eine Tonne. Ich liebe Musik und lasse die Künstler am ausgestreckten Arm verhungern, indem ich mir ihre Songs doch alle kostenlos runterlade. Den ganzen Tag immer wieder ein schlechtes Gewissen haben zu müssen, ist mit der Zeit ganz schön anstrengend. Darum werde ich mich von nun an jeden Tag pauschal fünf Minuten in die Ecke stellen und ein schlechtes Gewissen haben. Das ist dann meine Schlechtes-Gewissen-Flatrate. Damit ich auch immer dran denke, werde ich mich mit einem Alarm auf dem Handy täglich daran erinnern. Als Signalton werde ich Kirchenglocken auswählen. In einer Welt ohne Gott ist das schlechte Gewissen die Beichte.

Meine Oma ist noch in die Kirche gegangen jeden Sonntag. Aber meine Oma gibt auch mehrfach bei Google den Suchbegriff Google ein, in der Hoffnung, so endlich zu Google zu kommen. Neulich erzählte sie mir, sie habe jetzt auch eine Homepage. Ich fragte sie nach der Adresse. Sie antwortete stolz: «LisbethSchroeder@web.de»

Ich dagegen bekomme jetzt auch sämtliche Rechnungen online. «Online oder Nichtsein! Das ist hier die Frage!», habe ich meinem Briefträger neulich zugerufen, als er spöttisch bemerkte, dass ich schon lange keine Post mehr bekommen habe. Post auf Papier – das ist wie Musikhören auf dem Walkman. Mails und SMS sind Briefe to go. Täglich frankiere ich jetzt Pakete, die ich nie verschicke – einfach nur, weil es übers Internet 1 Euro billiger ist als am Schalter.

Meine Kreditkartennummer und meine Bankleitzahl kann ich mittlerweile auswendig. «Früher konnte man Rilke-Gedichte auswendig», sagte meine Oma neulich. Ich erwiderte: «Aber früher seid ihr mit eurem Rilke auch in andere Länder einmarschiert.»

Bei aller Online-Euphorie muss ich gestehen, dass ich sämtlichen meistgestellten Fragen (FAQs) auf Websites zutiefst misstraue. Egal, auf welcher Homepage ich bin, die erste FAQ lautet meist: «Ich kann mich nicht anmelden. Was soll ich tun?» Eine einfache Frage, die nach einer einfachen Antwort ruft. Weit gefehlt! Als Lösung wird angegeben: Ich möge bitte dafür sorgen, dass die Firewall richtig eingestellt und insbesondere die Ports 80, 443 und 1755 geöffnet seien. Vielen Dank. Ich wollte eine Lösung, kein neues Problem. Leider war ich bisher meist der Einzige, der meine Frage hatte. Und wenn sie doch schon in den Kanon aufgenommen worden war, hatte sie ein Vollhorst mit dem Tipp beantwortet: «Schalten Sie das Gerät aus und wieder ein. Sonst wenden Sie sich an die Kunden-Hotline.»

Ich glaube, FAQs sind die Rache schlechtbezahlter Praktikanten. Am Ende eines miesen Kantinen-Mittagessens stecken sie am letzten Tag ihres Praktikums die Köpfe zusammen und spielen das

Spiel: «Wem fallen die besten blöden FAQ-Antworten ein?» Wer die meisten erfindet, kriegt einen Kasten Bier.

Überhaupt muss das Internet eine Erfindung von Firmen sein, die nur ein Ziel haben: sich ihre Kunden vom Hals zu schaffen, sie abzuspeisen mit vorgefertigten Antworten und zu Tode gecoachten Hotline-Stimmchen mit osteuropäischem Akzent. Wahrscheinlich hat man sie mit einem Sprachkurs gelockt, um sie dann an einer Hotline von wütenden Kunden akustisch auspeitschen zu lassen.

Bei diesen Worten merke ich, dass ich gerade rückfällig geworden bin. So wird das nichts mit der digitalen Staatsbürgerschaft. Meine Oma hätte ihre helle Freude an meinem Gejammer. Jetzt noch einen Rilke-Vers beiläufig zitiert, und schon bekäme ich wieder Nudeln.

Ich spüre, ich möchte dazugehören zu einer Gruppe, zu der ich doch nur teilweise gehöre. Ich möchte mich jung fühlen und online zu Hause sein, meine ganze analoge Verschleierung loswerden. Ich bin bei Facebook, verstehe aber noch immer nicht, warum mein Laptop Excel-Tabellen immer auf der obersten Oberfläche meiner Festplatte speichert, statt direkt in den Ordner «Eigene Dateien». Ich weiß, ich könnte das lernen, wenn ich einen Kurs belegte, einen Grundkurs Excel. Wie sich das schon anhört. Ein Anfang-30er in einem Excel-Grundlagenkurs! Zusammen mit emsigen 70-Jährigen, die sich gerade voller Stolz die Elvis-LPs auf Chrome-Maxima-2-Kassetten überspielt haben. Nein, das geht mir an die Ehre.

Darum werde ich nun aus der Not eine Tugend machen. Ich werde Digi-Immi und Native zugleich sein. Ich werde mich Digitalien so nähern, wie ich mich meinem Leben nähere: als Tourist. Es ist die einzige Rolle, die ich kenne und wirklich beherrsche. Immer Gast. Immer dabei, nie darin. Aber immer in der ersten Reihe. Überall, wo ich bin, bin ich ein bisschen zu Hause und ein bisschen Gast. Ein bisschen überrascht und ein bisschen abgeklärt. Ich werde dazugehören zum digitalen Reich und doch ein Fremder bleiben. Ich werde zugewandert und verwurzelt sein, immer skeptisch und doch auch irgendwie begeistert. Ich werde weiter den digitalen Sprachkurs belegen und trotzdem meinen analogen Migrationshintergrund behalten. Ich bin stolz darauf, dass ich beides kann: Schreibmaschine und Computer, Platte und MP3.

Darum bleibt auch das Regal mit den Kassetten prominent in meinem Wohnzimmer stehen. Gut, ich höre die Musik von damals kaum noch. Wenn, dann kaufe ich mir *Ghostbusters* «digital remastered» bei iTunes. Digital remastered – das ist für Bewohner von Analogistan das Botox der Musikindustrie. Aber ich höre es trotzdem, weil Bänder in Kassetten hineindrehen mit der Zeit nervt. Zugegeben, ich habe auch gar kein Kassettendeck mehr, um die Kassetten von damals zu hören. Aber das ist egal. Als analoger Teilzeit-Fundamentalist sage ich: Ein bisschen Mittelalter schadet nie.

9. Gefällt mir!

«FREUNDSCHAFT
(IN IHRER VOLLKOMMEN-
HEIT BETRACHTET) IST
DIE VEREINIGUNG ZWEIER
PERSONEN DURCH GLEICHE
WECHSELSEITIGE LIEBE
UND ACHTUNG.»

IMMANUEL KANT

Ich gebe zu, auch ich hatte Vorurteile. Vorurteile gegenüber Facebook. Ich dachte: VZs sind zum Verzetteln da. Das Geposte bei Twitter und Konsorten ist was für Poser, die sich am liebsten ein Poster von sich selbst übers Bett hängen würden, wenn es eines gäbe. Doch irgendwann habe auch ich mich angemeldet. Aus Angst vor sozialer Isolation. Keine Einladungen mehr zu Partys und Geburtstagen, kein Treffen, nichts. Ich hatte Angst, irgendwann einsam zu sterben. Der Bestatter würde kommen und sagen: «Tja, Pech! Er war nicht bei Facebook!»

90 persönliche Angaben wollte Facebook von mir haben. Bei der Stasi wären es nur 48 gewesen. Eigentlich wollte ich mich schon deshalb gleich wieder abmelden. Ich wusste aber nicht, wie und wo. Facebook hat nämlich an den Grenzen seines digitalen Dorfs Mauern errichtet. Viel später fand ich heraus, dass sich der Abmelde-Button als «Checkpoint Charly» der digitalen Facebook-Welt als Letzter von sechs Punkten unter «Konto» versteckt.

Nachdem ich also alle Daten brav eingegeben hatte, schlägt mir Facebook sofort Freunde vor. Freundschaftsanfragen kann ich «bestätigen» oder mit «nicht jetzt» einfach aufschieben. Ich bin verblüfft. Ist das ein neuer Trend, sich Freunde vorzuschlagen? Muss ich nun nach jedem halbwegs netten Abend mit Bekannten sagen: «So, Sascha, das hier links ist der Jens. Ich schlage dir den Jens als Freund vor. Sage bitte sofort ‹bestätigen› oder ‹nicht jetzt›.»

Erstaunlicherweise möchten auf einmal Leute, von denen ich seit einer Ewigkeit nichts mehr gehört habe, mit mir befreundet sein. Alte Bekanntschaften vom Kuchenverkauf aus der Schule melden sich. Woher wissen sie, dass ich der von damals bin? Ich habe doch mit Absicht kein Foto hochgeladen.

Jedes Mal, wenn ich eine dieser Freundschaftsanfragen bekomme, denke ich: Wir sind nicht befreundet! Wir haben uns seit 15 Jahren nicht mehr gesehen, und dafür gibt es Gründe!

Ich bin Hunderte Kilometer weggezogen, um alles hinter mir zu lassen, um ein für alle Mal abzuschließen mit dieser Zeit, dieser Welt und vor allem mit dem Menschen, der ich damals war. Und jetzt ist Vorgestern plötzlich nur einen Klick entfernt.

In den darauf folgenden Tagen beginne ich, mir die Fotos meiner Schulfreunde anzuschauen. Ich bin wie ein Spanner, der in Badehose über den FKK-Strand spaziert. Ich zeige nichts, sehe alles. Viele Schulfreunde sehen aus wie damals, es hat sich gar nicht viel verändert. Der Lustige mit den Pickeln hat immer noch welche, sogar an der gleichen Stelle wie früher. Soll ich ihm einen Clearasil-Link schicken? Oder wäre das unverschämt? Nein, ich darf das, schließlich hat er mir eine Freundschaftsanfrage geschickt – und unter Freunden kann man sich doch alles sagen, heißt es immer. Nur einen erkenne ich kaum wieder. War die Perspektive der Handykamera so schlecht, dass seine Stirn überdimensional groß wirkt? Ich klicke weiter und sehe: nein, wohl doch Haarausfall. In seiner Fotogalerie kann ich alle Stadien seiner Glatzenbildung bewundern.

Die meisten früheren Mitschüler teilen ihr Online-Leben nur mit ihren Freunden. Kritiker werfen ihnen gerne vor, dass sie keine Ahnung haben von den Gefahren, denen sie sich im Web aussetzen. Künftige Personalchefs werden ihre Bewerbungen in den Müll werfen, weil sie sie zugedröhnt mit kiloweise leeren Flachmännern bei Facebook gesehen haben, heißt es. All das ist Schwachsinn. Erstens wissen hier alle sehr genau, was sie von sich preisgeben. Und zweitens: Wer befreundet sich bitte mit seinem zukünftigen Chef, den er noch gar nicht kennt?

Meine alten Schulfreunde lassen sich in zwei Gruppen unterteilen: Die eine Gruppe kommt ab und zu vorbei, postet selten bis nie, und hat ein paar Freunde. Am Profilbild ändert sie nichts, außer, man schneidet sich mal die Haare ab.

Die zweite Gruppe lädt alle paar Minuten ein neues Foto von sich hoch, je nach Stimmung immer schwer symbolbeladen: vom Einhorn (heute voll selbstbewusst) über den Engel (heute voll unschuldig) bis zum Skelett (tja, jetzt rate mal und mach dir bitte Sorgen!). Es sind Bilder, die sprechen wie ihre Fotografen. Sie sagen Halbsätze («ach, gestern ... ich sag's dir ...») in der Hoffnung, dass man besorgt nachfragt: «Du, was war denn gestern?» Bei jungen Eltern kommt täglich ein neues Foto vom Kind, mit Kind oder über das Kind dazu. Ziel dieses Post-Marathons: wichtig zu sein und noch wichtiger zu werden. Dabei ist es nichts weiter als ein Spiel, in Wirklichkeit ist nichts passiert. Gäbe es wirklich etwas zu erzählen, wäre gar keine Zeit für ein neues Foto auf Facebook.

Es soll irgendwann mal Leute gegeben haben, die auf Partys gegangen sind, um Spaß zu haben. Heute gehen wir auf Partys, um später so viele verwackelte Fotos und noch verwackeltere Videos wie möglich zu posten.

Rechts auf der Seite präsentiert mir Facebook plötzlich eine Sushi-Werbung. Woher wollen die wissen, ob ich Sushi überhaupt mag? Habe ich als Beruf versehentlich «Berater» eingegeben? Darunter eine Werbung der Versicherung, die mich seit Monaten nervt. Ein unrasierter Mann geht über eine Brücke in Berlin Mitte und sagt so pseudoprovokant: «Könnt ihr aufhören, mich zu verunsichern, und anfangen, mich zu versichern?» Er war mir schon deshalb unsympathisch, weil er meinte, seine Versicherung duzen zu müssen. Wenn ich mit jemandem garantiert nicht per Du sein will, dann mit meiner Versicherung und ihren Vertretern. Schließlich fange ich ja auch nicht an, meinen Finanzbeamten zu massieren. Ich bin beleidigt, dass Facebook mich offenbar für einen potenziellen Kunden dieser anstrengenden Versicherung hält.

Fast hätte ich wegen der vielen Werbebanner die mollige Nette übersehen, die damals zwei Reihen vor mir in der Klasse saß. Fast 50 Gruppen ist sie beigetreten.

Ach komm, Amor, warum schickst du mir immer den Falschen? Bist wohl sehr böse auf mich, heißt es da. Hinzu kommen: *Ich seh brav aus??? Tztztz... zum Glück kannst du meine Gedanken nicht lesen...* Und: *Ich habe Phantasien mit 2 Männern...Der eine putzt, der andere kocht.* Mein Highlight: *Frauen können einen Orgasmus vortäuschen. Männer eine ganze Beziehung.*

Und schließlich ist sie noch Mitglied in der Gruppe *Blutgruppe Schokolade*, womit dann auch die Ursache ihres ganzen Dilemmas benannt sein dürfte.

Es handelt sich hier offenbar um eine Frau, Anfang 30, die schon sehr lange sehr unfreiwillig Single ist. Immer wieder ist sie an den Falschen geraten, der nur eine Beziehung vorgetäuscht hat, während es ihr wahrscheinlich nicht einmal gelungen ist, einen Orgasmus vorzutäuschen. Und das alles nur, weil sie von all den Beziehungsvortäuschern für brav gehalten wurde, was sie aber gar nicht ist. So müssen die Typen das Gefühl bekommen haben, dass sie die Katze im Sack gekauft haben. Es war ja auch etwas komplett anderes drin als draufstand – nämlich eine große Verrückte statt einer kleinen Braven. Frustration reiht sich an Frustration, und so reduziert sie den Mann inzwischen nur noch auf den Hänfling am Herd, eingesperrt zwischen Putzeimer und Kochlöffel. Schon in der ersten Hälfte des Gruppennamens steckt schließlich die eindeutige Anmache («Ich habe Phantasien mit zwei Männern»), die dem Mann offensiv verspricht, dass er hier schnell ans Ziel kommt. In der zweiten Hälfte des Satzes wird er dann aber doch im letzten Moment wie eine heiße Kartoffel fallen gelassen, die er dann erst vom Fußboden aufheben, putzen und anschließend vor ihren Augen kochen und aufessen muss, während sie sich dabei selbst die Schokolade reinschaufelt. Die Gruppe *Frauen können einen Orgasmus vortäuschen. Männer eine ganze Beziehung* hat übrigens über 80 000 Fans. Obwohl der Gruppengründer schon seit fast einem halben Jahr nichts mehr gepostet hat. Keine Statusmeldung, nichts. Zuletzt hat er mitgeteilt, dass er die Buchstaben des Wortes «Bundeskanzlerin» so lange vertauscht hat, bis *Bankzinsenluder* herausgekommen ist.

357 Personen hat das dann auch schon wieder gefallen. Vielleicht, weil sich jemand die Zeit genommen hat, so lange Buchstaben hin- und herzuschieben, bis er diese Kombination beisammenhatte. Aber es hat sich gelohnt, die Reaktionen sind überbordend. Die meisten Kommentare führen zwar auch nicht weiter – wie auch –,

weitere Wortkombinationen sind schwierig und zeitraubend. Aber darum geht es ja auch nicht. Es geht nicht um den Inhalt einer Reaktion, um Zustimmung oder Ablehnung, Begeisterung oder Zweifel, es geht nur darum, dass überhaupt jemand reagiert. Irgendein Zeichen, das den Poster spüren lässt, dass er noch am Leben ist, dass er dazugehört und noch dazu gehört wird.

Alles dreht sich um mich. Minutiös kann ich aus dem digitalen Dorf die halbe Welt auf dem Laufenden halten. Und wir tun das alle ganz selbstverständlich. Wir sind ja auch gut darauf vorbereitet worden. Zum Beispiel mit MTV's «Real World», dem Vorhof zur Big-Brother-Hölle. Das Private war für uns von Anfang an das Öffentliche. Deshalb heißt es wahrscheinlich auch Privatfernsehen. Es wird gezeigt, was privat ist. Es ist drin, was draufsteht. Und es kommt nach draußen, was drin ist.

Vergessen wir das wirkliche Leben neben dem Virtuellen? Ist es das heimliche erste Leben geworden? Nein, das Virtuelle ergänzt das Reale. Es ist eine Bühne, auf der wir ein Stück aufführen, in dem wir mehr sein können als draußen. Dabei versuchen wir in der Unendlichkeit des weltweiten Web das Dorf wiederzuleben, das wir eigentlich einmal hinter uns lassen wollten. Es ist ein ideales Dorf, denn die Alte aus dem zweiten Stock, die uns ständig ermahnt, dass wir mit dem Treppenhausputz dran sind, bleibt draußen. Wir würden sie nie zu unserer Freundin erklären, und außerdem würde sie sich kaum hierher verirren. Sie hat wahrscheinlich noch immer ein Telefon mit Wählscheibe. Und im Gegensatz zu uns genügt es ihr wahrscheinlich auch.

In diesem Stück sind wir Hauptdarsteller und Regisseur in einem. Es ist ein Stück auf einer Probebühne, auf der wenig wirklich zählt – und gerade deshalb ist alles möglich. Wir entscheiden, in welchem Akt wir mitspielen und in welchem nicht. Es ist ein improvisiertes Stück, genau wie das echte Leben. Die Regeln können sich ändern nach jedem Satz, je nachdem, wer spricht. Im echten Leben müssen wir uns permanent entscheiden, fürs Weggehen heute Abend oder fürs Fitsein morgen früh. Online geht alles gleichzeitig, hier ist erwünscht, was uns sonst als Schwäche vorgehalten wird. Ein Leben ohne Entscheidungen. Alles fließt ineinander: Bei XING vereinen sich Arbeit und Freizeit zum sogenannten sozialen Kapital, einer Mischung aus öffentlichen und privaten Kontakten. Wer tagsüber Humankapital ist, braucht abends soziales Kapital. Wir geben uns kontrolliert und gelöst, leutselig und paranoid, offen und verschlossen, ehrlich und verlogen, wir sind Sender und Empfänger, Star und Fan in einem Raum, der zugleich Dorf und weite Welt ist.

Ich habe beschlossen: Auch ich werde jetzt eine Gruppe gründen – *Ich liebe mich.* Da kann ich mir dann in meiner eigenen Gruppe eine Freundschaftseinladung schicken. «Hallo du, toll dich hier zu treffen, wir kennen uns schon seit 31 Jahren flüchtig, und ich finde, wir sollten uns endlich mal näher kennenlernen.» Anschließend werde ich mich mit mir befreunden und «Gefällt mir» klicken. Das ist wichtig, denn ich muss mit mir befreundet sein. Nur wenn ich mit mir selbst befreundet bin und mir dabei auch noch selbst gefalle, bin ich bereit für den nächsten Schritt – allen anderen Freunden meine eigene, mir selbst gefallende Seite vorschlagen: Ich schlage euch mich vor. Wenn ich euch gefalle und ihr das auch zeigt, dann werde ich mir noch besser gefallen.

Irgendwann falle ich dann meiner eigenen Gefallsucht zum Opfer. Dann gründe ich die Gruppe: *Gefallene Gefallene im Krieg um Aufmerksamkeit.* Und dann melde ich mich einfach nicht mehr bei mir.

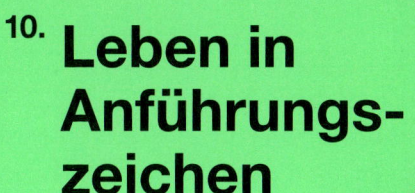

10. Leben in Anführungszeichen

«NEIN, NEIN,
ICH BIN NICHT DA,
WO IHR MICH VERMUTET,
SONDERN ICH STEHE HIER,
VON WO AUS ICH EUCH
LACHEND ANSEHE.»

MICHEL FOUCAULT

Bei uns zu Hause herrschte ein Verhältnis von 1 : 45 000. Auf 45 000 Einwohner kam genau ein Club. Genau genommen war es eine Disco. Sie hieß wie alle Discos der 90er Jahre *Fun*. Ein stimmiger Name, da man uns ja sowieso die ganze Zeit unterstellte, wir wollten nichts anderes als Spaß im Leben. Das *Fun* war wie alle Discos, die *Fun* hießen, eine dunkle, stinkende Zappelspelunke. Interessanterweise sagte man wirklich DAS Fun. Es gibt DEN Fun, oder DIE Disco *Fun*. Aber das *Fun*? Andererseits gingen vielleicht auch eine Menge Leute da hin, die sagten: «Heute will ich nochmal das Spaß, bevor die Ernst des Lebens beginnt.»

Neben dem *Fun* war das Lollipop. Das Lollipop war DER Disco für DAS Eltern. Da lief alles, was der Party-Power-Pack-Sampler 1-318 so hergab.

Offiziell ging niemand ins *Fun*. Es war in, es scheiße zu finden. Wir formulierten unsere Meinung aber ironisch: Wir sagten das Gegenteil von dem, was wir meinten. Wir sagten: «Also, ich find das *Fun* super, die Musik ist einfach der Knaller!»

In Wahrheit gefiel uns das *Fun* natürlich ziemlich gut. Wir kannten ja auch nichts anderes. Es ging aber darum, diese Begeisterung nicht zu zeigen. Stattdessen wollten wir cool sein. Alles an uns abprallen lassen, Sicherheit ausstrahlen, die wir nicht hatten. Die Coolness ist die Schwester der Ironie. Schön distanziert, über den Dingen statt in ihnen. Jede Haltung ist vorläufig.

Wenn wir aufwachten, war nicht immer klar, ob die Welt noch dieselbe war wie am Vorabend. Nichts war endgültig, nichts selbstverständlich – alles schien offen. In der Schule hieß es, wir müssten ein Leben lang mobil und flexibel bleiben. Wir wussten nicht genau, was das bedeutete, aber es klang irgendwie bedrohlich. Die Lehrer, die diese Worte aussprachen, wirkten dabei wie die Besatzung eines Schiffs, auf dem nur für einige wenige von uns noch Platz sein sollte. Die Skepsis gegenüber einer dauernervösen Welt auf Speed hat dazu geführt, dass wir uns auf uns konzentrierten. Ein bisschen herablassend begegneten wir der Welt. Nur nicht aufregen, cool bleiben.

Krieg im Kosovo? Blöd. Krieg am Golf? Noch blöder. Aber die Kellnerin im *Fun*, die schon wieder Batida de Coco mit Pina Colada verwechselt hat, das geht echt gar nicht! Dafür ist der Laden echt zu teuer! Ich glaube, heute gibt es kein Trinkgeld.

Wer hier ernsthaft feierte, eins wurde mit sich und diesem Laden, der saß mit einer Arschbacke schon auf der Couch. Morgen Nachmittag um 4. Bei Hans Meiser.

Mein großer Abend war der Mittwoch. Wobei, eigentlich war es der große Abend von Jens aus meiner Klasse. Mittwoch lief Schlager, und Jens liebte Schlager. Ich hasste Schlager. Dennoch ließ ich mich überreden, mitzugehen. «Am Mittwoch sind einfach die hübschesten Mädels im *Fun*», war der Satz, mit dem Jens mich schließlich überzeugte. Die schönsten Mädels hörten also die uncoolste Musik? Ich war gespannt und ging mit. Einfach, um nichts zu verpassen. Am Schlagerabend kostete das Bier nur 1 Mark 50. Das musste so sein: Die Musik ließ sich nur mit ausreichend Bier ertragen und das Bier nur mit ausreichend Musik. Der Fachmann spricht in diesen Fällen auch von einer gelungenen Symbiose.

Am Mittwoch näherte sich der Altersschnitt des *Fun* bedrohlich dem des Lollipop an. Es war der Abend, an dem Jens und seine Eltern zum ersten Mal zusammen auf einer Tanzfläche standen. Erschrocken stellte ich fest, dass Jens dabei bedeutend spießiger gekleidet war als seine Alten. Er trug Polohemd. Aber nicht irgendeines, sondern das mit dem kleinen Krokodil vorne drauf. Wahrscheinlich eine Leihgabe seines Vaters. Das Lacoste-Krokodil, mit dem Jens sagen wollte: ein bisschen Marke, ja, aber natürlich nur ironisch: «Man muss sich eben passend zur Musik kleiden!»

Polohemden sind äußerliche Frühvergreisung, senile Bettflucht in Form eines Kleidungsstücks. Das Vorspiel zur Reihenendhaus-Karriere. Später sollte Jens tatsächlich ein BWL-Studium beginnen. Oder war's VWL? Irgendwas voll Verrücktes mit Zahlen auf jeden Fall. Wen Tabellen antörnen, für den muss Schlager der Orgasmus sein.

Jedes Jahr im Mai schaute Jens den Grand Prix d'Eurovision de la Chanson ... Der Titel war so lang, wie der Abend ging, und klang so spießig, wie die ganzen Ralph-Siegel-Sklaven aussahen, die hier antanzten. Deutschland belegte grundsätzlich einen der hintersten Ränge. Jedes Mal dachte ich: Es gibt doch noch Gerechtigkeit auf dieser Welt.

Mit den Jahren passten sich die deutschen Grand-Prix-Beiträge immer weiter unserem *Fun* an: Es ging nur noch um Spaß. Spätestens mit Guildo Horns «Guildo hat euch lieb» war klar: Der Schlager ist wie das Leben – sehr cool, solange man ihn nicht ganz ernst nimmt.

Solange ein durchgeknallter Typ wie Guildo Horn Schlager machte, waren sie jedenfalls Kult. Schnell wurde die Ironie zu unserem Vorwand für alles. So lagen wir uns bald auch bei Michael Holm und seinem *Tränen lügen nicht* nachts um 2 in den Armen. Der einzige Song, zu dem auch ich als vollkommen unbegabter Tänzer mich auf die Tanzfläche verirrte. Dazu konnte ich Stehblues tanzen – und den beherrschte ich. Und zwar ohne danach eine Strafanzeige wegen Körperverletzung befürchten zu müssen.

Am nächsten Morgen wussten wir von nichts mehr. Alles war wieder wie immer. Unter dem Einfluss von Pina Colada und Batida de Coco verschwammen die Grenzen zwischen Peinlichkeit und Kult. Ich erinnere mich an einen Abend, da brüllten 800 Leute gleichzeitig: «Wahnsinn! Hölle! Hölle! Hölle!» In dieser Nacht kam das Wort «Dunkeldeutschland» zu seiner wahren Bedeutung.

Wir wärmten eine Zeit wieder auf, die wir höchstens in den Windeln erlebt hatten.

Als ich mit 13 Jahren versehentlich halbironisch zugegeben hatte, dass ich PUR ganz okay finde, lagen meine Schulsachen sofort auf dem Gang. Dabei fand ich PUR ja nur ein bisschen gut, es war eine frühpubertäre Verirrung, mehr nicht. Was ich unterschätzt hatte: PUR durfte man nicht gut finden. PUR war Gegenwart. PUR verkörperte die Spießigkeit unserer Tage, schmierig-beleidigtes Heilewelt-Gejaule. Da gab es keine Distanz, keinen ironischen Abstand. PUR waren das Reihenendhaus mit Golf-Ausrüstung hinter der Tür. PUR hatten immer diese kleinkarierte schwäbische Weltverbesserer-Manie. Und Hartmut Engler, der Sänger, trug Vokuhila. Vollkommen ironiefrei. Das war ästhetische Körperverletzung. Und das Abenteuerland brauchten wir auch nicht. Wer das *Fun* hat, braucht fürs Abenteuerland nicht zu sorgen.

Die echten Vollzeit-PUR-Fans waren übrigens genau wie ihre Band. Sie nahmen alles furchtbar ernst, sie hatten keine Distanz zu sich und keine zur Welt. Sie waren wie eingelegte Heringe, die sich in ihrer klebrigen Harmoniesauce badeten. Die Mädchen in meiner Klasse, die PUR hörten, waren nicht nur die hässlichsten, sondern auch die doofsten. Das war die Kitsch-Guerilla – permanent auf Sinnsuche. Aber sie wollten keinen Sinn finden, sondern nur von einem träumen, den es nicht geben kann.

Später sollte Xavier Naidoo die PUR-Jungs als plärrender Biedermeier ablösen. Er war dann der neue erklärte Feind einer leichten, ironischen Welthaltung.

Wir hatten also die Wahl zwischen cooler Ironie oder in unseren Augen sentimentalem Kirchentagskitsch, der sich selbst ungeheuer wichtig nahm. Da wählten wir lieber die Ironie.

In den letzten 15 Jahren ist sie so zur Kanzlerin des Humors geworden. Heute ist sie überall: in Zeitungen, Büchern, Klamotten.

Nach Cross-over- und Retro-Wellen konnte in der Mode nur noch die Ironie kommen. Nur so kann ich eine Nerdbrille tragen, eine von diesen riesigen Teilen mit schwarzem Rand, ohne mich lächerlich zu machen. Anne hat sich gerade eine zugelegt, nachdem sie ihre Kontaktlinsen mehrfach im Waschbecken in den Abfluss befördert hatte. Nun trägt sie also eine schicke Designerbrille mit schickem schwarzem Rand um die Gläser. Als sie zum ersten Mal mit dem Ding ankam, sagte ich: Ach, sieh da, ein Kassengestell! Kommt jetzt nach dem Nena-Style der Heinz-Erhardt-Style? Von den 80ern zurück in die 50er und dann in die 30er? Zu Weihnachten werde ich

Anne ein Dirndl mit weißen Söckchen und schwarzen Schuhen schenken. Außerdem werde ich die Zopfpflicht einführen. Ich selbst kaufe mir eine Schäferhündin und nenne sie total ironisch Blondi.

Ich schlage vor: «Von nun an können wir ja leben, wie du dich kleidest: Du bleibst den ganzen Tag zu Hause, und wenn ich abends von der Arbeit nach Hause komme, gucken wir Videos mit Sissy- und Heinz-Rühmann-Filmen. Danach geht's wegen fehlendem Trauschein ohne Sex ins Bett.» «Diese Brillen sind einfach cool», klärt Anne mich auf. Ich erwidere: «Nein, das sind dieselben Brillen, die früher nur komplett durchgeknallte Computerfreaks trugen.»

Outsider, die Marcel hießen und «Massl» gerufen wurden. Jungs, die nicht am PC, sondern im PC lebten und selten sprachen. Berufliche Perspektive: Nobelpreis oder Amoklauf. Sie hatten nie eine Freundin. Und wenn, dann eine Ökotrine mit verfilzten Haaren, die heimlich Kakerlaken züchtete.

Diese Typen sind nun zur Brillenstyle-Avantgarde geworden. Wie konnte das passieren? Der Einzige, dem diese Teile wirklich standen, war Andy Warhol. Mit der richtigen Brille für fünf Minuten Andy Warhol sein! Ein bisschen Künstler kommt immer gut – auch als Aktenableger in der Buchhaltung. Ein bisschen Künstler, ein bisschen Freak. Aber immer mit ironischer Distanz, versteht sich. Wie damals beim Schlagerabend im *Fun*. Wir fanden *Tränen lügen nicht* grausam, konnten es aber plötzlich auswendig. Wir sind weder Künstler noch Streber, sehen aber irgendwie nach beidem aus. Hauptsache, wir nehmen das alles hier nicht so ernst.

Opas Strickjacke heißt heute Cardigan und ist cool. Hemd unterm Pulli auch. Es ist alles machbar, solange es gebrochen bleibt. Ironisch gebrochen. Alles steht in Anführungsstrichen. Ich bin hier, wo du nicht mit mir gerechnet hast.

Mit meiner Dauerironie halte ich Distanz in einer Zeit, in der nichts mehr vorhersehbar ist. Wenn nichts mehr feststeht, brauchen wir uns auch nicht mehr festzulegen.

«Die Mauer wird in fünfzig und in hundert Jahren noch bestehen bleiben», hatte Erich Honecker bemerkt. Wenige Wochen später war sie weg. Wenn vor zwanzig Jahren jemand gesagt hätte, dass Telefonieren im Jahr 2011 fast nichts mehr kostet und ich nur noch mit einem Smartphone rumlaufe, mit dem ich mir gleichzeitig den Weg zeigen lassen und gegen mich selbst Gesellschaftsspiele ohne Gesellschaft spielen kann – ich hätte das für Blödsinn irgendwelcher abgezockter Hobby-Sternegucker gehalten. Ich hätte gefragt: Ein Handy? Was soll das denn sein? Heute fragen viele: Ein Telefon? Was soll das denn sein? Wie – das kommt aus der Wand?

Ich bleibe flexibel, offen und skeptisch gegenüber allen, die mir sagen wollen, wie es wirklich ist. Je lauter die Marktschreier der Talkshows ihre angeblich ewig gültigen Wahrheiten herausbrüllen, desto skeptischer werde ich. Jede endgültige Antwort muss eine Lüge sein, jede Sicherheit ist nur vorübergehend. Darum bleibe ich ironisch: Alles, was ich sage, zollt dem Vorübergehenden der Welt Tribut: Ja, es ist so gemeint, aber man könnte es auch ganz anders sehen. Ich mache Spaß und meine ihn doch ein bisschen ernst.

Als ironischer Mensch weiß ich nichts besser. Ich habe keine Vision, keinen Glauben, keine Überzeugung. Ich sage überrascht «Nee, nicht wirklich?», weil eine Meinung ja endgültig wäre. Und endgültig ist immer schlecht.

So lasse ich mich treiben im Meer der Ironie: Die Literatur besteht ausschließlich aus ungeheuer selbstironischen Ich-Erzählern, die über 200 Seiten von nichts anderem als von sich reden: «Wie ich in zwei Tagen 100 Kilo abgenommen habe, dabei noch die Generationen-Umhängetasche 2.0 – 5.4 erklärte und lernte, tagein, tagaus nur noch von mir zu plappern.»

Selbst die angeblichen Sinnstifter- und Ratgeber-Autoren möchten nicht in Xavier-Naidoo-Schleimspur-Verdacht geraten und finden sich selbstironisch brutal lustig. In der Ferne finden sie sich selbst, um sich zu Hause genauso schnell wieder zu verlieren.

Keine Spekulation, keine Phantasie, kein erweiterter Horizont. Man könnte sagen, das ist weise. Man könnte aber auch sagen, es ist einfach nur verlogen. Denn die ironische Bescheidenheit ist nur vorgeschoben. Das erzählende Ich ist immer Mittelpunkt der eigenen Welt und soll zugleich auch mehr sein als ein Ich. Es soll von sich sprechen, aber alle meinen. «Wenn du mich siehst, siehst du uns! In mir spiegelt sich die Welt!», sagt das ironische Ich. Understatement ist der neue Größenwahn.

Sämtliche Zeitungen schreiben ironisch, ständig steigen ungeheuer lustige Schreiber mit einem Augenzwinkern in einen Text ein und ein paar Zeilen weiter mit einem Augenzwinkern wieder aus. Dazwischen wird pausenlos weitergezwinkert, bis man am Ende vor lauter Gezwinker die Augen auch gleich hätte ganz verschließen können vor der Welt. Wer keine Haltung mehr hat, hat immer noch die Ironie.

Selbst *Bild* hat das für sich entdeckt. Als der *Spiegel* die Titelgeschichte «Bild, die Brandstifter» brachte, bedruckte *Bild* mit dem *Spiegel*-Cover eine Streichholzschachtel und verteilte sie als Werbung. Die Ironie hat es auch den Gefährlichen möglich gemacht, harmlos zu wirken.

Die Ironie ist der Schleier, der sich über unsere Zeit gelegt hat. Ein Schleier, der mich im Nebel des Unverbindlichen bleiben lässt. Es ist nie klar, wo ich stehe. Oben oder unten, rechts oder links, nah oder fern. Wahrscheinlich überall und nirgends. Als Ironiker bin ich Meister des Abstands. Die Ironie stellt sicher, dass ich nie in den Verdacht eines Standpunkts gerate.

11. Silbermond

«UNTERM STRICH
ZÄHL ICH.»

POSTBANK

Urlaub, endlich Urlaub. Es ist unser erster gemeinsamer. Mit dem Auto, Anne fährt. Wer auch sonst? Ich habe schließlich keinen Führerschein. Aber: Ich bin ein großartiger Beifahrer. Weil ich keine Ahnung habe von den Regeln, die es zu beachten gilt, halte ich lieber die Klappe. Nur wenn Anne versehentlich bei Grün an der Ampel stehen bleibt – dann weise ich sie schon mal dezent mit einem zärtlich gehauchten «Grün!» darauf hin. Als Mann neben einer fahrenden Frau, ohne den Drang, alles besser zu wissen: Das nenne ich gelebte Gleichberechtigung.

Wir haben folgenden Deal: Sie fährt – und im Gegenzug hören wir ihre Musik. Und zwar die ganzen 2000 Kilometer bis Bordeaux. Ihr Fahrstil ist wirklich okay, abgesehen vielleicht von Ausfahrten, die sie trotz Navi verpasst. Aber bei ihrer Musik ist leider ganz schnell das Ende der Toleranz erreicht. Seit ein paar Monaten ist sie Fan von diesen ganzen deutschen Mädelsbands: M.I.A, 2Raumwohnung, Juli, August, September und natürlich Silbermond. Die Band ist wie wir: außen sexy, innen bieder.

Anne will mich offenbar wirklich quälen. Im Handschuhfach sind zufälligerweise ausschließlich Silbermond-CDs. Ich überlege kurz, doch mit dem Zug zu fahren und Anne in Bordeaux wieder zu treffen, verwerfe den Gedanken dann aber wieder. Ich möchte die happy Urlaubsstimmung nicht zerstören. Aber es fällt mir schwer, in der Gegenwart von Silbermond gut drauf zu bleiben.

Direkt am Anfang läuft ein Song mit dem Refrain: «Du bist das Beste, was mir je passiert ist – es tut so gut, wie du mich liebst.» Anne sagt, der Song ist ein Liebeslied. Für wen? «Na, für eine Frau oder einen Mann!», sagt Anne ganz selbstverständlich. Da bin ich mir nicht so sicher. Schließlich heißt es DAS Beste, könnte also auch eine Liebeserklärung an einen Magerquark, ein hübsches Oberteil oder eine besonders wirkmächtige Mundspülung sein. Ich mache das Fenster auf, in der Hoffnung, ein Lkw möge lauter sein als Silbermond. Wenige Sekunden später aber höre ich die gesungene Überraschung, dass «jemand wie ich so was Schönes wie dich verdient hab».

Das singende Ich hat offenbar mit dem Besten eine gute Partie gemacht. Damit das Beste dieses Beste werden konnte, musste es natürlich erst gezählt und gemessen, gewogen und verglichen werden. Vielleicht auch noch ein bisschen zurechtgebogen. Denn schließlich ist das Beste gerade gut genug. Stets das Beste sein, das Beste geben und vor allem: das Beste kriegen.

«Wenn sich mein Leben überschlägt, bist du die Ruhe und die Zuflucht», singen Silbermond weiter. Und kurz darauf: «Wenn ich rastlos bin, bist du die Reise ohne Ende.»

Aha. Das arme Beste soll Ruhe und Zuflucht bieten, wenn's draußen laut und verrückt ist – wenn es aber darum geht, auf Reisen zu gehen, muss es das 4-Sterne-Hotel gebucht, die Koffer gepackt und die Tickets unters Kopfkissen gelegt haben. Dieses Beste befindet sich in einem typischen Arbeitsverhältnis unserer Zeit: Es ist befristet festangestellt, aber zu den Bedingungen des Freelancers. Permanent muss es arbeiten – an sich und der Beziehung. Es heißt ja auch Beziehungsarbeit. Es soll Risiken übernehmen, selbstverantwortlich sein, aber doch zugleich bedingungslos an den einzigen verbliebenen Gott glauben: den Geliebten. Das ist der Beziehungs-Arbeitgeber, der ihm heute sagt, dass alles muss, was kann.

Interessant ist das Beste aber einzig in Bezug auf MICH. Es ist der Planet, der um MICH kreist. ICH bin die Sonne. Ich bestimme, wann sein Tag endet und seine Nacht beginnt. Es soll spüren, wie es MIR geht, was ICH brauche, wie es in MEINER Welt gerade aussieht. Ich nenne diese Beziehungsstufe die ICH-Stufe. Darum geht es heute in Beziehungen: Dass MEINE Bedürfnisse und MEINE Wünsche erfüllt werden. In einer Zeit, in der es keine Autoritäten, nichts ein für alle Mal Bestehendes mehr gibt, wird das ICH zur vermeintlich letzten verlässlichen Konstante, zur letzten Gewissheit. Damit wird alles am ICH gemessen. Gut ist, was MIR vertraut ist und MICH in MEINER Sicherheit bestärkt. Bloß keine Störung.

Anne meint, ich solle nicht jedes Wort von Silbermond auf die Goldwaage legen. «Du bist ja schon wie ein Mädchen!», wirft sie mir vor. Offenbar haben sich die Rollen vertauscht bei uns: Sie fährt Auto, ich nörgele und beginne unnötige Diskussionen.

Die zweite Stufe im Beziehungsleben eines Paares ist die WIR-Stufe, in dem nur noch im Plural gelebt und geredet wird. Erfreulicherweise gibt es auch dazu einen Song bei Silbermond, sodass ich meinen Monolog im Auto direkt ohne Unterbrechung fortsetzen kann. Der Song zur Stufe heißt «Irgendwas bleibt». Der Titel beginnt mit folgenden Zeilen: «Sag mir, dass dieser Ort hier sicher ist, und alles Gute steht hier still.»

Beim Wichtigsein und Klugscheißen ist das iPhone eine große Hilfe. Schnell gucke ich bei Wikipedia noch einmal nach, wie ein Feststoff physikalisch definiert ist. Ich lese Anne vor: «In der Physik heißt es, dass die Teilchen eines Feststoffs um eine feste Position schwingen – und zwar um ihren Gitterplatz. Da rotieren sie meist um ihre eigenen Achsen.» Anne guckt mich fragend an. Ich fahre fort: «Das passt doch wie die Faust aufs Auge: Das Beste aus dem ersten Song ist jetzt im zweiten an den ihm vorbestimmten Platz befördert worden: hinter Gitter. Eingesperrt in den Erwartungsknast! Dort darf es sich in aller Ruhe um die eigene Achse drehen. Zu Weihnachten schenkt es sich selbst ein Handy mit einer 100 000-Mega-Giga-Pixel-Kamera und schießt sich ab.»

Im ersten Song lagen noch die Tickets für die rastlose Reise unter dem Kissen – doch jetzt wird das Kissen langsam seiner eigentlichen Bestimmung zugeführt: Mit seiner Hilfe werden sich die ehemals Liebenden nun gegenseitig ersticken vor lauter Erwartungen. Sie werden das Kissen erst zärtlich auf das Gesicht des Geliebten legen, um dann langsam immer fester zudrücken, so lange, bis der ehemals geliebte Mensch schließlich leise ächzend, nach Luft schnappend, ergeben, aber als eigenständiger Mensch leider tot, daliegt. Wir wollen alles und töten damit alles. Wir wollen das Beste – und bleiben allein.

Anne sagt: «Du solltest die Scheidung deiner Eltern vielleicht doch mal in einer Therapie aufarbeiten.» Wenn ich das schon höre: Alles soll ich immer in einer Therapie aufarbeiten. Mir reicht es schon, dass ich mich abarbeite – an Anne. Wann immer ich eine Meinung habe, die Anne nicht teilt, ist die Scheidung meiner Eltern schuld. Selbst wenn mir in der Küche ein Glas aus der Hand fällt, muss das daran liegen, dass schon meine Jugend ein einziger großer Scherbenhaufen war.

Angestachelt durch ihren Kommentar doziere ich mit fast missionarischem Eifer weiter. Manchmal habe ich eine sadistische Freude daran, den Zyniker zu spielen, der an nichts mehr glaubt. Knallhart desillusioniert. Alles gesehen, alles gehört und sowieso alles erlebt. Diese Rolle steht mir in etwa so gut wie ein Kapuzenpulli einem Rentner. Aber das macht nichts. Ich bin wie ein Kind, das den Eltern schnell und nur ein bisschen die Zunge rausstreckt und sich dann versteckt. Ich bin nicht nur zu jung für echten Zynismus, ich bin auch zu feige dazu. Ich will provozieren – aber eben nur ein bisschen. Bevor ich am Ende noch in die Gefahr gerate, einen Standpunkt zu haben. Das wäre das Ende meiner Flexibilität, dann wäre ich ja festgelegt. Ich möchte jetzt nur das Silbermond-Weltbild mit aller Macht zerstören. Die triefende Lyrik dieser Barbiepuppen-Glubschaugen-Romantik vorführen und recht haben.

Jetzt läuft «Symphonie». «Symphonie» ist der Song zur dritten Beziehungsstufe, der MAN-Stufe: Paare sprechen nur noch im MAN miteinander. MAN müsste, MAN sollte, MAN könnte, sagt MAN jetzt. Keiner weiß, wer spricht, und keiner muss sich angesprochen fühlen. Es ist auch egal. Es hat jetzt die Phase begonnen, in der MAN sich aufs Wochenende freut, weil der andere endlich mal NICHT da ist. Die Frage in dieser Phase ist: Trennen wir uns gleich, oder machen wir vorher noch ein Kind?

Anne hat jetzt voll aufgedreht. Ein Panzer auf der Spur neben uns wäre chancenlos gegen Silbermond: «Sag mir, was ist bloß um uns geschehn? Du scheinst mir auf einmal völlig fremd zu sein.»

Wo ist denn nun das Beste hin? Abgehauen? Entführt? Abgewrackt? Es hat offenbar versagt. Es war wohl doch nicht in der Lage, die Globalisierung, die Medien und den Hunger in Afrika aufzuhalten. Und vor allem ist es an seiner Lebensaufgabe gescheitert: sich ausreichend um die Sonne namens ICH zu drehen. Es ist ihm nicht gelungen, den Sonnenstatus des ICH dauerhaft zu sichern. Das ist ein Kardinalfehler, mit nichts zu entschuldigen. Somit ist das winselnde ICH endgültig am Ziel: Es ist jetzt ein Opfer und steht damit in der Pole-Position des Beziehungslebens. Mitleid ist garantiert, denn schuld sind immer die anderen. Besonders das Beste, besser gesagt, das Ex-Beste.

Das Opfer ist leider auch ein bisschen doof, darum verstrickt es sich vor lauter Geheule in blöde Widersprüche: «Und es verdichtet sich die Stille über uns. Ich versteh nicht ein Wort mehr aus deinem Mund.»

Liebes ICH! Wenn du kein Wort verstehst, muss ja jemand sprechen. Und wenn jemand spricht, kann es wohl kaum gleichzeitig still über dir sein. Und abgesehen davon: Still ist es doch immer um uns, und nicht über uns. Also: Das üben wir bitte nochmal. Danke. Anne ist jetzt eindeutig genervt: Ein rechthaberischer Spielverderber sei ich, der keinen Spaß am Leben habe, dafür aber ein ungeheures Talent, auch die schönste Reise zu einem Trip in die Hölle zu machen. Ich sage: «Nein, das erledigen ja schon Silbermond.» Und tatsächlich geht es weiter: «Es gibt nichts mehr zu reden, denn wenn's nur regnet, ist es besser aufzugeben.»

Damit haben wir ja endlich den Schuldigen an der ganzen Liebesmisere gefunden: das Wetter. Der verdammte Regen hat alles, aber wirklich alles zerstört. So ist das eben: Wenn es regnet, stecken wir lieber den Kopf in den Sand. Da kriegen wir zwar keine Luft mehr, aber es ist wenigstens schön trocken. Denn Wolken und Regen waren nicht bestellt. Beleidigt nimmt das ICH nun seine Situation hin, als arme Sau, als hilfloses Kind, dem die böse Mama den Schnuller vorenthält. Schuld sind überirdische Mächte. Der Regen, das Klima, die Medien.

Überhaupt. «Das Ende ist schon lang geschrieben!» Ja, wer hat es denn geschrieben, das schlimme Ende? Wahrscheinlich das Wetter. Das ICH war es jedenfalls nicht. Denn ICH kann nichts dafür können.

Das Silbermond-ICH kann jetzt nur noch warten. Warten, bis das Wetter oder eine andere Macht *das nächste Beste* vorbeischickt. Dann geht alles von vorne los.

Die Songs von Silbermond zeigen uns eine Welt, in der wir alles haben können und vor allem: alles haben wollen sollen. Eine Beziehungswelt, in der wir den anderen als Batterie sehen, die ausgetauscht wird, wenn sie leer ist und ihren Zweck erfüllt hat. Es ist eine Welt, in der das Leid immer von anderen kommt, in der wir immer Kind bleiben können: gerade groß genug, um zielsicher aus der Vase einen Scherbenhaufen zu machen – und noch immer klein genug, um spontan in Tränen auszubrechen vor lauter Schreck über diese unbekannte Macht, die daran schuld ist.

Anne hat noch eine weitere CD im Auto gefunden – von der einzigen Band, die schon im Namen klarmacht, was heute wirklich zählt: ICH & ICH.

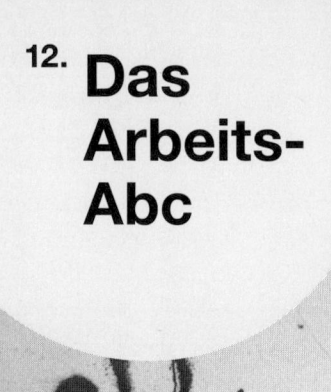

12. Das Arbeits-Abc

«DAS UNTERNEHMEN
IST KEIN ORT, IN DEM
WIR EXISTIEREN, ES
IST EIN ORT, DEN WIR
DURCHQUEREN.»

UNSICHTBARES KOMITEE,
DER KOMMENDE AUFSTAND

Omas erzählen gern von früher, heißt es immer. Ich als Scheidungskind bin naturgemäß bei meiner Oma aufgewachsen. So durfte ich den Geschichten über die gute, alte Zeit nicht nur beim O-Saft im Oma-Café lauschen, sondern eigentlich immer. Die Geschichten erzählten von einer Zeit, in der alles in Ordnung war: Der Mann ging morgens zur Arbeit und kam abends irgendwann wieder nach Hause. Er verdiente genug Geld, und am Wochenende gehörte er der Familie, die Frau versorgte die Kinder, und alles hatte seine Ordnung. Es herrschte nahezu Vollbeschäftigung, denn es war die Wirtschaftswunderzeit der 60er Jahre, eine Art ganzjähriges Weihnachten. Ständig gab's Geschenke, und alle hatten sich lieb. Das Monatseinkommen stieg, und so hatte niemand Grund zur Klage. Es muss eine tolle Zeit gewesen sein, ein wenig einengend und spießig vielleicht, aber sehr verlässlich.

Diese alte Welt schrumpft seit Jahren, und eine neue macht sich breit: Eine Welt ohne festes Einkommen, ohne Sicherheiten, ohne Urlaubsgeld und ohne Weihnachtsfeier, bei der zu vorgerückter Stunde die Zukunft der Firma gesichert wird, indem man das künftige Humankapital vor Ort zeugt.

Es ist die Welt, in der wir keine Arbeit haben, sondern Projekte. Projekte, die wir mittels iPhone und Internet zu jeder Tages- und Nachtzeit koordinieren, weil wir so unglaublich flexibel sind und den Workflow frei einteilen können, ganz, wie es uns gefällt.

Aber was ist das eigentlich, ein Projekt? Das Institut für Normung lässt uns in der DIN Norm 69901 wissen, ein Projekt sei «ein Vorhaben, das im Wesentlichen durch Einmaligkeit der Bedingungen in ihrer Gesamtheit gekennzeichnet ist, wie z. B. Zielvorgabe, zeitliche und andere Begrenzungen …» Wer in diesem Leben als Normierer das Leben normiert, wird im nächsten Leben wahrscheinlich TAN-Nummern-Erfinder bei der Sparkasse.

Übersetzt bedeutet die DIN Norm 69901 Folgendes: Wir wissen auch nicht so recht, wie wir das mit diesen Projekten einordnen sollen. Sie können irgendwie alles sein.

Und ähnlich sieht auch die Projekt-Wirklichkeit aus: Wir sind mal selbständig, mal fest angestellt, mal frei, mal gebunden: Der Journalist arbeitet heute angestellt beim Radio, wird dann nach ein paar Monaten outgesourct und verdingt sich als fester Freier, macht sich schließlich selbständig und betreut mehrere Projekte bei verschiedenen Medien, um anschließend ein eigenes Textbüro zu gründen und sich von einem externen Berater beraten zu lassen, wie er sich am besten beraten lassen sollte.

Insofern leben wir tatsächlich in der besten aller Welten. Wir haben die Möglichkeit, jederzeit alles zu machen, Freizeit zur Arbeitszeit werden zu lassen und umgekehrt. Das ist richtig, aber nur die halbe Wahrheit. Es ist Segen und Fluch zugleich.

Denn neben Vollzeit-, Teilzeit- und Projektarbeit gibt es nämlich oft auch gar keine Arbeit, dafür aber wenigstens das Gefühl, etwas zu tun zu haben – und sei es, sich zu Zeiten, zu denen andere in ihren Büros arbeiten, in Lounges bei einem Latte macchiato über sein MacBook zu beugen und sehr beschäftigt zu wirken, die Deadline immer fest im Blick. «Ich arbeite da gerade an so einem Projekt», kann dann sowohl heißen, ein Feature für einen Radiosender zu betreuen als auch, einem Ex-Kollegen bei der Bewerbung zu helfen. Honorar: ein Glas Wein.

Häufig steht Projektarbeit in erster Linie für prekäres Rumeiern ohne echte Kohle. Sicher ist dabei nur die Unsicherheit. Umso wichtiger ist es, die Spielregeln dieser schönen neuen Arbeitswelt zu kennen. Was erwartet einen, wenn man zur After-Work-Party eingeladen wird, um über die Deadlines von Projekten, die der CEO nach Feierabend in seinem Loft bei einem Häppchen Sushi in Absprache mit seinen XING-Netzwerk optimiert hat, zu sprechen?

A wie After-Work-Party: Wer modern, flexibel, dynamisch, leistungsorientiert und überhaupt ein Workaholic ist, der auch nach Feierabend nur übers Geschäft reden kann, weil er sonst kein Leben hat, geht auf die A. Wer weder Heimat, noch Familie, noch Freunde hat, darf sich einreden, hier all das zu finden. Sie endet genau dann, wenn richtige Partys erst anfangen – gegen 22 Uhr. Schließlich muss der nächste Morgen pünktlich beginnen. Die Betonung der A. liegt dabei auf dem After: Die Teilnehmer sind schon zu Beginn der Veranstaltung völlig im Arsch.

B wie befristete Beschäftigung: Der «Wir gucken dann mal...»-Vertrag. Schuld ist meist die Wirtschaft, deren Opfer der Arbeitgeber ist: Nie kann er wissen, welche Purzelbäume sie in den nächsten Wochen wieder schlägt, diese verrückte Wirtschaft, und ob man in zwei Jahren dann überhaupt noch Mitarbeiter haben kann. Gut die Hälfte aller Neueinstellungen ist heute befristet auf ein oder zwei Jahre. Die B. ist auch der Grund, warum viele doch lieber eine Beamten-Karriere anstreben. Wobei:

Beamten und Karriere? Sagen wir lieber: Laufbahn ... – oder, noch besser, Spaziergang.

C wie Coach: Der C. ist der kleine Bruder des → Unternehmensberaters, seine etwas aufgedrehtere, flippigere Variante, die für den Bodensatz (= Mitarbeiter) zuständig ist. Seinen als Fortbildung getarnten Frontalunterricht gibt er meist unter Zuhilfenahme eines originalen Grundschul-Tageslichtprojektors (Anfänger), Flip-Chart (Fortgeschrittener) oder Power Point und Beamer (Mega-Wichtigtuer).

D wie Deadline: War immer gestern. Wer eine D. hat, arbeitet meist an einem Projekt. Kennzeichen einer seit einer Woche abgelaufenen D.: Ringe unter den Augen, kiloweise Pappbecher vor sich auf dem Tisch mit Caffè-Latte-Resten drin, dem sogenannten Lattenrost.

E wie Eventmanagement: Beliebter Job unserer Generation. In einer Welt, in der jede Kaffeefahrt mit Oma zum Event hochgejazzt wird, braucht man Leute, die das organisieren. Das sind meistens Mädels, die Jenny und Jessy heißen und im Büro arbeiten wollen. (ACH-TUNG: Betonung des Wortes «Büro» auf der ersten Silbe!) Dort wird andauernd präzisiert, organisiert, präsentiert und repräsentiert.

F wie Freelancer (dt. Freiberufler): Das Gegenteil des Festangestellten. Wird in Zukunft eine noch viel größere Rolle spielen. Ein Freischaffender, der eine Festanstellung entweder meidet oder keine mehr bekommen hat, weil er aus zu vielen rausgeworfen wurde. («Ich brauch einfach meine Freiheit, so nine to five iss echt nix für mich!») Der F. bewegt sich irgendwo zwischen Prekariat (nie Geld) oder Penthouse (zu viel Geld). Häufig weiß er selbst nicht so genau, wie sein Konto gerade aussieht. Das verwaltet Mutti.

G wie Geschäftsbericht: Wildes Zahlengewusel, das keine Sau versteht. Oft nicht einmal diejenigen, die es erstellt haben. Dennoch meist die Grundlage für die Entscheidung, wer eingekauft, zugekauft oder auch einfach schnell wieder verkauft (freigesetzt) wird und ab jetzt als → Freelancer gucken kann, wo er bleibt.

H wie Happy Hour: Niemals verpassen. Alles Cocktails zum halben Preis. Chance, der jungen Bedienung mit einem total neckischen Augenzwinkern die Worte «Einmal Sex on the beach, bitte» in die Ohren zu hauchen. Der Teil der Bevölkerung, der den Feierabend noch persönlich kennt, verbringt ihn hier.

I wie Ich-AG: Ist im Zuge der legendären Hartz-Reformen erfunden worden. Arbeitslose sollen sich gefälligst zügig selbständig machen und Existenzgründer werden. Eine I. ist zum Glück nur selten so allein, wie es im ersten Moment scheinen mag. Meist ist man zu dritt: Me, myself and I. Der Lebensmittelpunkt der mobilen I. ist der ICE, dem überlebenswichtigen Fortbewegungsmittel für diejenigen, die Arbeit (Stuttgart) und Beziehung (Hamburg) wenigstens jedes vierte Wochenende verbinden wollen.

J wie Job: Veralteter Begriff aus der Zeit, als das Duzen noch nicht erfunden war und der Chef noch Boss hieß. Heute maximal für eine Urlaubszeit- und / oder Schwangerschaftsvertretung in einem Büro anwendbar. Häufiger gebraucht als Verb: Man jobbt z. B. an der Theke, um ein wenig Geld zu verdienen für die nächste Reise durch den Iran, bei der man natürlich nur bei Privatleuten wohnt, um auch garantiert Land und Leute kennenlernen zu können.

K wie Künstler: «Jeder ist ein Künstler», hat Joseph Beuys gesagt. Zahlreiche Hobby-Programmierer von Websites haben das missverstanden.

L wie Loft: In erster Linie eine Wohnung. Kommt aus dem Englischen und bedeutet Dachboden oder Speicher. Ursprünglich eine Chance für Künstler, Wohnen und Arbeiten zu verbinden. Heute gibt es L.s nur noch als sanierte Variante, die eine Menge Geld kostet – daher meist nix für → Freelancer. Dafür umso mehr für Aperol-Spritz-Trinker und professionelle Lounge-Sitzer.

M wie Managing Director, kurz MD: Was klingt wie der Nachfolger der MP3, ist im britischen Englisch der Begriff für den Geschäftsführer oder Vorstandsvorsitzenden.

Im Amerikanischen auch CEO (Chief Executive Officer). Der MD-CEO bezeichnet sich selbst als Entscheider, weil er entscheidet, welchen Unternehmensberater er anruft, wenn mal wieder ein nervöser → Freelancer ein Mega-Projekt anschleppt. Motto: Ich bin doch nicht MD geworden, um am Ende verantwortlich zu sein.

N wie Nine to Five: Bezeichnung eines geregelten Lebens, steht für arbeiten von morgens 9 bis abends 5. Auslaufendes Modell der schon fast vergangenen Gegenwart. Oft Traum und Erfüllung aller unserer Sehnsüchte («Ich will was Sicheres»). Oder der komplette Albtraum. Vorsicht, Etikettenschwindel: Immer häufiger ist der 9 to 5-Job auch ein 9 to 8-Job. Wichtigstes Arbeitsmittel des 9 to 5-Arbeiters ist das Notebook. Der Unterschied zum Freelancer besteht darin, dass der 9 to 5er das Notebook im Büro stehen lassen kann, während es der Freelancer auch mit ins Bett nimmt.

O wie Optimierung: Wenn von der O. eines Unternehmens die Rede ist, heißt das übersetzt: Der Karren liegt im Dreck – und du musst ihn da wieder rausholen. Getreu dem Motto: Sind die Zahlen rot, sind die Mitarbeiter schuld, sind sie schwarz, war's der Geschäftsführer. O. auf ganzer Linie ist heute von uns gefordert: Weil Arbeit und Freizeit inzwischen eins sind, optimieren wir uns auch privat leidenschaftlich weiter: Hierbei sind Körper-, Geistes- und Seelenoptimierung zu unterscheiden.

Körperoptimierung: Besuch von stickigen Fitnesshöllen inklusive stumpfsinnigem Gewichte-Stemmen mit anschließendem Yoga oder Pilates. Es weiß zwar keiner so genau, was da gemacht wird, aber es muss gut sein, schon vom Namen her.

Geistesoptimierung: Lektüre lebenserleichternder Literatur wie »Die Rigatoni-Diät: Täglich drei Kilo Nudeln mit Käsesahnesauce essen und trotzdem gertenschlank bleiben!« oder andere Wohlfühl-Knaller wie « Hartz-Sex: Die Zusammenlegung von Sex und Liebe » und das Standardwerk ab 35: « Glücklich – trotz Partnerschaft! »

Seelenoptimierung: Bei Frauen nach wie vor die ungeschlagene Nummer 1: spazieren gehen und reden! Nur leider nicht allein, sondern zu zweit – mit dem Freund. Bei Männern: ein Bier nach Feierabend. Ohne die Freundin. Mit anderen Typen. Trotzdem ohne reden.

P wie Praktikum; Plural: Praktikummer. Beschreibung für einen Zustand zwischen Ende der Schulzeit und dem Start ins Berufsleben – also für den Zeitraum von 20 bis 50. Hierfür gilt: Man hat zu viel zum Sterben, zu wenig zum Leben. Lange Zeit angeblich das konstituierende Merkmal unserer Generation. Die Zahl der Praktikanten steigt tatsächlich, aber insgesamt machen nur 20 % aller Hochschulabsolventen ein P. mit dem Ziel, später was Sicheres zu kriegen. Gelingt das nicht, folgt nach zahlreichen Praktikummern der unaufhaltsame Schritt ins Prekariat, das einen auf Lebenszeit ausschließen wird von allen Lofts und Lounges. Ein großer Teil des Prekariats besteht aus Leuten, die Projekte machen (s.o.).

Q wie Quarterlife Crisis: Zweite Pubertät, die gefeiert werden muss, wie alles, von dem man nicht so recht weiß, was es soll. Entscheidend ist: Die Q. ist zwischen 20 und 30 permanent präsent. Entsteht durch permanenten Vergleich mit Gleichaltrigen. Die sind stets höher, schneller, weiter als man selbst. So ist dauerhaft Krise angesagt. Die Liste der Symptome ist unendlich, sie reicht von Zukunftsangst über die Unzufriedenheit mit der eigenen beruflichen Stellung bis hin zum Zurückwünschen in die Zeit der Schulzeit oder – in letzter Zeit immer beliebter – zurück in die Zeit der Großeltern.

R wie Rente: Inzwischen ein Fremdwort. Wir kennen den Begriff nur von unseren Großeltern, in ganz seltenen Fällen noch von unseren Eltern. Gerade ist die Rente von 65 auf 67 Jahre hochgesetzt worden. Die Sportfreunde Stiller bereiten schon unsere Rentenhymne vor: «67, 69, 70, 110 ... bis dahin zahlen wir alle ein ...»

S wie Sushi, auch Beraterpommes genannt. Ungeheuer hippes Essen, im Grunde genommen aber nichts anderes als roher Fisch mit getrocknetem Seetang. Sushi ist unser kulinarischer iPod: Wir essen es wegen des Designs und weil es so schön leicht ist.

T wie Teilzeit: Heute noch der Begriff von unglaublich gleichberechtigten Teilzeit-Pärchen, die das Leben in Teilzeiten aufgeteilt haben und alles teilen. Job, Wohnung, Freizeit. Später auch den Partner. Meist ohne, dass der davon weiß.

U wie Unternehmensberater: Der U. arbeitet nach dem Motto: Was ich selbst nicht kann, bringe ich anderen bei. Wird angerufen, wenn der → MD etwas ändern muss und nicht weiß, was. Der U. ist der Messias unserer Zeit. So bleibt das Unternehmen in Bewegung und der → MD hat das Gefühl, den Laden ständig weiterzuentwickeln, obwohl er sich doch nur im Kreis dreht.

V wie Volk: Meist gebraucht mit dem Vorsatz «das arbeitende». Synonyme: Die da unten, der kleine Mann auf der Straße. Gemeint sind die Volkswagenfahrer, die ihr Konto bei der Volksbank haben und unsere Volkswirtschaft für eine Kneipe halten. Als V. wird das V. vor allem von Leuten bezeichnet, deren Lebensziel darin besteht, nicht dazuzugehören, zum V.

W wie Work-Life-Balance: Hipper, modischer Begriff, bevorzugt benutzt von infarktgefährdeten Workaholics. Auch ein Begriff der Zukunft: Arbeit und Freizeit sollen in einem ausgeglichenen Verhältnis stehen, Freizeit wird verordnet und durchgeplant und damit selbst wieder Arbeit. Wer das Wort W. nicht kennt oder nochmal erklärt haben will, kann beim zweitwichtigsten «W» unserer Zeit nachschauen: Wikipedia.

X wie XING: Total wichtiges Business-Netzwerk. Wenn der Wochenmarkt im Kiez der Versuch ist, das Heimatdorf wiederherzustellen, dann ist X. der Dorfwochenmarkt im Internet. Bedeutet im Chinesischen «es klappt» und im Englischen «Crossing», also Kreuzung. Klingt wie ein Sexspielzeug, ist jedoch der Treffpunkt hammerwichtiger Business-Menschen mit anderen, noch wichtigeren Business-Menschen, um zu vergleichen, wer noch mehr noch wichtigere Business-Menschen kennt.

Y wie Youtube: Fernsehen für Waldorfschüler. Da darf jeder alles reinstellen. Beliebteste Ablenkung unserer Generation vor, während und nach der Arbeit. Bei jeder unpassenden Gelegenheit führen wir uns gegenseitig Y.-Filmchen vor. Wenn die Welt irgendwann untergeht, werden wir den Untergang noch schnell auf Y. stellen. 0 Views, aber egal. Hauptsache, es steht auf Y.

Z wie Zeitarbeit, auch Leiharbeit genannt. Teil der Hartz-Reformen, für viele unter 35 der ganz normale Einstieg ins Arbeitsleben. Als Leiharbeiter wird einem nichts verliehen. Man selbst wird verliehen und ist dabei meist der Verlierer. Wenig Geld, Vermittlung über einen Personaldienstleister, eine Art Kik unter den Arbeitgebern. Da steckt der Arschtritt wenigstens schon im Namen. Wer wissen will, was er hier bekommt, muss sich fragen, was er nicht bekommt: Lohnfortzahlung im Krankheitsfall, Urlaubsgeld. Stundenlohn schon, aber nur ein bisschen.

13. Coaches

«DIE ÄHNLICH-
SEHEREI UND GLEICH-
MACHEREI SIND DAS
MERKMAL SCHWACHER
AUGEN.»

FRIEDRICH NIETZSCHE

Jens hat einen neuen Job. Er ist jetzt Coach. Das ist zunächst nichts Besonderes, so nennt sich heute jeder zweite Studienabbrecher, der nochmal bei Mutti einzieht. Ich finde, ein Job als Coach passt zu Jens. Er erfüllt wirklich alle Voraussetzungen dafür: Er hat erfolgreich mehrere Start-up-Unternehmen in den Sand gesetzt und ist zweimal aus einer Festanstellung rausgeflogen, weil er zu schlecht war.

Jens folgt jetzt dem Motto: Was du selbst nicht kannst, bringst du anderen bei – und verdienst auch locker das Dreifache von dem, was du kriegen würdest, wenn du richtig arbeiten würdest. Er ist ein wandelndes Flip-Chart. Übelstes Power-Point-Prekariat. Auch körperlich hat er inzwischen Beraterstatus erreicht. Seit er mit seiner Dauerfreundin Nicola zusammenwohnt, hat sie ihm erfolgreich einen ordentlichen Wohlstandsbauch zusammengekocht. Er ist eine Coach Potato.

Das lässt ihn zwar insgesamt etwas quallig wirken, kann in seiner Branche aber nur von Vorteil sein. Seine Haare sind zurückgegelt, er trägt Anzüge von der Stange und langweilige blaue Karohemden darunter. Wenn er sich privat etwas verrückter kleiden will, holt er auch schon mal ein T-Shirt aus dem Schrank oder kramt das alte Polohemd aus dem *Fun* wieder hervor. Im Sommer wirft er sich jetzt gerne den Pullover voll lässig über die Schultern. Kurz, er ist wie seine Hemden: kleinkariert.

Stundenlang kann er reden über Kernkompetenzen, Outsourcing und wieder Reinsourcing. Er weiß sehr genau, was «die Leute» wollen, können, dürfen, machen und lieber bleiben lassen sollen. Ich weiß nicht einmal, wer «die Leute» sind, geschweige denn, was sie wollen sollen. Jens aber scheint Kontakte zu haben. Jens mag die Leute, mit denen er täglich arbeitet. Das merkt man, er nennt sie «die Pappnasen» oder einfach nur «die».

Jens sagt, er erkenne «die» schon nach zwei Sekunden. Wenn ihm ein Mitarbeiter entgegentritt mit den Worten: «Hallo, ich bin Stefan!», weiß er schon, woran er ist. Egal, in welchem Tonfall Stefan seinen Namen gesagt hat, wird Jens ihm zurufen: «Der Stefan, der jetzt gerade vor mir steht und sagt, ‹Ich bin Stefan›, der ist noch gar nicht Stefan. Der kann höchstens Stefan werden. Damit der Stefan aber wirklich der Stefan werden kann, der so ‹Ich bin Stefan› sagen kann, dass ich sage: Wow, der Stefan, der jetzt sagt, ‹Ich bin Stefan›, der ist wirklich Stefan – dafür braucht der Stefan mich!»

Seine Stefans sind Entscheider – so nennen sie sich selbst. Entscheider, die irgendwie nichts entscheiden können. Darum brauchen sie Jens, der seine Stefans zwar nicht kennt, aber eine Meinung über sie hat. Und diese Meinung muss schlecht sein. Nur, wenn sie schlecht ist, kann er die Stefans coachen. Beim Coaching sitzen ihm seine Stefans in einem kleinen stickigen Raum gegenüber, während Jens dynamisch nach Rasierwasser und Sushi riecht. Das ist der schlimmste Mix der 80er, 90er und das Grauenhafteste von heute.

Beim Coaching sagt Jens, der Coach, der keine Ahnung hat, Mitarbeitern, die keine Ahnung haben können, wo's langgeht. Das Ganze im Auftrag eines Chefs, der überhaupt keine Ahnung hat. Denn wenn er Ahnung hätte, bräuchte er ja keinen Jens.

Er ist überzeugt, dass er bei seinen Patienten sehr genau hinguckt. Er kennt zwei Typen: introvertierte und extrovertierte Typen. Er sagt, der extrovertierte ist oft zu laut, der introvertierte zu leise. An beidem müsse man arbeiten. Darauf wäre ich nie gekommen. Wenn Jens könnte, würde er auch aus einem 1,90-Mann und einem 1,60-Mann zwei 1,75-Männer machen. 1,75 – das ist sein Maß. Nicht zu groß, nicht zu klein, ungefährliches Mittelmaß. Sobald er sie darauf zurechtgestutzt hätte, würde er ihnen sagen, sie sollten auch mal Schwächen zulassen. Das ist Quatsch, schließlich sind seine Kunden eine einzige Mensch gewordene Schwäche, sonst wären sie ja nicht bei ihm.

Jens' Lieblingstipp beim Coaching: «In doubt let out.» Das ist Beratung heute: im Zweifel weglassen, kleinhalten, weniger draus machen. Hauptsache, kein Risiko. Verschließen statt öffnen, zerschlagen statt aufbauen, dagegen statt dafür. Coaches sind die perversen

Spiegel der aktuellen Ohne-Diktatur, die nur Verneinung und Verbote kennt. Bier ohne Alkohol, Kaffee ohne Koffein, Milch ohne Fett, Arbeit ohne Risiko, Chefs ohne Mut und Coaches ohne Idee. Outsourcing von allem, was Spaß macht. Das ist Jens' einzige Kernkompetenz.

Er hat noch eine zweite Standard-Formel auswendig gelernt. Sie heißt «Werde, was du bist!». Das kapiere ich nicht. Ich muss doch nicht werden, was ich schon bin. Das würde ja bedeuten: Wenn ich Schwimmen lernen will, müsste der Trainer zu mir sagen: Werde ein Nichtschwimmer!

Nichtsdestotrotz besuchen wir Seminare von Leuten wie Jens, die uns versprechen: Anschließend wirst du ganz du selbst sein. Authentisch. Das Unwort des Jahrzehnts. Immer soll ich authentisch sein. Be yourself! Immer und überall ganz privat! Ich möchte aber nicht privat sein. Ich laufe ja auch nicht mittags um zwei ungewaschen und mit Mundgeruch im Bademantel über die Straße. Ich möchte mit niemandem zu tun haben, der ständig authentisch ist, ständig der Welt alles von sich erzählt, von sich besoffen und abgefüllt ist. Authentisch zu sein heißt heute Tag und Nacht vor dem Spiegel zu stehen und sich zu fragen: Bin ich gerade auch wirklich authentisch? Ob in Schaufenstern, Zugfenstern, Handykameras – ständig sehen wir irgendwo unser eigenes Spiegelbild, überprüfen uns. Aber es ist ein Irrglaube, dass wir dadurch authentischer würden. Denn je mehr wir uns spiegeln, desto weiter entfernen wir uns von uns.

Darum eilen wir zum nächsten Coach, nur um festzustellen, dass der auch nichts anderes als eine Mensch gewordene Handykamera ist. Eine gemeine noch dazu, die uns immer aus dem unvorteilhaftesten Winkel ablichtet – damit wir danach auch ja gezwungen sind, uns von ihm coachen zu lassen.

Leute wie Jens versprechen, uns zu dem zu machen, was wir sein wollen. Aber es wird nicht funktionieren. Sie haben uns nicht verstanden, und sie werden uns auch nicht verstehen, dafür bräuchten sie Zeit und Geduld. Wenn sie beides hätten, wären sie nicht Coaches geworden. Sie wären vielleicht Psychiater geworden oder Therapeuten, Sozialarbeiter, Lehrer oder Erzieher – aber nicht Coach.

Stattdessen tun sie, was sie können: Sie legen ihre Coaching-Schablonen über uns, die ihnen wiederum ihre Coaches eingehämmert haben. Das geben sie als schlechtverdaute, unbekömmliche Nahrung weiter – Berater-Fastfood.

Die großen Versprecher auf dem Markt der Möglichkeiten sind Blinde, die so tun, als könnten sie schwarz und weiß unterscheiden. In Wahrheit ist bei ihnen alles grau. Bunt sind nur ihre Moderationskarten.

Jens ist auch Coach geworden, weil er so unglaublich flexibel ist: Er kommt in Unternehmen, kann dicke Backen machen und irgendwann, wenn er genug Geld verschlungen hat, wieder weiterziehen. Für seine Pappnasen ist er der Heiland: Endlich einer, der alles kennt und alles weiß, der sagt, wie es geht. So geben Unternehmen jedes Jahr Millionen aus, damit Jens das macht, was im Profil jedes mittleren Managers steht: eine Vision zu entwickeln, wo's hingehen soll.

Aber Jens und Visionen? Da muss ich an Helmut Schmidt denken: «Wer Visionen hat, sollte zum Arzt gehen.» Wenn sich Visionen zu Jens verirren, sollten die zum Arzt gehen.

Häufig sagt er beim dritten Coaching einfach das Gegenteil von dem, was er beim ersten Mal gesagt hat. Die meisten Bosse merken das gar nicht, sie sitzen da wie die Kaninchen vor der Schlange und schlagen die Haken, die Jens vorgibt.

Mit großer Hingabe guckt sich Jens Kostenstellen an. Die größten dampft er ein. Einmal schlug er einem Krankenhaus vor, die Notaufnahme dichtzumachen. Als Nächstes möchte er wahrscheinlich der Friedhofsverwaltung empfehlen, keine Gräber mehr auszuheben.

Während Jens erzählt, denke ich: Genau solche Coach-Typen müssen auch am Werk gewesen sein, als Starbucks seine hunderttausend Kaffeesorten und Größen beschlossen hat: Sie saßen in einem sehr modern und chic eingerichteten vollverglasten Bürohochhaus zusammen. Es waren Vertreter fast aller Länder dabei, man ist schließlich ein Global Player. Dem kleinen Italiener hat man ein Kissen auf den Stuhl gelegt, damit er problemlos über die Tischkante gucken konnte. Er forderte gleich zu Beginn, dass mindestens eine Größe in seiner Sprache aufzuführen sei, schließlich hätten sie, die Italiener, den Kaffee erfunden. Das stimme zwar nicht, wirke aber sehr authentisch, hatte ihm sein Berater gesagt.

Der fette Ami in der Mitte des Tisches bestand auf amerikanischen Bezeichnungen für alle, aber wirklich ALLE Getränke auf der Karte. Regte sich Widerspruch, erstickte er ihn im Keim: Man diskutiere nicht mit einer Weltmacht.

Der Chinese wendete ein, dass das bald vorbei sei mit der Weltmacht, schließlich übernehme er bald die Weltherrschaft. Der Ami verließ daraufhin empört den Raum und ließ sich von seinem Berater erst einmal auf der Landkarte zeigen, wo genau dieses China liegt.

Seine Abwesenheit nutzte der Spanier, um das Wort «grande» in die Runde zu werfen. Sein Coach hatte es ihm zuvor in einer mehrtägigen Power-Point-Präsentation als hammerwichtiges Keyword ins Hirn gepflanzt. Der Spanier wollte in erster Linie deshalb auf der Karte vertreten sein, weil der Italiener es auch war.

Am anderen Ende des Tisches saß der knubbelige deutsche Vertreter mit schwäbischem Akzent und Aktentasche. Er wollte auf gar keinen Fall einen Fehler machen und hatte sich darum von drei Beratern gleichzeitig beraten lassen.

Vorsichtig fragte er an, ob es nicht unter Umständen möglicherweise vielleicht auch eine Getränkegröße in deutscher Sprache geben könnte. Natürlich keinesfalls die größte Größe. Eher die mittlere oder die kleinste Größe. Schon aus Rücksicht auf die deutsche Geschichte seien große Größen schließlich tabu. Sein Berater nickte zustimmend. Und der Vertreter hatte Erfolg. Keinen großen, aber einen kleinen: Auf den Karten der deutschen Starbucks-Filialen steht ganz unten rechts in der Ecke: «Fruchtiger tea frap» – und darunter: Mango-Passionsfrucht und Himbeer-Johannisbeer. Das mit dem tea frap fand der deutsche Vertreter eigentlich doof. Welcher Deutsche weiß schon, was ein tea frap ist? Aber er wollte nicht weiter diskutieren, am Ende hätte ihm noch ein anderer Vertreter am Tisch unterstellt, er habe etwas gegen Begriffe mit amerikanischem Migrationshintergrund. Immerhin hatte er die «Passionsfrucht» durchgekriegt. Und das ist doch auch was wert. Passion – das klingt nach Leidenschaft, Feuer und Lebensfreude und vermittelt ganz nebenbei auch noch ein neues, lebendiges Deutschlandbild.

Der Ami kehrte nach zwei Stunden mit seinem zehnköpfigen Beraterstab und allen verfügbaren Streitkräften an den Verhandlungstisch zurück. Er sagte, er habe zwar dieses China nicht gefunden, sei aber bereit, nur eine Kaffeegröße in seiner Sprache zu tolerieren. Grande und venti waren mittlerweile vergeben, es blieb ihm also nur die kleinste Größe. Wutschnaubend bestand der Ami darauf, dass die kleinste Größe einer Weltmacht nun wirklich nicht angemessen sei. Dann müsse diese kleinste Größe wenigstens so heißen wie die größte Größe – dann sei er einverstanden.

Wer in der Lage ist, Krieg zu führen im Namen des Friedens, der muss auch die Angaben «groß» und «klein» nach Lust und Laune vertauschen dürfen.

14.Ab heute Superstar

«WARUM KÄMPFEN
DIE MENSCHEN FÜR
IHRE KNECHTSCHAFT, ALS
WÄRE ES IHR HEIL?»

GILLES DELEUZE/
FELIX GUATTARI

Ich könnte behaupten: Ich war jung und brauchte das Geld. Aber das wäre gelogen. Ich war zwar jung und brauchte Geld, aber ich hätte wissen müssen, dass es keines gibt. Zumindest nicht hier.

Es ist das Jahr 2004, ich bin seit drei Jahren ein bisschen Kabarettist und nebenbei ein bisschen Student. Vor 25 Jahren wäre ich mit meinem Studium spätestens im fünften Semester von der Uni weggelobt worden. Abschluss? Egal. Karriere? Kein Problem, wenn du nur was dafür tust. Gute Leistung bedeutete gutes Einkommen. Anstrengung bedeutete Erfolg. Heute ist das anders: Aus Arbeit sind Projekte geworden, aus Festanstellungen befristete Verträge. Die Gesetze des Arbeitsmarkts folgen denen eines Swingerclubs: Alles kann, nichts muss. Für immer mehr junge Leute heißt es deshalb: Karriere bei Kik oder im Fernsehen. Plattenbau oder Plattenvertrag. So legen wir unser Schicksal in die Hände von Casting-Shows in der Hoffnung, dass man uns dort sagt: Du hast mehr verdient als das, was du hast. Auch du hast das Zeug zum Star.

Bei RTL läuft *Deutschland sucht den Superstar*, SAT.1 hält mit *Star Search* dagegen. Ein Casting, bei dem angehende Musiker, Models und Comedians mitmachen dürfen. In der Jury sitzen unter anderem Hugo-Egon Balder und Jeanette Biedermann.

Mit einer Mischung aus Stolz und Scham melde ich mich bei *Star Search* an, Kategorie Comedy. Wenige Wochen später warte ich vor der Tür des *Hilton Hotels* in Bonn. In langen Schlangen stehen wir an, zukünftige Hungerhaken, Musikanten und Spaßmacher. Vor allem die Kandidatinnen haben Frisuren, die ich zuletzt von aufgekratzten Friseusen aus dem Osten kannte: hellblond gefärbte Matte mit einzelnen dunkelroten Strähnen drin. Ich vertreibe mir die Zeit damit, mit mir selbst zu wetten, wer es hier packen wird. Der Typ vor mir sicher nicht: Zottelpulli, Zottelhaare, aus der Zeit gefallene Nickelbrille mit genauso aus der Zeit gefallener Wanderklampfe in der Hand. Ich prophezeie: Aus dem wird nichts. Vielleicht sollte er sich in Gorleben zusammen mit der Gitarre auf die Gleise legen und verstrahlte Songs dudeln. Aber Star? No chance!

Am Counter angekommen, checke ich ein. Personalausweis, Anmeldeunterlagen, alles muss ich dabeihaben.

Ob sie mich überhaupt mitmachen lassen? Ob ich die Kriterien erfülle, die ich aus dem Fernsehen kenne? Ich fürchte, es sieht schlecht aus: Ich habe keine Mutter, die mit Mitte 50 mit dem fünften Kind trotz Krebs im Endstadium schwanger ist und nicht mehr weiß, wer der Vater gewesen sein könnte. Außerdem fehlen mir eindeutig die zwei Kinder mit meiner eigenen Schwester. Ich habe nicht einmal eine Schwester. Und die Vorstrafe fehlt mir auch. Gut, ich bin zweimal beim Schwarzfahren erwischt worden. Das könnte ich in die Waagschale werfen, bevor sie mich gar nicht weiterkommen lassen. Auch in der Zukunft sehe ich Probleme: Die obligatorische Sachbeschädigung bis zum Recall fällt mir schon jetzt schwer. Erst recht der Hausfriedensbruch bis zum Halbfinale. Soll ich bei meiner Mutter einbrechen? Nein, das geht gar nicht. Sie wird sagen: «Junge, wofür hast du denn einen Hausschlüssel?» Verdammt! Man kriegt aber auch nichts geschenkt im Leben.

Ich bekomme eine Startnummer. Für die nächsten Stunden, Tage oder auch Wochen werde ich nun die 11782 sein. Man bittet mich, die Nummer stets gut sichtbar mit mir zu führen, am besten an die Brust oder den Bauch geheftet. Ich suche im Umkreis der Nummer einen Hinweis auf meinen Namen. Vergeblich. Wo Namen waren, sollen Zahlen werden. Vielleicht sollte ich mich damit einfach anfreunden. «Auch mal das Positive sehen, nicht immer nur negativ sein!», sagt Anne immer zu mir. Ich möchte heute damit anfangen und stelle mir vor, dass ich ab jetzt nur noch die 11782 bin. Beim Arzt werde ich mich nur noch behandeln lassen, wenn die Sprechstundenhilfe vorher statt meines Namens die 11782 ins Wartezimmer hineinruft. Bevor ich meine Steuernummer werde, werde ich lieber meine Startnummer. Wenn das hier alles nichts wird, kann ich mit dieser Zahlenfolge später immer noch eine Telefonauskunft aufmachen. Als Zusatzservice werde ich anhand von Start-, Steuer-, Reisepass-, Kreditkarten- und anderen Mitgliedsnummern Namen und Adressen herausfinden: Sage mir deine Nummer, und ich sage dir, wo du bist.

Meine Phantasien werden jäh unterbrochen von einem Aufnahmeleiter. Er schleust mich in eine große Garderobe, in der es nach Schweiß und Cola riecht. Die Stimmung hier hat sich dem Geruch erfolgreich angepasst. Man begutachtet sich, ohne sich anzuschauen. Ich erkenne tatsächlich ein paar Comedy-Kollegen wieder. Komiker treffen ja eher selten aufeinander. Man kennt sich von Plakaten und Programmheften und freut sich am Samstag in Osnabrück, dass man hier am Tag davor mit einem Kollegen ein Bier hätte trinken können, wenn dieser nicht jetzt schon wieder in Flensburg wäre. Es ist wie in jeder Großfamilie des 21. Jahrhunderts: Eigentlich trifft man sich nur zu Hochzeiten und Beerdigungen.

«Du auch hier ...», sagt man jetzt. So in etwa muss es sein, einem Arbeitskollegen im Puff zu begegnen. «Du auch hier ...» Ist das jetzt eine Frage oder eine Feststellung? Bewunderung oder Abscheu? Angst oder Hoffnung? Wahrscheinlich ist es eine krude Mischung aus Verachtung für die Anderen und Mitleid mit sich selbst. Inmitten der Kandidatenmeute frage ich mich: Warum bin ich hier? Warum glaube ich, eine Abkürzung nehmen zu können? Warum nur will ich immer allem entkommen? Schmerz, Leid und Geduld will ich ausschalten, wie ich meinen Herd oder meinen Fernseher ausschalte, wenn ich ihn nicht mehr brauche. Was ich will, ist Karriere to go. Direkt zum Ziel, ohne den Weg. Oft wird so der Weg zum ewigen Ziel. Es heißt ja auch to go.

Doch der Gedanke ans vergangene Wochenende reicht aus, um die Zweifel an meinem Unterfangen auszuschalten: Kulturscheune Hintertreuftlingen. Zwanzig Leute im Publikum. In meiner Garderobe hingen mehrere Hirschgeweihe mit Fotos der stolzen Schützen darüber. Glamour geht anders.

Nach der Show bin ich vom örtlichen Kleinkunstverein zum Essen eingeladen worden. «Ich weiß auch nicht, warum so wenige Leute gekommen sind», sagte der Vorsitzende des Kleinkunstvereins.

Aber die Hintertreuftlinger seien einfach ein bisschen schwierig. Und der Freitag sei auch immer ein schwieriger Abend in Hintertreuftlingen – einen Tag zuvor hatte ich das Gleiche in Bad Dürkheim über den Donnerstag gehört.

Außerdem feiere ausgerechnet an diesem Wochenende der Schützenverein im Nachbarort namens Vordertreuftlingen sein 125-jähriges Bestehen. Und da gingen alle Hintertreuftlinger hin, auch wenn sie Vordertreuftlingen sonst eigentlich mieden.

Letzte Woche, erzählt der Vorsitzende weiter, als «der Dieter Hildebrandt» bei ihnen im örtlichen Bürgerhaus zu Gast war, da war kein Schützenfest. Ich hörte, dass der Dieter Hildebrandt schon seit Jahrzehnten immer wieder hierher nach Hintertreuftlingen komme und dass der Dieter Hildebrandt auch jedes Mal mit ihnen, den Vereinsmenschen, einkehre, hier beim Griechen, seinem deutschen Lieblingsgriechen Nummer 1, wie der Vorsitzende es begeistert formulierte, nachdem der Dieter Hildebrandt es in seiner Gegenwart ebenfalls begeistert formuliert und immer wieder versichert hatte. Deutschlandweit gebe es keinen besseren Griechen, habe er immer wieder gesagt, der Dieter Hildebrandt.

Ich gab mich interessiert, nickte zustimmend und versuchte aufmerksam zu wirken. An den Stellen, die ich für wichtig hielt, positionierte ich ein gezieltes «Aha» oder «Ach so».

Nach zwei Stunden flüchtete ich ins Hotel. Besser gesagt, in das, was sie hier Hotel nennen. Das Hotel lag am Ende des Orts – also einmal die Straße rauf. Der Schlüssel lag wie immer unter der Fußmatte. «Zum Ochsen» hieß das Hotel, «Zum Löwen» oder «Zum Esel». «Zum Teufel» wäre treffender gewesen. Nicht alle Hotels mit Tiernamen sind schlimm. Aber alle, in denen ich war.

Zusammen mit dem Schlüssel fand ich einen Zettel mit der Beschwerde des Hoteliers vor, weil er noch nicht wisse, wann er Frühstück machen solle für mich. Für einen kurzen Moment dachte ich: Wow, welch ein Service! Ein Frühstück nur für mich! Am nächsten Morgen bemerkte ich, dass ich einfach nur der einzige Gast war.

Das Frühstück bestand aus einem Ei, Weißbrot und ein paar Scheiben Salami und Schinken, die sich den Teller mit dem Käse teilen mussten. Der Leidtragende war der Käse. Und ich, denn der Käse schmeckte nach einem seltsamen Salami-Schinken-Mix. Lauwarmer Kaffee mit einem Kännchen kalter Milch dazu, die den Kaffee endgültig erkalten ließ, machte das Ganze nicht besser.

Dann doch lieber im Hilton Hotel von Hugo-Egon Balder und Jeanette Biedermann durch den Casting-Fleischwolf gedreht werden und schnell nach oben kommen.

Hier im Komödianten-Raum ist es sehr still. Niemand macht einen Witz, jeder sitzt in seiner Ecke und versucht, sich auf seinen Text zu konzentrieren. Durch die Wand höre ich lautes Gegackere und Gekichere. Kurz denke ich, es ist die Casting-Kita. Irrtum. Nebenan hat die Modelfraktion ihr Zuhause gefunden. Im Gegensatz zu uns gutgenährten, aber spaßbefreiten Komikern haben sie wahrscheinlich zwar jede Menge Hunger, aber offensichtlich auch viel Vergnügen, während sie das Abführmittel wirken lassen.

Auch bei den Sängern geht es lebendig zu. Einer hat einen Typen als Begleiter dabei, der könnte auch aus dem Knast ausgebrochen sein. Er wird wohl später zum Manager und Anwalt erklärt und den neuen Star zu Wucherpreisen durch Deutschland, Österreich, Schweiz und vor allem Mallorca schicken. Dort wird er in Clubs nachts um 3 einen der beiden Songs zum Besten geben, die er auswendig draufhat. Das Fernsehen wird auch weiterhin eine perfekte Verwertungskette für ihn bereithalten: regelmäßige Präsenz in den großen Shows (Lied singen), Boulevardmagazinen (Party machen) und den Nachrichten (Festnahme nach Liedsingen und Partymachen). Nach der Entlassung eine mittelgroße Rolle in einer erfolgsfreien Soap. Anschließend Kandidat im *Perfekten Promi Dinner*, gefolgt von einer Phase als Quizmoderator bei 9 Live («Wir suchen eine Bundeskanzlerin mit sechs Buchstaben: MERKE_ – welcher Buchstabe fehlt, welcher?»). Als öffentliche Wiederbelebungsmaßnahme dann eine Runde Dschungelcamp auf der großen Bühne und danach, mit 24 Jahren, regelmäßige Eröffnung von Autohäusern in Schwedt und Angermünde bis ans Lebensende.

Das wird mir nicht passieren, denke ich. Ich bin ja schon jetzt 25.

Nach zwei Stunden Warterei geht es endlich los. Ich stelle mir eine große Bühne vor, fettes Licht, großes Tamtam, Hugo-Egon Balder und einen Megaauftritt vor mindestens 1500 Zuschauern im Saal. Es war dann alles nicht ganz so groß – aber fast: In einem miefigen Raum sitzen zwei Leute hinter zwei Scheinwerfern. Davor eine Minibühne. Hintertreuftlingen ist überall. Statt Balder treffe ich auf zwei Irgendwas-mit-Medien-Praktikanten mit Nerdbrillen auf der Nase und Schal um den Hals. Die Kamera, die mich groß rausbringen soll, ist eine High-8-Kamera, wie Eltern sie benutzen, die das Abfilmen ihrer lieben Kleinen zur Lebensaufgabe gemacht haben. Die Brillen gucken mich gleichgültig an, aber das übersehe ich großzügig. Gleich werden sie sehen, worauf sie die ganzen trostlosen Jahre gewartet haben. Die eine Brille fordert mich auf, mich vor die Kamera zu stellen und anzufangen. Ich lege los.

Meine Nummer ist ein Bundespräsidenten-Casting, in dem der damalige Präsident Johannes Rau zusammen mit Dieter Bohlen einen geeigneten Nachfolger fürs Schloss Bellevue finden soll. Bei Möbelhauseröffnungen und Geburtstagen im Bekanntenkreis war die Nummer immer der Brüller. Ich finde mich ungeheuer mutig und ironisch, das Prinzip Casting in einem Casting zum Thema zu machen. Eine Parodie des Fernsehens im Fernsehen, das sich ohnehin ständig selbst parodiert. Ich halte das für eine angemessene komödiantische Veralberung des Mediums. Andere Kandidaten haben in der versifften Garderobe nur Chips gemümmelt, ich habe mir Gedanken gemacht. Das sollen die Brillen ruhig sehen!

Leider ist das mit den Gedanken so eine Sache beim Fernsehen. Nach wenigen Sekunden werde ich unterbrochen. «Du hast doch sicher 'ne Freundin!» – «Ja, warum?» – «Erzähl doch mal, wie die so drauf ist.»

Das bringt mich aus dem Konzept. «Ich habe zwar eine Freundin, aber keine Nummer mit ihr», sage ich, ohne zu raffen, dass das eigentlich schon der erste Gag war. Leider auch der letzte. «Dann erzähl was anderes aus deinem Leben.»

Jetzt fühle ich mich tatsächlich an Anne erinnert, die mich immer kurz vor dem Einschlafen bittet: «Erzähl mir doch noch was.» Ich hasse diesen Satz. Er überfordert mich. «Was soll ich denn erzählen?», frage ich sie dann. «Ich bin doch keine Story-Jukebox.» – «Egal, irgendwas.» Meist fange ich daraufhin an, eine Geschichte aus Kindertagen zum Besten zu geben – nur um nach fünf Sätzen festzustellen, dass Anne weggenickt ist.

Ich überlege kurz, ob das eine Story sein könnte. Nein, nicht jetzt, nicht hier. Also starte ich einen zweiten Anlauf mit einer anderen Nummer, die ich vorbereitet habe. Nach dem ersten Satz fällt mir auf, dass auch diese – bereits im zweiten Satz – ins Thema Politik mündet. Egal, Augen zu und durch. Nach dem vierten Satz ruft eine der Brillen wütend dazwischen: «Was aus dem Leben! Nicht Politik!» Ich bin jetzt in sechs Sätzen zweimal unterbrochen worden. Eine gute Bilanz sieht anders aus. Aber ich lasse sie meine Selbstzweifel nicht spüren. «Es kommt schon noch früh genug was aus meinem Leben!», sage ich, noch immer besoffen von meiner eigenen Genialität.

Nach weiteren zwanzig Sekunden würgen mich die zwei Hanseln ab. An die Stelle meiner Arroganz tritt Ernüchterung: «Danke, das reicht uns. Alles Gute für dich!» Kurz blitzt der Größenwahnsinn noch einmal auf: «Bin ich weiter?» – «Nee, sorry», antworten die Bebrillten. Ich bin verdutzt und bitte noch um ein Feedback. Leider sei es nicht möglich, nach dem Casting noch einmal mit der Jury zu sprechen, lässt mich eine kleine überschminkte Gästebetreuerin wissen. Ich solle bitte schnell meine Sachen packen, da die Garderoben klein und die Zahl der Bewerber groß seien. Den Waschzettel mit der Zahl 11782 könne ich behalten, als Erinnerung.

In einer politisch korrekten, aber leider verlogenen Welt, in der «zeitnah kommunizieren» heißt, dass man nie wieder etwas vom anderen hört; in der uns die zeitnahen Kommunizierer Bewerbungen «zu unserer Entlastung» zurückschicken – in dieser Welt ist die Casting-Show eine willkommene Abwechslung: Hier gibt es noch klare, eindeutige, ehrliche Urteile, kein schwammiges Geeiere. Niemand, der sich auf unsere Kosten entlasten will. Niemand, der «eigentlich» sagt und «persönlich bist du echt nett», kein «Ja, aber», kein Jein. Casting-Shows sind die Rechtspartei des Entertainments. Ein charismatischer Führer sagt in klaren Worten, wer gut und wer schlecht ist, wer dazugehört und wer nicht. Wer nach oben kommt und wer nach unten durchfällt. Lieber lassen wir uns als eingetretene Wirtshaustür beschimpfen, als noch einmal ein Meeting mitzumachen, in dem darüber geredet wird, dass man mal darüber reden sollte.

Daher kommt wahrscheinlich auch das Wort Casting: sich absetzen von der eigenen Kaste. Besser sein als «die da unten». So glauben wir hier in eine Welt einzutauchen, in der die Gesetze der Schwerkraft außer Kraft gesetzt sind: Ein Monat malochen heißt heutzutage nicht, dass wir auch einen Monat davon leben können. Dann doch lieber zum Casting. Hier kann jeder Star sein – wenn auch nur für kurze Zeit. Aber in dieser Zeit holen wir mehr Schäfchen ins Trockene als nach einem Leben an der EDEKA-Kasse. Du musst nur zur richtigen Zeit am richtigen Ort sein.

Ausgerechnet Dieter Bohlen haben wir dabei zu unserem Guru erklärt. Mit seiner Ex-Band *Modern Talking* ist er bis heute das McDonalds der Musikindustrie. Ausgerechnet von einem Hamburger-Bruzzler wollen wir uns zeigen lassen, wie man Sternekoch wird.

Im Zug nach Hause checke ich Mails. Die Kleinkunstbühne Unterdettelsau, die ich am Wochenende bespielen werde, fragt an, ob ich wirklich drei Scheinwerfer brauche, weil man dann einen dazumieten müsse. Man freue sich außerdem sehr auf den Auftritt, leider seien alle Hotels in der Umgebung ausgebucht, bis auf die Pension Köhler. Frau Köhler fragt an, ob ich vielleicht schon vor 8 Uhr frühstücken könne, sie habe danach einen Termin. Und ob ich besondere Wünsche habe oder ob Salami, Schinken und Käse okay seien.

15. **Fitnesstaliban**

«EINFACH GUT
AUSSEHEN.»

MCFIT

Der Grund für meine Anmeldung im Fitness-Studio dauerte drei Tage und hatte elf folgenschwere Buchstaben: Weihnachten. Weihnachten ist kalorisch. Das klingt wie eine schwere Zahnentzündung, ist aber nur ein anderes Wort für: Gans an Heiligabend, Ente am ersten Weihnachtstag und Reste von beidem am zweiten. Dazwischen Schokolade und natürlich Plätzchen, die ihren Namen schon vom Verb «platzen» haben. Der Blick auf die Waage bestätigte, was der Blick in den Spiegel schon lange andeutete: Weihnachten hatte das Fettfass zum Überlaufen gebracht.

Mein Wille ist entsprechend stark und mein Ehrgeiz grenzenlos. Passend dazu suche ich nach einem Sport, der mich fit und gesund hält, der mich ausfüllt. Ganzheitlich. Anspannung und Entspannung für Körper, Geist und Seele. Ein Sport, bei dem ich über mich hinauswachsen kann und doch ich selbst bleibe. Kurz: das Fitness-Studio.

Das Abenteuer Fitness beginnt mit der Anmeldung und einem Haufen Papierkram; Unterschrift auf den Seiten 1, 5, 7 und 10. Das Kleingedruckte des Vertrags lese ich natürlich nicht. Wird schon alles stimmen, denke ich mir und übersehe so den Hinweis, dass ich zwölf Monate vor der jährlichen automatischen Verlängerung schriftlich per Fax oder Post kündigen muss. Die Botschaft lautet: Einmal drin, nie wieder raus. Der Aufenthalt ist lebenslänglich, Hafterleichterungen ausgeschlossen. Das nennen sie hier Kundenservice. Und wer denkt am Anfang einer vielversprechenden Beziehung schon an ihr Ende?

Im Geräteraum angelangt, habe ich das Gefühl, die Muckimänner um mich herum schauen mich an wie einen, der sich in die Ballettgruppe verirrt hat. Bemerken wirklich alle auf Anhieb, dass ich ein Anfänger bin? Ich sehe gestählte Kerle, die mit schmerzverzerrtem Gesicht Gewichte wuchten. So hatte ich mir einen SM-Club vorgestellt, aber kein Fitness-Studio.

Ein Trainer führt mich in die wichtigsten Geräte ein. Er hat diesen rechthaberischen, oberlehrerhaften Tonfall drauf, den sogenannte

Experten gegenüber Laien gerne an den Tag legen. Diese Art, Fragen zu überhören und einfach weiterzuplappern. Dabei gehen sie absichtlich immer einen Schritt zu schnell, und man fühlt sich wie ein Hund auf drei Beinen, der versucht, seinem joggenden Herrchen hinterherzutraben. Ich versuche, mir alles zu merken, was ich für ein erfolgreiches Training wissen muss: hier den Rücken grade, da drüben ein leichtes Hohlkreuz, dort leicht gebückt. Hier die Beine durchstrecken, dort bloß nicht. Ganz links ein 90-Grad-Winkel zwischen Ober- und Unterschenkel, dort 45 Grad. Ich hätte damals einfach besser aufpassen sollen im Mathe-Grundkurs. Zwar hält der Trainer das Programm auch schriftlich für mich fest – nur kann ich seine Sauklaue nicht entziffern. Rauchzeichen hätten mir mehr gebracht. Er verabschiedet mich mit den Worten, mein Ziel für die ersten drei Monate sei es, keine Geräte kaputt zu machen. Ich wette, er ist nachts Türsteher vor irgendeinem drittklassigen Club.

Ab jetzt malträtiere ich Laufbänder, Fahrräder und Stepper, bis sie erschöpft unter mir zusammenbrechen. Die Auswahl auf den einzelnen Geräten ist grandios: Ich kann laufen und radeln auf Zeit, im Wald, Berg rauf und wieder runter, mit « Personal Trainer » und ohne, Kalorien verbrennen, Muskeln aufbauen oder einfach manuell laufen. Manuell laufen – das ist Joggen für Freelancer, man kann Geschwindigkeit und Höhenunterschied selbst bestimmen. Ausdauergeräte in Fitnessclubs sind der Starbucks der Sportwelt. Ich habe alle Möglichkeiten, aber keine Wahl.

Ergebnisgeil, wie ich bin, fixiere ich beim Ausdauertraining die magische « kcal / h »-Anzeige. Sie zeigt mir zuverlässig an, wie viele Kalorien ich nach einer Stunde Strampeln und Steppen verbraucht haben werde. Naturgemäß halte ich zwar gerade mal zwanzig Minuten durch, aber die kcal / h-Zahl ist einfach attraktiver als die Anzeige der wirklich verbrauchten Kalorien. Training to go nenne ich das.

Am Ende will ich bitte völlig fertig sein. Die Muskeln sollen anschließend vier Wochen lang vor Schmerzen Heulkrämpfe haben. Selbst alltägliche Bewegungen wie Aufstehen und Hinsetzen dürfen in den Tagen nach dem Training nur unter großen Qualen möglich sein. Der Schmerz ist das Ziel. Je heftiger er ist, desto besser habe ich trainiert. Medizinisch ist das natürlich Humbug, aber das ist egal.

Schon nach kurzer Zeit bemerke ich, dass Aufwand und Ertrag in einer schlechten Work-Life-Balance stehen. Trotz Blut-, Schweiß- und Tränen-Training nehme ich täglich weiter zu. Ich muss an Anne denken, wie sie immer empört ruft: «Ich nehme zu, obwohl ich doch regelmäßig Sport mache!», während das Stück Schwarzwälder Torte, das sie beim *Germany's-next-Topmodel*-Gucken verzehrt, direkt auf die Hüften wandert. So weit soll es bei mir nicht kommen, Kuchen habe ich längst auf den Index gesetzt, genau wie Rigatoni und Schokolade, die Schwerverbrechen meiner Jugendjahre.

Schon nach wenigen Wochen merke ich, wie ich nachlasse. Ich schiebe das Training auf wie den Hausputz. In letzter Zeit schaffe ich es immer häufiger erst zur Primetime ins Studio, also nach 17 Uhr. Es geht hier jetzt zu wie in einem Supermarkt. Alle kommen gleichzeitig. Selbst Leute, die sich auch vormittags quälen könnten, stehen nun Schlange vor Bauch-, Bein- und Brustpressen. Insbesondere Rentner treten gerne in Rudeln auf und machen das Studio zu einer neuen SBZ – einer Senioren Besetzten Zone. Ein freies Gerät zu ergattern scheint unmöglich. Ich frage vorsichtig den Anführer des Rentnerrudels, ob ich mal für eine Übung an sein Gerät gehen dürfe. Mit einem verächtlichen Blick nimmt er das Handtuch vom Sitz. Ich sage: «Tut mir leid, aber ich habe gerade nicht mehr so viel Zeit – das Gefühl müssten Sie doch kennen!»

Danach ziehe ich weiter zum Latzug. Hier sitzen fünf Jungs mitten in der Pubertät. Sie drängen sich um das Gerät und wechseln sich ab. Es wird Stunden dauern, bis alle ihre tausend Wiederholungen vollendet haben werden. Sie tragen Unterhemden statt T-Shirts und wählen ihre Geräte ausschließlich nach der Nähe zum nächsten Spiegel aus. Hier komme ich nicht mehr dazwischen heute. Langsam bin ich genervt. Ich mache einen letzten Versuch an der Beinpresse. Hier sind zwei Schwule zugange. Schwule erkenne ich in Fitness-Studios sofort: Sie kommen immer zu zweit und schauen sich gegenseitig fasziniert zu, während sie ihre Übungen machen. Derjenige, der gerade guckt, plappert ohne Luft zu holen auf den ein, der sich gerade verzweifelt auf den korrekten Ablauf seiner Übung konzentrieren will. Das Plappermaul sagt dann beleidigt: «Jetzt sag doch auch mal was, Tobi!», während Tobi erschöpft das Gewicht auf die anderen Gewichte knallen lässt. Ich möchte diese Liebe nicht stören und gehe zurück aufs Laufband.

Von den zwanzig Laufbändern, die nebeneinanderstehen, sind nun immer häufiger achtzehn besetzt. Mein Plan, zwischen dem nächsten Läufer und mir mindestens einen Sicherheitsabstand von einem leeren Band zu halten, geht nicht mehr auf. Es entsteht eine körperliche Nähe, die mir unangenehm ist. Mir gegenüber hängen zehn Flatscreens mit zehn verschiedenen Sendern. Ich muss hinschauen, auch wenn ich nicht will. Es läuft das ganz normale deutsche Vorabendprogramm. Ich habe also die Wahl zwischen drei verschiedenen Hitlerdokus und der «Super Nanny».

Es heißt doch immer: Man bekäme den Kopf frei beim Laufen – ich kann das nicht, zumindest nicht, wenn ich dabei Hitler gucken muss. Ich gucke aufs Band neben mir. Da läuft ein Typ, der ähnlich groß ist wie ich und daher eine ähnliche Geschwindigkeit hat. Ich komme mir vor, als würde ich im Gleichschritt laufen, genau wie die Soldaten da im Fernsehen. Das ist zu viel. Ich muss das Training leider abbrechen. Für immer.

Natürlich meldet sich mein schlechtes Gewissen in den folgenden Wochen immer mal wieder und ruft mir zu: «Du solltest wieder...» – aber ich antworte ihm einfach nicht.

Spätestens an jedem Monatsanfang beim Blick auf meinen Kontoauszug durchfährt mich doch ein emotionaler Stromstoß, wenn das Studio seinen üppigen Monatsbeitrag abbucht. Die Zahl auf dem Papier erinnert mich hartnäckig an die Zahl der stumpfsinnigen Wiederholungen an stumpfsinnigen Geräten, die ich auch in diesem Monat wieder zielgenau vermeiden werde. Der Monatsbeitrag ist eine Abbitte im Voraus, ein Bußgeld, das ich bezahle für ein Verbrechen, das ich erst noch begehen werde: unterlassene Körperleistung.

Ich bin jetzt der ideale Fitnessketten-Kunde: Das Letzte, was diese Studios wollen, sind Mitglieder, die sie nutzen. Hier begegnen sich Demokratie und Sportstudio. Man stellt dem Bürger eine Riesenauswahl hin, damit er potenziell alles haben kann, immer zahlt und nie fordert. Würde auch nur ein kleiner Teil der 5 Millionen Menschen, die in Deutschland einem Studio beigetreten sind, alle Geräte, Kurse, Schwimmbäder, Saunen und Duschen wirklich in Anspruch nehmen – die Läden müssten schließen, wegen Überfüllung. Sollte trotzdem irgendwann mein Arzt eine schlimme Krankheit bei mir feststellen, dann werde ich alle meine gesammelten Kontoauszüge aus der Schublade holen. Ich werde sie ihm auf seinen Arzttisch knallen mit den Worten: Ich kann nichts dafür. Ich habe immer bezahlt.

Doch die Macht meines Gewissens ist größer, als ich dachte. Nach einigen Monaten mache ich mich doch noch einmal auf ins Fitness-Studio. Ich erinnere mich an den Satz meines Trainers: «Mach doch mal einen Kurs.» Ein Kurs ist gut, ein Kurs ist mehr als das dumpfe Gestemme und Gewuchte an irgendwelchen Geräten.

So stehe ich nun also vor dem Kursplan. Ich habe die Wahl zwischen 28 Kursen in vier verschiedenen Farben allein am Mittwoch – unterteilt in die Farben grau (für alle), rot (kurzes Training für den gestressten Fitnesshengst), grün (kostet extra) und blau (im Wasser). Dann gibt es auch noch Zahlen von I (Einsteiger) bis III (Fortgeschrittene).

Die meisten Kurse haben englische Namen wie Body Shape, Body Pump und Body Balance. Schon wieder Pump. Das geht schon mal nicht.

Der perfektionierte Fitnesswahn kam in den 70ern aus den USA zu uns. Hier gab es schon damals Fitness-Terrorcamps, in denen die Bewegungstaliban willige Stretching-Dschihadisten zu «Personal Trainern» in Aerobic und Jogging ausbildete. Die Anspannung kommt also aus Amerika. Die Entspannung dagegen kommt aus dem fernen Osten: Yoga, Sen Fi und Qi Gong. Und was kommt aus Deutschland? Naturgemäß die Problembereiche: Bauch, Beine, Po.

Am Ende stelle ich mich vor die Wahl zwischen Yoga und Pilates. Yoga machen alle. Pilates machen fast alle. Also nehme ich Pilates, da kann ich mich direkt individuell fühlen. Ich habe keine Ahnung, was sich dahinter verbirgt, aber es klingt so herrlich fernöstlich-exotisch. Später sollte ich feststellen, dass das ein Irrtum war. Herr Pilates und seine Lehre kommen aus Mönchengladbach.

Mein Kurs beginnt um Punkt 18 Uhr. Um 17.55 Uhr stehen neun Frauen vor dem Raum. Neun Frauen und ich. Beim Schwimmunterricht in der Schule wäre ich jetzt nervös geworden. Hier ist das irgendwie anders.

Vielleicht haben sie sich ja auch mit dem Raum vertan. Ich spreche eine von ihnen an: «Aerobic ist nebenan», sage ich. «Ick mach aba nisch Äroobik, ick`mache Pilates», keift es pampig zurück. Das war wohl nix. Ich beschließe, die Klappe zu halten.

Es geht los: Zunächst muss ich mich mit dem rechten Arm und dem rechten Bein auf der Matte aufstützen. Linker Arm und linkes Bein in die Luft. Ich komm mir vor wie ein Hund beim Gassigehen. Während ich das linke Bein nach oben ziehe, muss ich einatmen, führe ich es nach unten, muss ich ausatmen. Ich habe Sorge, dass ich gleich noch den linken Arm zum rechten Ohr führen muss. Daran war ich schon beim Einschulungstest gescheitert. Die Trainerin atmet während der Übungen bedeutungsschwer ein und aus, kurz befürchte ich, bei der Schwangerschaftsgymnastik zu sein. Sie sagt ständig «und auuuusss». Jedes Mal bin ich kurz davor, mich platt auf den Boden fallen zu lassen, weil ich glaube, die Übung sei zu Ende. Ich soll aber nur auuusssatmen.

Hinzu kommt: Die Stimme der Trainerin klingt wie ein weiblicher

Jürgen Klinsmann, sie ist zu hoch für ihre Lautstärke und überschlägt sich bei jeder Silbe.

Natürlich sieht sie sofort, dass Koordination nicht meine Stärke ist. Mal setze ich das rechte Knie auf die Matte, dann das linke und abschließend beide. Ich bin das Problemkind der Gruppe, das sich zwar irgendwie bemüht, aber leider nicht wirklich hinterherkommt. Von nun an achte ich nur noch darauf, wann die Trainerin auf mich achtet. Wenn sie nicht guckt, kann ich mir heimlich die Fehler der anderen Teilnehmer abgucken.

Dann geht es richtig zur Sache. Unsere Vorturnerin quiekt uns zu, wir sollen unser Powerhouse anspannen. Powerhouse – ist das eine 80er-Schlagerdisco? Und was hat das mit Pilates zu tun? Wenn in einem Haus Power ist, ist doch schon genug Spannung drin. Warum also anspannen? Wenn meine Wohnung bereits hell erleuchtet ist, schalte ich ja auch nicht zusätzlich die Taschenlampe an. Ich frage vorsichtig nach, wo sich mein Powerhouse denn befinde und wie ich seine Signale empfangen könne. Das Powerhouse sei die Beckenboden-Muskulatur. Ich wusste gar nicht, dass ich so was habe.

Von nun an gibt es keine Gnade mehr: Ich soll Bauch- und Pomuskulatur gleichermaßen anspannen. Es fühlt sich an, als wenn man nicht aufs Klo muss und trotzdem drückt. Ich soll die Muskulatur mit voller Kraft anspannen und sehr entspannt ein- und auuusssatmen. Anspannen und entspannen gleichzeitig – ich bin überfordert. So ist das wohl bei einer derart ganzheitlichen Sportart.

Während ich versuche mitzuhalten, denke ich: Diese Übungen sind sicher sehr sinnvoll und sehr gesund. Das steht außer Frage. Aber warum sind sie so beliebt? Warum wollte ich diesen Kurs unbedingt mitmachen? Wahrscheinlich, weil das Gestemme und Gewuchte von Gewichten was für dumpfe Anabolika-Opfer ist. Pilates aber ist ein Training für den ganzen Körper. Es hat zwar das Ziel, die Muskeln zu stärken, sieht aber nicht so aus. So hat es die Trainerin gerade gesagt. Es ist wie Mönchengladbach: Es möchte eine Stadt sein, sieht aber nicht danach aus.

In jedem Fall stehe ich moralisch auf einer höheren Stufe, wenn ich wegen der Kurse hierhin komme. Yoga, Pilates und Co. haben Mehrwert und Relevanz, wie die Coaches dieser Welt sagen würden.

Anspannen und entspannen zugleich. Alles gleichzeitig und ganzheitlich.

Am Ende der Stunde denke ich: Im Grunde betrete ich Fitness-Studios wie mein Leben – mit einem großen Jein. Ja, ich gehe dahin, aber ich quäle mich nicht. Ja, ich gehe dahin, aber ich mache kein plattes Gewichtheben. Ja, ich gehe dahin, aber ich mache einen Kurs. Im Kurs sind wir dann zusammen und doch allein. Wir sind eine Gruppe, und doch bleibt jeder für sich, innerlich angespannt, äußerlich entspannt. Irgendwie ganzheitlich eben.

Gut aussehen heute heißt: Gut aussehen, ohne so auszusehen, als wolle man gut aussehen.

16. Dickes Kind

«ICH BIN FROH, DASS
ICH KEIN DICKER BIN, DENN
DICK SEIN IST 'NE QUÄLEREI,
ICH BIN FROH, DASS ICH SO 'N
DÜRRER HERING BIN, DENN DÜNN
BEDEUTET FREI ZU SEIN.»

MARIUS MÜLLER-WESTERNHAGEN

Ich habe mich oft gefragt: Woher kommt meine späte, zwanghafte Begeisterung für Sport? Anne sagt: Das liegt alles in der Kindheit begründet. Bei diesem Satz befürchte ich schon, dass sie mich wieder zum nächsten Therapeuten schicken will. Ausnahmsweise ist das nicht ihre Absicht. Und ausnahmsweise hat sie mit ihrer Kindheit sogar recht.

Als kleiner Junge sprach ich immer in der dritten Person von mir. Ich nannte mich Jojo. Einfach so. Alle um mich herum fanden das niedlich und süß, so wie Eltern und Großeltern alles niedlich und süß finden, was Kinder machen. Zumindest, solange es die eigenen sind. Dann kündigt auch der letzte Pups noch einen Nobelpreis an. Jojo hätte auch einen verdient: den Nobelpreis für die meisten erfolglosen Diäten einer Kindheit. Im Jojo-Effekt war ich der Star. Rauf mit dem Gewicht, wieder runter, wieder rauf und wieder runter, mein Körper war der Aufzug, ich war sein Liftboy. Ein Jojo-Kind eben.

Ich beherrschte meinen Körper so schlecht, dass ich mit sieben Jahren nur mit Glück in die Schule gekommen bin: Als man mich aufforderte, den rechten Arm über den Kopf zum linken Ohr zu führen, führte ich zielsicher den linken Arm zum linken Ohr. Manchmal hob ich auch einfach beide Arme in die Luft. Ganz ohne Ohren.

Dicke Kinder haben es immer schwer, ich war das Gespött der Klasse. Über Dicke macht sich die restliche Klasse immer lustig, einfach, weil sie es auch garantiert mitkriegen. Zum Weglaufen sind sie zu langsam, zum Wehren zu träge. Den Streber ließ man in Ruhe, auf den war man vielleicht nochmal angewiesen – spätestens vor der nächsten Mathestunde. Und der gute Sportler war einfach zu stark, und vor allem zu cool.

Um mit einem Vorurteil aufzuräumen: Dicke Kinder bewegen sich mehr, als man glaubt. Ich zum Beispiel lief morgens mit Schulranzen zur Klassenzimmertür rein und spätestens zur großen Pause ohne wieder hinaus – immer den Schulsachen hinterher, die meine Mitschüler rausgeworfen hatten. So habe ich durchaus die eine oder andere Kalorie verbrannt. Außerdem machte ich regelmäßig Kniebeugen: Beim Einsammeln der verstreuten Stifte habe ich mich stets gebückt, statt mich einfach platt auf den Boden fallen zu lassen.

Der natürliche Feind des dicken Kindes ist der Sportlehrer. Meiner hieß Hartmut Hartmann und sah auch so aus. Alter: irgendwo rund um die 50, schütteres Haar, ungepflegter Schnurrbart. Typ Kinderschänder. Die Stimme durchdringend und immer zwei Stufen zu laut. Hartmut Hartmann war nicht nur der härteste unserer Lehrer, er war auch der dümmste. Die Mädchen waren seine Prinzessinnen. Am Reck umfasste er Mai-Lin, die Quoten-Thailänderin der Klasse, mit diesem zielsicheren Griff um die Hüften. Eigentlich hätte er ihr beim Bockspringen auch Hilfestellung geben müssen – als Bock. Offenbar wollte sich Hartmann auf die Zeit des Ruhestands vorbereiten: Dann würde Thailand seine Wahlheimat sein, wie er jetzt schon immer allen vorschwärmte – natürlich wegen des Wetters. Und der Strände.

Die Jungs der Klasse behandelte er miserabel. Die guten und die schlechten brüllte er gleichermaßen an. Die guten, um sie zu noch höheren Höchstleistungen zu motivieren. Den schlechten wie mir wollte er zeigen, welche Nichtsnutze wir waren. Am schlimmsten fand ich Geräteturnen. Ich war am Reck ein Versager, am Barren erst recht. Beim Bockspringen lief ich auf den Bock zu und blieb wenige Zentimeter davor zielgenau stehen. Einmal sagte Hartmann, ich solle mir vorstellen, ein Löwe sei hinter mir her. Daraufhin rannte ich los und lief mit eingezogenem Kopf unter dem Bock durch. Ich fand mich originell. Herr Hartmann weniger.

Wenn Geräteturnen die Hölle war, dann war Bodenturnen ihr Vorhof. Bis zur zehnten Klasse konnte ich keine Rolle vorwärts, geschweige denn eine rückwärts. Ich warf mich irgendwie seitlich hin und war dankbar, wenn ich auf einer Matte aufkam und nicht auf dem Hallenboden. Mein Körper und ich – zwei Welten begegneten sich. Manchmal.

Auch der Lieblingssport aller Jungs, Fußball, war mir ein einziges Grauen. Wir saßen auf der unbequemen Sporthallenbank und warteten, während zwei Supercoole uns für ihre Mannschaften auswählen durften. Das Ziel der meisten Jungs war es, als Erste in ein Team zu kommen. Mein Ziel war es, nicht als Letzter gewählt zu werden. Die Coolen standen beisammen und flüsterten sich Namen von Jungs zu, die sie unbedingt in der Mannschaft haben wollten. Ab und zu hörte ich meinen Namen, meist in Verbindung mit den Worten «Nein, bloß nicht» und «Um Gottes willen». Einmal wählten mich die Jungs ganz am Anfang aus. Ich war stolz wie Oskar, bis ich ihre Begründung hörte: «Du gehst ins Tor. An dir kommt kein Ball vorbei.» Hartmann stand daneben und lachte.

Wer es in der Bundeswehr nicht einmal zum Unteroffizier geschafft hat, wird Sportlehrer. Stets baumelte die Trillerpfeife um den Hartmann'schen Bauchansatz. Muskeln nannte er das – aufgeblähte Leber nannte ich es. Weißbier ist das Eiweiß des Sportlehrers. Permanent pfiff er in seine Trillerpfeife hinein. Es gab sogar eine Trillerpfeifensprache: einmal kurz (Start), einmal lang (Stopp), zweimal kurz (aufpassen, ihr Idioten!). Wer zu blöd ist zum Sprechen, muss eben pfeifen.

Die schuleigene Sporthalle war die Kaserne, der Sportplatz draußen im Sommer der Auslandseinsatz. Ein friedlicher Einsatz, versteht sich. Von Krieg sprechen konnten wir erst bei den Bundesjugendspielen. Das war Hartmanns innerer Reichsparteitag. Da standen dann alle Hartmänner versammelt an den Rändern des Stadions und guckten mit ihren dummen leeren Sportlehrer-Gesichtern in die Gegend. Zwischendurch pfiffen sie mit ihren Pfeifen um die Wette.

Endlich konnte Herr Hartmann einen ganzen Tag lang auf seiner Stoppuhr «die Zeit nehmen». Sportlehrer wollen immer die Zeit nehmen. Zeit nehmen bedeutete Zeit stehlen, wertvolle Lebenszeit versickerte in Sportlehrer-Tabellen. Wer mit sich nichts anzufangen weiß und sich keine Zeit für sich nehmen kann, muss eben die Zeit anderer nehmen.

Der Tag der Bundesjugendspiele war der einzige Tag des Jahres, an dem alle Mädchen der Schule gleichzeitig ihre Tage hatten. Dieser Notausgang war mir als männlichem Topmoppel leider versperrt. Ich musste mitmachen: Unter dem Titel «Weitsprung» stolperte ich hilflos in den Hundekot eines Sandkastens.

Schon der Begriff «Leichtathletik» war ein diskriminierender Begriff für uns Dicke. Warum gab es keine Schwerathletik – wo man keine Zeit nimmt, sondern Zeit gibt? Wo ein Sportlehrer beim Hundertmeterlauf auch bis spät in die Nacht noch dasteht und brav applaudiert – und zwar nicht dafür, dass man schnell ins Ziel gelaufen ist, sondern dafür, dass man es überhaupt erreicht hat.

Irgendwann begann ich, Hartmann mit seinen eigenen Mitteln zu schlagen. Ich parodierte ihn. Meine zweite Figur nach Kohl. Ich kaufte mir sogar eine Trillerpfeife. Von nun an pfiff, schrie und brüllte ich quer durch alle Sporthallen und Klassenzimmer. Einmal wollte ich Katja, das schönste Mädchen der Klasse, beeindrucken. Ich nahm sie nach der sechsten Stunde mit in den Fahrradkeller und sagte großkotzig: «Pass mal auf!» Dann rief ich mit Hartmanns Stimme: «Wer nicht in zwei Minuten hier draußen isch, schreibt dreimal die Hausordnung ab!» Wenige Sekunden später war ich allein mit Katja. Leider hatte sie trotzdem keine Zeit, mit mir ein Eis essen zu gehen. Heute nicht, morgen auch nicht und überhaupt waren die nächsten drei Wochen komplett dicht bei ihr.

Neben Sport unterrichtete Hartmann auch noch Technisches Werken. Hier hatte er keine Trillerpfeife zur Hand. Darum zeigte er, was wirklich in ihm steckte: Wenn wir zu laut waren, warf er selbstgebastelte Holzturnschuhe aus der letzten Stunde durch den Werkraum. Trotz meines Übergewichts war es mir stets gelungen, mich rechtzeitig zu ducken. Wäre Wegducken bei den Bundesjugendspielen eine Disziplin gewesen, ich hätte die volle Punktzahl erreicht.

Ich muss gestehen: Die Ursache meiner Misere war hausgemacht. Ich aß jeden Abend Rigatoni mit Crème fraiche und Tomatenmark. Und zwar mehrere Teller davon. Zum Dessert gab's noch eine ordentliche Tafel Schokolade. In meiner Stadt war die Firma *Suchard* zu Hause. Milka-Schokolade bekam man hinterhergeworfen, ob man wollte oder nicht. Genau wie Aronal und Elmex. Deren Hersteller produzierte im Nachbarort. Mein Leben bestand aus Schokolade und Zähneputzen. Tausend Kalorien pro Mahlzeit, aber stets saubere Zähne – eine frühe Form von politischer Korrektheit.

Der Sport und ich, das waren nicht zwei Welten, das waren verschiedene Planeten in unterschiedlichen Umlaufbahnen. Eine erste Annäherung unternahm ich im Alter von zehn Jahren. «Du musst was machen!», hieß es immer öfter zwischen Rigatoni-Teller 3 und 4. Ich versuchte es mit Judo und schaffte es prompt bis zum weißen Gurt. Den bekam man automatisch, wenn man dreimal hintereinander pünktlich zum Training erschienen war – aber egal: Haben oder nicht haben – das war hier die Frage. Nach dem weißen kam der gelbe Gurt. Um den zu kriegen, musste ich an einem kleinen Wettkampf teilnehmen. Eigentlich eine harmlose Sache, nur eben nicht für mich. Gescheitert bin ich an den Mädchen des Vereins. Besser gesagt, sie an mir. Sie konnten mich einfach nicht über die Hüfte heben. Nach dem vierten vergeblichen Versuch verabschiedete ich mich noch während des Wettkampfes.

Anschließend folgte Tennis. Dieses Mal kam ich schon auf zwei Monate reibungsloser Teilnahme. Nur das Wetter störte mein Fortkommen. Im Sommer knallte die Sonne gnadenlos auf den Tennisplatz, es gab keinen Schatten, ich fing an zu schwitzen, bekam Kopfschmerzen und musste das Training mit sofortiger Wirkung einstellen.

Es folgten drei Monate bei den Rettungsschwimmern der DLRG. Ich war Baywatch-Fan und hoffte, hier die Pamela Anderson des Südschwarzwalds beatmen zu können. Die Karriere als Rettungsschwimmer scheiterte dann an einer Programmänderung: Baywatch lief nicht mehr donnerstags, sondern dienstags. Also ausgerechnet an meinem Trainingstag. Nun musste die DLRG ohne mich ertrinken. Fiktion gewinnt immer gegen Wirklichkeit.

Immerhin habe ich Baywatch meine erste Diät zu verdanken. In den Werbepausen lief damals ein Spot für «Slim Fast», ein Wundergetränk zum Abnehmen. Bei Lichte betrachtet ein grauenhaftes Gemisch, das angeblich nach Schokolade schmecken sollte – trink Schokolade und werde schlank. Ich hätte misstrauisch werden müssen.

Erst recht beim Anblick des Mannes, der das Zeug bewarb: Harry Wijnvoord, damals Moderator von *Der Preis ist heiß* und Liebling aller Hausfrauen. Wahrscheinlich war das auch der Grund, warum meine Oma die «Slim Fast»-Box irgendwann wortlos auf den Tisch gestellt hatte. Wenn der das gut findet, taugt das was. Nur sah man Harry Wijnvoord den Erfolg von «Slim Fast» nicht an. Entweder wirkte es nicht, oder er hatte es nie wirklich probiert. Beides sprach sowohl gegen Harry Wijnvoord als auch gegen «Slim Fast». Wenige Wochen später waren alle meine Vorurteile bestätigt worden: Nach jedem Schluck bekam ich Heißhunger auf Milka. Ich musste mich ständig davon überzeugen, dass die echte Schokolade besser schmeckte als ihr Pulver gewordenes Konzentrat. Erstes Ergebnis: Ja, sie schmeckte besser. Zweites Ergebnis: Ich wurde noch runder.

Neben Baywatch und Harry Wijnvoord guckte ich auch immer häufiger Hans Meiser, Arabella und Co. Täglich erfand das Fernsehen neue Nachmittags-Talkshows, in denen sehr viele Dicke saßen. Sie waren dreckig, dumm, plump und primitiv. Sie benutzten nachmittags um 3 im Fernsehen Worte, die uns Kindern ein für alle Mal verboten worden waren – erst recht in der Öffentlichkeit. Das Ziel war: Nie so werden wie die! Meine Klasse erwartete damals wahrscheinlich täglich, mich als Talkgast bei Meiser zu sehen. Thema: «Dicke Kinder – fast schlimm oder Slim Fast?» Ich diente als lebende Warnblinkanlage. «Wenn du dich nicht zusammenreißt, siehst du bald aus wie die!»

Anne sagt: Fitnesswahn und Kaloriendiktatur deuteten sich damals in der Pubertät schon an. Wer Schulsachen warf, war schon damals mit dabei und stand mindestens dreimal pro Woche auf irgendeinem Sportplatz – freiwillig. Wer wie ich seine Schulsachen wieder aufsammeln musste, kehrte verspätet, aber dann mit voller Kraft zum Körperkultwahnsinn zurück – einfach, um die Hölle der Kindheit aufzuarbeiten und nun der zu werden, der man damals nicht sein konnte.

17. # Die besten Freunde

«DIE KONSERVA-
TIVEN BEGINNEN MIT
ENTTÄUSCHUNG, DIE
PROGRESSIVEN ENDEN MIT
ENTTÄUSCHUNG. ALLE LEIDEN
AN DER ZEIT UND KOMMEN
DARIN ÜBEREIN.»

NIKLAS LUHMANN

Mittlerweile sind Anne und ich ein gutes Jahr zusammen. Damit ist es höchste Zeit, ihre Eltern kennenzulernen. Oh Mann, schon wieder ein Casting, denke ich. Hört das denn nie auf? «Sie fragen schon», sagt Anne. «Wonach denn?», frage ich. «Wo die Enkel bleiben? Wann wir ein Haus bauen?» «Nein, nach dir! Sie wollen dich jetzt endlich kennenlernen.» «Dann zeig ihnen eines der hunderttausend Fotos von mir auf deinem Handy.» «Hab ich doch schon!», sagt Anne. Ich sehe: Annes Eltern meinen es ernst.

Ich lerne Eltern ungern kennen. Natürlich habe ich nichts gegen sie, also nicht prinzipiell, ich habe ja selbst welche. Als Scheidungskind genau genommen nicht Eltern, sondern einen Elter. Das ist der Singular von Eltern. Bei Geschiedenen ist das der Teil der Eltern, der das Kind noch persönlich kennt.

Aber jetzt mal ohne Witz: Scheidungen sind das Beste, was einem heute passieren kann. In einer hektischen, mobilen und flexiblen Welt gibt es doch nichts Schlimmeres, als mit der Illusion von Dauer oder gar Ewigkeit groß zu werden. Es geht darum, rechtzeitig mit den Brüchen des Lebens konfrontiert zu werden. All dies leistet eine frühzeitige Scheidung der Eltern. Leider sehe nur ich das so. Alle Scheidungskinder, die ich kenne, haben sich verrannt: Entweder sie wollten alles besser machen als ihre eigenen Eltern, wollten also viel zu viel, alles auf einmal und das gleich doppelt, und saßen so am Ende wieder alleine da. Oder sie glaubten wie ich an gar nichts mehr in Sachen Liebe. Das klingt schlimm, ist aber sehr schön: Man wird ständig positiv überrascht und ist darum andauernd richtig gut drauf.

Ich habe jedenfalls beschlossen, aus meinem Dasein als Scheidungskind ab sofort nur noch Vorteile zu ziehen. Ich bin schließlich Opfer, Scheidungsopfer. In meine nächste Bewerbung werde ich schreiben: «Wenn Sie mich nicht nehmen, verklage ich Sie! Wegen Diskriminierung von Scheidungskindern und ihrem Elter!» Und ich werde erst dann Ruhe geben, wenn in jeder Stellenanzeige steht: «Scheidungskinder bevorzugt!»

Egal, ob Einzahl oder Mehrzahl: Eltern kennenlernen ist immer anstrengend, eine unangenehme Mischung aus Gastfreundschaft und Prüfungssituation. Casting eben. Besonders bei allein verzogenen Einzelkindern guckt der Elter immer besonders kritisch. Schließlich gibt es nur ein Kind, und wehe, dieses eine, alleine und mit eigenen Händen mühevoll hochgepeppelte Geschöpf schleppt einen Kerl an, der sich als Flasche herausstellt oder herausstellen könnte – das wäre der Albtraum, das wäre das Ende.

Anne hat zwei ältere Geschwister, entsprechend entspannt geht es zu. Es herrscht eine gewisse Routine im Umgang mit designierten Schwiegertöchtern und -söhnen. Man hat schon so manche kommen und gehen sehen. Wenn bei drei Kindern eines an den falschen gerät, hat man immer noch zwei Schüsse frei. Ein bisschen Schwund ist immer.

Annes Eltern heißen Wolfgang und Karin. Wobei Wolfgang nur «der Wolf» ist. Person und Tier wollen zwar nicht wirklich zusammenpassen, aber das macht nichts. Der Spitzname entstand wohl auch eher aus ökonomischen Gründen. Ein Vorname mit zwei Silben – wenn man das auf 30 Ehejahre hochrechnet, da geht ganz schön Zeit drauf.

Wolf und Karin leben in einem kleinen Haus am Hang. Sie gucken auf das 500-Einwohner-Städtchen zu ihren Füßen hinunter. Es gibt eine Garage und eine beleuchtete Treppe von der Garage durchs Haus ins Haus hinein – für den Fall, dass man abends mal später nach Hause kommt und nicht auf der Treppe, die um das Haus herum ins Haus hinein führt, vom lokalen Dorfmörder erschlagen werden möchte. Das Haus hat viele kleine Fenster. Durch jedes einzelne kann ich wenig sehen. Die Landschaft sieht aus wie ein Puzzle, das der Gast selbständig zu einem Ganzen zusammenpuzzeln darf.

Auch die Einrichtung erinnert an ein Puzzle – aber eher an eines, das nicht so recht zusammenpassen will. Wolf und Karin haben damals einfach alles zusammengeworfen und danach mangels Scheidung nicht mehr auseinanderklamüsert. So liegen auch mal zwei

Teppiche halb übereinander. Die Gardinen im Wohnzimmer könnten von Annes Oma sein, die in der Küche von Anne selbst.

Wolf und Karin haben Kaffee gekocht und kredenzen Butterku-
chen, Käse- und Zwetschgenkuchen. Ich glaube, sie haben Anne
und mich sehr gut verstanden. Sie wissen: Wir machen alles richtig, solange wir den Kindern eine möglichst große Auswahl bieten.

Ich habe mir vorgenommen, meinen Lebenslauf ein wenig zu frisieren. Schandflecke wie meine Casting-Teilnahme oder Versuche,
als Kleinkünstler in Vordertreuftlingen den Durchbruch zu schaffen, möchte ich lieber weglassen. Ein Casting-Teilnehmer als neuer
Freund der Tochter – Wolf und Karin würden denken: Gut, dass es
noch zwei weitere Geschwister gibt.

Anne hat nicht übertrieben: Die beiden scheinen ernsthaft an mir
interessiert und fragen direkt nach meiner Arbeit beim Radio. «Sie
arbeiten also als Journalist ...», sagt Wolf. Ein großes Wort. Kurz
überlege ich, ob ich das relativieren soll, denke aber schnell: lieber
nicht. Man soll nicht widersprechen, wenn man überschätzt wird.

Ich antworte: «Ja, genau, Journalist, ... beim Radio.»

«Und was machen Sie da?»

«Ich bin Reporter.» Ich sage diesen Satz mit einem gepflegten Understatement. New York, Rio, Tokio – ein Pendler zwischen den
Krisenherden der Welt, der es nicht mehr nötig hat zu prahlen.

«Und wie heißt der Sender?», möchte Wolf weiter wissen.

Ich zögere: Gleich wird ein Weltbild zusammenbrechen.

«Antenne STAR!», gebe ich etwas kleinlaut zu Familienproto-
koll.

«Ah ja ...», sagt Karin interessiert mit dem Unterton von Leuten,
die ein tierisch schlechtes Gewissen haben, weil sie gerade keine Ahnung haben, um was es geht. Mir ist es allerdings sehr recht, dass
Annes Eltern den Sender, für den ich arbeite, nicht kennen. Noch
lieber wäre mir, sie würden ihn auch nicht kennenlernen.

«Wir hören immer Deutschlandfunk», entschuldigt sich Karin.

«Ja, Deutschlandfunk ...», antworte ich, «... so ähnlich ist Antenne STAR auch. Nur mit etwas mehr Musik und etwas weniger Kafka. Aber sonst ...»

«Ah ja, du Wolf, dann müssen wir das auch mal hören», bestimmt Annes Mutter.

«Och ... nicht nötig», entfährt es mir scheinbar bescheiden.

«Wann sind Sie denn da immer zu hören?»

«Tja, wann immer die Erde bebt und Diktatoren stürzen ...», versuche ich ironisch den Kopf gerade noch rechtzeitig aus der Schlinge zu ziehen. Ich bin selbst erstaunt, wie sehr ich gefallen möchte.

Karin und Wolf sind seit 32 Jahren verheiratet. Beide sind Lehrer. Zwei Dinge wollten Karin und Wolf nie: heiraten und Lehrer werden. Beides ist «mehr so passiert». Sie wussten nicht, was sie vom Leben wollten, und das Leben wusste nicht, was es von ihnen wollte. So studierten sie irgendwas mit Sprachen. Auf Lehramt, nur so, für alle Fälle. Um eine Hintertür offen zu haben. Am Ende des Studiums fragten sie das Leben noch einmal, ob es sich jetzt mal überlegt habe, was es von ihnen wolle – das Leben zuckte mit den Achseln und sagte: «Mach, was du willst mit mir!»

Das klang unheimlich. Also flohen sie lieber ins Lehrerzimmer. Und wenn man schon mal Lehrer ist, kann man ja auch gleich heiraten.

Wolf ist jetzt schon so lange Lehrer, dass er sich seit einigen Jahren StD nennen darf. StD heißt Studiendirektor.

Karin ist nicht StD geworden. Wegen der Kinder. Ihretwegen hat sie eine Pause gemacht. Mittlerweile dauert diese Pause 26 Jahre. Natürlich bereut Karin nichts, es geht ihr gut. Sie hat ein Haus. Und ein Ferienhäuschen in den Alpen. Und eine Ferienwohnung an der Nordsee.

Beide Feriendomizile haben sie Walter zu verdanken. Walter war Wolfgangs Vater, und Walter hatte viel zu vererben. Aber das ist nur die eine Seite. Die andere: Damals, in den dunklen Jahren, hat Walter IMN gemacht: Irgendwas-mit-Nazis. Aber das ist lange her. Nur wegen Walter hat sich Wolf eine Gitarre gekauft und war dagegen. Gegen alles, was Walter war. Bloß nicht so werden wie Walter, das reichte als Lebenssinn. Was genau Wolf werden wollte, wusste er nicht. Hauptsache, nicht so wie Walter. Darum ist er Lehrer geworden. Walter war das Feindbild, der Gegner. Wie geil muss das gewesen ein, denke ich. Ein Gegner! Karin und Wolf hatten etwas, was sie zusammenschweißte, ein Feindbild, gegen das sie aufbegehren konnten. Sie mussten sich rechtfertigen, wenn sie mit 21 Jahren ihren ersten Freund mitbrachten. Heute bricht allgemeine Sorge aus, wenn mit 16 Jahren immer noch keiner da ist. Ich fange an, die beiden irgendwie zu beneiden.

Nachdem der nette Smalltalk abgearbeitet ist, erzählen Karin und Wolf Geschichten von früher. Sie kommen jetzt in das Alter, in dem die Vergangenheit gegenwärtiger ist als die Gegenwart. «Damals» sagen sie oft. Sehr viele Sätze beginnen jetzt mit «Als wir damals …». «Als wir damals noch Atomkraftwerke verhindert haben – mit der Wanderklampfe in Wyhl.» Da sei auch Annes große Schwester entstanden. Es sei eben so passiert. Wie das mit dem Lehrer und dem Heiraten und der Pause.

Karin und Wolf waren immer links, irgendwie. Heute sind sie auch noch links, aber – eher innerlich. Äußerlich wissen sie auch nicht so genau, wo sie stehen. Eigentlich wissen sie nicht mal genau, ob sie noch stehen. Sie sitzen eher. Fest im Sattel. Sie haben es sich halb verschämt, halb stolz bequem gemacht. Sie dachten, der Weg vom AKW-Verhinderer zum verbeamteten Funktionär sei weit, so wie Spanien weit weg ist, bis man einmal in zweieinhalb Stunden für ein Wochenende nach Ibiza und wieder zurückgedüst ist.

Plötzlich schmolzen die Distanzen ein, und sie stellten fest: Wer brav auf der Autobahn des Lebens bleibt, kommt vom Idealismus auf geradem Wege zur Enttäuschung und von da aus unausweichlich zur Resignation. Das ist die Hauptstadt des sogenannten erwachsenen Menschen. Von hier aus geht es fast automatisch weiter über die Verlogenheit zum Autobahnende: dem Zynismus.

Das Vertrauen wächst, wir sind zum alkoholischen Teil übergegangen: Tee mit Rum. Der ultimative Vorwand des Hobbytrinkers, um nachmittags schon loslegen zu können. Nach dem ersten Schluck verschwindet Anne fast eine halbe Stunde, um mit ihrer Mutter auf dem Speicher deren alte Klamotten anzuprobieren. Anne und ihre Mutter – das ist eine Koalition, da möchte ich nicht Vater sein. Die beiden reden ganz offen über alles. Das Tragische ist der Zusatz «über alles». Am unangenehmsten finde ich, dass ich nicht wirklich weiß, was Karin alles von mir weiß. Es ist ein bisschen wie beim Geheimdienst. Keiner weiß, was der andere wissen könnte. Ich weiß nur, dass ich nichts weiß. Wir bräuchten dringend ein Familien-Wikileaks.

Mutter und Tochter gehen auch sehr gern miteinander einkaufen. Karin lässt sich von Anne zeigen, wo sie die besten Teile zu den besten Preisen bekommt. Umgekehrt trägt Anne die alten Teile ihrer Mutter wieder auf. Karin kauft sich dann Annes Smartphone, Annes Notebook und Annes Jeans. Anne freute sich tierisch, als Karin ihre erste SMS schrieb – und sogar abschickte. Als sie sich bei Facebook fanden, tat Karin auch hier das, was sie am besten kann: sich mit Anne befreunden. Kurz danach war sie dann ebenfalls unter Annes Skype-Kontakten zu finden – zusammen mit den ganzen anderen mehr oder weniger befreundeten Freunden.

Weil Wolf und Karin ihre eigenen Eltern immer verachtet haben und bloß nie so werden wollten wie sie, wollen sie jetzt unbedingt sein wie wir. Im Laufe des Nachmittags übernehmen sie auch unsere Sprache: Das harmlos-nette «ach so» als Ausdruck für Überraschung muss dann kurzerhand einem inflationär benutzten «krass» oder in extremeren Fällen auch einem gezielten «fett» weichen. Sie wollen sein wie wir, und wir wollen sein wie sie. Wir haben uns gegenseitig müde umarmt.

Darum durfte Anne ihre Eltern auch nie Papa und Mama nennen. Wolf und Karin waren immer Wolf und Karin für Anne. Eher ein großer Bruder und eine große Schwester. Klassische Eltern wollten sie nie sein.

Das ist die Restüberzeugung aus der Fühl-Phase. Wolf und Karin gehören zur Fühl-Generation. So habe ich die verspäteten 68er mal genannt. In jeder WG-Küche hat man sich gefragt: «Wie geht's dir damit?», «Wie fühlt sich das an für dich?», oder noch besser: «Was macht das mit dir?» Ständig ging es darum, sich selbst zu hinterfragen und zu hinterfragen, ob man sich schon genug hinterfragt hat. Alles sollte offener werden, bloß keine Hierarchien. Bloß keine neuen selbsternannten Führer, bloß keine Autoritäten.

Als Wolf dann in den muffigen Gängen der Schule seine Fühler ausstreckte, hat er doch recht zügig festgestellt, dass es nur mit Gefühl und herrschaftsfreiem Wie-fühlst'n-du-dich-so-Gesprächen am runden Tisch auf Dauer auch nicht vorangeht.

Aber er will die Ideale von damals nicht aufgeben. Die Ideale der Zeit, in der er noch geklampft hat. So stehen uns die Wolfs dieser Welt dann gegenüber als sogenannte Entscheider. Wolf sagt dann in der wöchentlichen StD-Abteilungsleiter-Konferenz Sätze wie «Das ist ein guter Punkt» oder «Da sollte man mal drüber reden» oder «Da machen wir am besten mal 'n Meeting zu». Und dann, im Meeting, soll doch bitte nochmal jeder sagen, wie's ihm jetzt damit geht und was es so mit ihm macht und welche Wünsche er noch hätte.

Dabei hat Wolf längst entschieden, was zu tun ist. Er will nur allen nochmal zugehört haben, bevor er umsetzt, was er schon vorher beschlossen hatte. Diesen Vorgang nennt er dann Kommunikation. Vielleicht sollte er mal ein Chef-Praktikum bei Antenne STAR machen.

Zum Abschied sagt Wolf, es habe ihn sehr gefreut, mich kennengelernt zu haben.

Karin möchte noch wissen, ob ich denn da beim Radio auch eine Perspektive habe. Perspektive und Medien – das ist wie Deutschlandfunk hören und RTL2g ucken.

Damit kein Hallodri-Verdacht entsteht, sage ich: «Ja, na klar.»

Dann erzählt Wolf noch schnell von einem Feature über die Ureinwohner Madagaskars, das er gerade im Deutschlandfunk gehört hat. Er guckt sicher auch Dokus bei ARTE und wählt schon lange Grün. Deutschlandfunk hören, ARTE gucken, Grün wählen. Da kommt schon fast Doktortitel-Verdacht auf.

Ob ich sie denn gemocht hätte, wenigstens ein bisschen, fragt Anne, kaum dass die Tür hinter uns zugefallen ist. «Ja, natürlich, man muss sie mögen», sage ich. «Das ist ja das Tolle und das Schreckliche. Sie sind wie wir und wollen unbedingt perfekt sein: nachsichtig, freundlich, offen, fehlerfrei. Freunde und Eltern, älter, erfahrener als wir und doch so jung wie wir. Vorbild und doch lernfähig. Sie wollen alles auf einmal bieten.

Sie erwarten von sich, nichts zu erwarten – vor allem nicht von ihren Kindern. Aber das funktioniert nicht. Sie haben Erwartungen, wie alle. Nur wollen sie sie nicht aussprechen. Dabei ist doch die schlimmste Erwartung die unausgesprochene. Im Grunde haben sie die ganzen Bohlens und Klums, die Pseudo-Autoritäten, denen wir hinterherrennen, erst hervorgebracht – mit ihrer Extraportion Weichspüler. Ich frage mich, wie sie uns sehen. Eigentlich müssen sie uns doch verachten für unsere Spießigkeit. Im Gegensatz zu ihnen sind wir lahme Enten. Sie haben gekämpft für freie Liebe, wir feiern wieder Junggesellenabschiede und lassen uns in der Kutsche zur kirchlichen Trauung kutschieren. Sie wollten Revolution, wir vor allem unsere Ruhe. Sie probierten neue Drogen, wir die neueste Bionade. Sie waren links, wir sind schon froh, wenn es mal ein paar Meter geradeaus geht.»

Anne zeigt wenig Verständnis für meine grundlegenden Gedanken: «Ich wollte keinen Vortrag über die Weltlage. Ich wollte nur wissen, ob du meine Eltern magst. Ein einfaches Ja oder Nein hätte genügt.»

Ich überlege, was ich jetzt sagen soll, und tue, was ich immer tue, wenn ich nicht mehr weiterweiß: Ich sage ja und meine jein.

18. Berlin hamburg münchen

«SIND WIR
WIRKLICH GANZ DIE
ANDEREN ODER DOCH
BLOSS DIE ANDEREN
GLEICHEN?»

VEGA, SEH DIE
VÖGEL ZIEH'N

Ich muss etwa 25 Jahre alt gewesen sein, als ich beschloss: Jetzt muss das Leben anfangen. Und zwar nicht irgendeines, sondern das richtige. Was das genau sein sollte, wusste ich nicht, darum zog ich erst einmal um – in die Großstadt. Eigentlich wie alle, die glauben, dass jetzt das Leben anfangen muss. Ich fühlte mich ungeheuer individuell, weil ich nun dahin ging, wo alle hingehen, die sich für sehr individuell halten: nach Berlin.

Berlin ist ein Stadtteil von Berlinhamburgmünchen.[1] Berlinhamburgmünchen – that's the place to be. Hier muss ein wenig Englisch her, denn in Berlinhamburgmünchen ist man so very international, dass man selbst als Deutscher in einer deutschen Kneipe bei einer deutschen Servicefachkraft auf Englisch bestellt. Meist versucht man dabei einen *native accent* zu imitieren, denn das höchste Kompliment ist, in Berlinhamburgmünchen für einen Briten oder Australier gehalten zu werden. Nicht für einen Ami! Amerika ist bäh. Wegen Guantánamo und so. Und überhaupt.

Dabei reicht es nicht, in Berlinhamburgmünchen zu wohnen. Entscheidend ist, im richtigen Stadtteil zu sein, dem Kiez. Da geht man hin, wenn man aus der Provinz kommt und sich für jung und cool hält. Da, wo Berlinhamburgmünchen so ist, wie sich Leute, die sich für jung und cool halten und aus der Provinz kommen, Berlinhamburgmünchen vorstellen.

---

1 Berlinhamburgmünchen kann natürlich keinesfalls die Anziehungskraft, Schönheit und Freundlichkeit von Kölnfrankfurthannover oder Düsseldorfstuttgartdresden ersetzen. Diese ohne Zweifel auch sehr sympathischen Großstädte sind hier ebenso mitgemeint, mitgenannt und mit ins Herz geschlossen wie die hier stellvertretend für alle Metropolregionen genannte Berlinhamburgmünchen. Auch die selbsternannten Metropolregionen seien hier herzlichst gegrüßt, darunter: Mannheimheidelbergludwigshafen (Metropolregion Rhein Neckar) und Mainzwiesbaden (Rhein Main) sowie Saarbrückensaarbrückensaarbrücken (Saarbrücken).

Da ich weder im Kiez noch außerhalb jemand kannte, musste ich auf alte Kontakte zurückgreifen. Andi, der sympathisch-chaotische Rabauke aus Annes WG, ist mittlerweile auch hier. Er macht irgendwas Kreatives. Was man halt so macht, wenn man aus der Provinz kommt, sich für jung und cool hält und in den Kiez von Berlinhamburgmünchen zieht.

Andi hat gerade mal wieder ein Projekt. Er ist nämlich Freelancer. Darum hat er ständig Deadlines. Als seine Eltern daheim in der oberschwäbischen Heimat dieses Wort zum ersten Mal hörten, waren sie schockiert.

Deadline? Ist der Junge doch heimlich zur Fremdenlegion gegangen? Oder hat er die letzte Line gezogen und sich eine Art Goldenen Schuss gesetzt? Oder geht er auf den Strich?

Als dann noch Andis Bitte kam, ein wenig Geld zu überweisen, damit er ein paar Möbel anschaffen kann, war der Ofen spätestens beim Wort « anschaffen » aus.

Wozu haben sie ihm nahegelegt, sich doch erst einmal in einer soliden Firma umzuschauen, mitzukriegen, « wie der Hase läuft », bevor er sich in die Hölle der Selbständigen begibt und sich von Praktikum zu Projekt und wieder zurück hangelt?

Das hat er jetzt davon. Jetzt hat er eben ständig eine Deadline. Nach deren Ablauf wird er das Projekt abgeben, er wird es pitchen. Beim CEO. Das ist der Chief Executive Officer. Das ist der Typ, der dann vor lauter Schreck den Berater anruft.

Lange hat Andi allein gedeadlined und gepitcht. Zu dieser Zeit konnte er sich Existenzgründer nennen. Ein Wort, das an Schwachsinn kaum zu überbieten ist: Wenn ich mit 30 Jahren eine Existenz gründe, was war ich dann in den ersten 29 Jahren? War ich vielleicht gar nicht existent? Und habe das nur nicht gemerkt? Hat die Seele den Körper gewechselt oder der Körper die Seele? Oder habe ich mein Leben vor der Existenzgründung nur geträumt? Das A-Team, den Mauerfall, meine Zeit als Schulsprecher? Ich stelle mir sofort die grundlegende Frage unserer Generation: Habe ich in diesen Jahren ohne gegründete Existenz etwas verpasst? Muss ich etwas nachholen? Werde ich das, wovon ich nicht weiß, ob ich es verpasst habe, überhaupt jemals nachholen können?

Ich bin kurz davor, zum Therapeuten zu gehen. Es ist aber auch alles ein bisschen schwierig. Oder wie man im Kiez sagt: suboptimal. Ein Wort, das Andi in jedem zweiten Satz benutzt. Ich bin kurz unsicher: Ist er jetzt Kreativer oder doch heimlich Coach?

Mittlerweile ist Andi nicht mehr allein – er ist jetzt Teil eines Start-ups. Das bedeutet: Er hat zusammen mit Freunden und Kollegen eine kleine Firma gegründet und hofft, mit ihr irgendwann Geld zu verdienen. Er ist Unternehmensgründer. Was das Start-up macht, darf Andi nicht so genau sagen. Das wäre sonst echt sub-suboptimal. Es gehe bei seinem Start-up so in Richtung Apps. Natürlich, was auch sonst? Vielleicht erfindet er ja die App, mit der ich dann endlich die Caffè Latte aus dem iPhone trinken kann. Ja, es ist schon eine besondere App, also nicht nur fürs iPhone, sondern auch für Android von Google und andere Tablets.

Tablets – klingt wie Pillen gegen verspätete Existenzgründung und nahende Deadlines. Gemessen an der Geheimniskrämerei rund um sein Start-up muss Andi hier mindestens an einer App für Uran-Anreicherung arbeiten.

Andis Arbeitsplatz ist ein «Coworking Space». Wie einst für die Indianer in Amerika, gibt es heute in Berlinhamburgmünchen Reservoirs für die kreativen Andis. Einen Ort, an dem sie sich gegen Geld einen Schreibtisch mieten können, tageweise, wochenweise oder auch für immer, rund um die Uhr. Dort sind sie dann ganz unter sich, weit weg von den Normalo-Malochern. Von den Decken herab hängen Stromkabel, die zu Dreifachsteckdosen auf den Tischen führen. Denn naturgemäß hat Andi nicht nur einen Laptop, sondern auch ein iPhone und iPad, die regelmäßig «Saft» brauchen, weil Andi neben der Arbeit permanent telefoniert und googelt und xingt, bis die Finger bluten.

Der vierte Mann aus dem Start-up, der das Marketing macht und damit total busy ist, sitzt in New York. Aber ist das nicht saumäßig suboptimal? Nein, im Gegenteil, meint Andi.

Insgeheim hofft er, der vierte Mann möge dort lange bleiben. Nur so kann irgendwann, wenn das Start-up eine Aktiengesellschaft ist, auf dem Briefpapier stehen: «Sitz des Unternehmens: Berlinhamburg- münchen / New York.»

Und wenn dann noch eine Freelancerin gewonnen werden kann, die gerade ein freiwilliges soziales Jahr in Kuala Lumpur macht, dann kann das auch noch auf den Briefkopf obendrauf, und schon ist man qua Briefkopf aufgestiegen zum Global Player, der auch in den ent- legensten Orten des Erdballs ganz oben mitspielt.

Andi ist selbstverständlich ein hervorragender Networker. Das ist wichtig. Überall hat er seine Netze. Online und offline, privat und beruflich. Nur Festnetz hat er nicht – er ist schließlich nirgends fest, sondern frei, und darum auch nicht über ein spießiges Festnetz zu erreichen. Im «Coworking Space» sitzt Andi an seinem Schreib- tisch zusammen mit Stefan, der hier Steven heißt, und Kevin, der leider für immer verdammt ist, Kevin zu heißen, weil dieser Name einfach nicht vercoolt werden kann. Alle zusammen sind sie ein Think-Tank. Was sonst? Man hätte sich zwar auch Denkfabrik nen- nen können, aber das klingt so deutsch, nach Industrie und Gestank und richtig fettigen Haaren. Think-Tank aber, das klingt nach New York, nach einem großen, gewichtigen Tanker, der etwas schwerfäl- lig, aber dennoch entschlossen mit sehr viel Power an der Freiheits- statue vorbei hinaus in See sticht, mitten hinein ins Gedankenmeer, sich den Wind der großen Ideen um die Nase wehen lässt und am Ende die durchwehten Think-Tank-Seeleute bestärkt wieder von Bord gehen lässt.

Die Gehirnzellen sollen allerdings nicht nur durchweht werden, nein, es muss gleich ein ganzer Sturm sein, der da aufkommt und die verborgene Kreativität zum Wirbeln bringt. Ein Sturm, der den Ideenfluss zu einem reißenden Strom macht, der am Ende Goldgrä- berstimmung aufkommen lässt.

Bevor die Kitsch-Alarmglocken anfangen zu läuten, sagen wir, wie's ist: Auch die banalste Ideensammlerei wird heute zu einem Event aufgebauscht. Brainstorming – das ist Kreativität auf Zeit. Also unmöglich. Wir nehmen uns 'ne Stunde und dann brainstormen wir mal. Welch ein Müll. Ideen, Gedanken, Bilder müssen reifen wie eine Frucht, sie brauchen Zeit und Luft zum Atmen. Brainstorming ist das Gegenteil: Es gaukelt Kreativität vor, ist aber nur in ein Zeitfenster gepackte, verwaltete Kreativität und damit deren Tod. Denn irgendwann schließt sich das Zeitfenster. Und durch geschlossene Fenster kann leider kein Wind kommen.

Heute muss jeder ein Kreativer sein, ein Schöpfer, der Gott spielt und seine eigene Welt erschaffen kann. Kreativität ist dabei keine Möglichkeit, gar eine Gabe, sie wird erwartet. Und zwar von jedem. Mache etwas aus deinem Leben, baue es dir zusammen nach dem Baukastenprinzip. «Sei kreativ» ist keine Bitte, auch keine Aufforderung, sondern ein Befehl. Wir verkaufen nicht mehr nur unsere Arbeitskraft, wir verkaufen uns selbst. Du bist deine Leistung, ein Unternehmer deiner selbst.

Wir müssen den kreativen Andi trotz all seiner Leistungen sauber trennen vom Genie. Das genau soll er nämlich nicht sein. Genie ist man oder nicht. Das Genie ist gefährlich, oft ein Spinner, meist schwer zu berechnen, immer an der Grenze zum Wahnsinn – und damit stets mit einem Fuß im Knast und mit dem anderen in der Psychiatrie. Das Genie belastet schnell das ohnehin schon löchrige soziale Netz, der Kreative hingegen ist ein Diener der Marktwirtschaft. Er gehorcht ihren Gesetzen, er soll sie erweitern, ohne sie in Frage zu stellen, er soll Ordnung ins Chaos bringen und nicht Chaos in die Ordnung. Bringt das Genie Sand ins Getriebe, hat der Kreative stets das Öl dabei. Das Genie ist Anarchist, der Kreative Opportunist. Das Genie ist das rohe Fleisch des Metzgers, der Kreative ist das mundgerecht portionierte, eingeschweißte Hackfleisch. Ein bisschen verrückt, aber eben nur ein bisschen, damit es nicht zu größeren Störungen kommt. Ein Rädchen im Getriebe.

Andi ist mittlerweile schon ins nächste kreative Stadium eingetreten: Er betitelt sich selbst als Bohemien. Das muss er auch, schließlich macht er Irgendwas-mit-Internet. Das ist eine hektische Abspaltung der Irgendwas-mit-Medien-Gruppe. Der Was-mit-Internet-Macher ist dann gern ein Digitaler Bohemien. Wer als Deutscher in Deutschland auf Englisch bestellt, sollte auch ein paar Brocken Französisch griffbereit haben.

Früher wollte sich die Boheme selbst verwirklichen, jenseits der bürgerlichen Werte. Der spießige Bürger war der große Feind. Darum gibt es heute keine Boheme mehr – weil es keine Gegner mehr gibt. Heute verwirklicht sich jede Managergattin selbst, indem sie neben ihrem Hauptjob Ehefrau was mit Kunst macht. Und jeder richtige bildende Künstler ist froh, wenn er den Manager einer Bank oder eines Energieriesen auf seiner Seite hat und sich so die Miete der nächsten Monate im verstrahlten Foyer zusammenverkaufen kann. Alles ist ein großes Geben und Nehmen. Alles ist furchtbar normal: Die böse Kommune der 70er Jahre ist heute die brave WG. Müsli, Bio und Öko gibt es fein gestapelt und abgepackt bei ALDI und LIDL. Reisen in die entlegensten Winkel der Welt machen wir heute im TUI-Touribomber, der uns vor die Tore der All-inclusive-4-Sterne-Bunker fliegt, mit Rundum-Verpflegung und Dauerbespaßung, von Morgenpilates bis Nachtquiz im nachgebauten Irish Pub auf Ibiza.

Und selbst wer die wirkliche Einsamkeit in den schottischen Highlands sucht und sich zuversichtlich durch den «Lonely Planet»-Reiseführer ackert, trifft in der Einsamkeit, in der angeblich niemand ist, ganz viele andere Niemands, die auch fleißig Lonely Planet gelesen haben.

Nicht die Revolution frisst ihre Kinder – die Marktwirtschaft frisst ihre Revolutionäre.

Und sobald Andi das eine oder andere Projekt und die eine oder andere App erfolgreich gepitcht hat, wird er ein Bobo sein, wie er sagt. Ich dachte zunächst, das sei sein neuer Hund. Aber nein: Der Bobo ist der erwachsen gewordene Kreative. Bobo vereint den Bohemien und seinen früheren Gegner, den Bürger, den Bourgeois.

Auf diese Weise profitieren alle von Andi: Er ist schließlich selbständig. Darum arbeitet er erstens selbst und zweitens ständig. Er ist im Job privat und privat im Job. Wenn er Freizeit hat, arbeitet er, und wenn er arbeitet, ist es seine Freizeit. Schließlich hat er sein Hobby zum Beruf gemacht. Damit hat er alles auf einmal.

Ist er für ein paar Jahre Kreativer in einem Unternehmen, hat er so zu denken, wie das Unternehmen denkt. Arbeitet er scheinbar frei, hat er so zu denken, wie er meint, dass die Unternehmen denken, die seine Auftraggeber werden sollen. Kreativität wird zum Dienst am Kunden, der nichts Verrücktes will. Denn vor Verrücktem hat der Kunde Angst. Andi soll etwas liefern, von dem der Kunde glaubt, dass er es irgendwie selbst erfunden hat. Das fordert alles. Aber keine Kreativität.

19. **iGitt**

«ON JANUARY 24TH, APPLE WILL INTRODUCE MACINTOSH. AND YOU'LL SEE, WHY 1984 WON'T BE LIKE ‹1984›.»

APPLE

Ich wollte es nicht. Wirklich nicht. Der Hype darum war mir viel zu groß. Es ist mir eher so passiert – zugeflogen vielleicht. Ja, das trifft es ganz gut. Eigentlich brauchte ich nur ein neues Handy. Ich wollte mein altes wieder. Und zwar genau das gleiche Modell wie bisher. Es war so, wie wenn Anne sagt, sie wolle nur Klamotten gucken – auf keinen Fall aber welche kaufen. Das sind immer die Tage, an denen sie mit zehn neuen Teilen wiederkommt.

Also spaziere ich los in den nächsten T-Punkt, sonst eher besucht von einer Kundschaft, die auf dem Handy noch die Wählscheibe sucht. «Ich möchte dieses Handy wieder», sage ich und lege mein altes auf den Tresen vor mir. «Gibt's nich mehr!», antwortet die mittelmäßig freundliche Verkäuferin. «Nur Nachfolger!» Aha. Es gibt also nur das Nachfolgemodell. Kann nicht mal irgendwas einfach gleich bleiben? «Gibt'n Angebot: gleicher Tarif, gleiches Geld, aber iPhone», sagt die Verkäuferin. Jetzt sitze ich in der Falle. Es beginnt der Kampf «Prinzip gegen Gelegenheit». Schnell merke ich, die Gelegenheit wird siegen. Und zwar eindeutig. Kurz danach ist es passiert: Ich bin iPhone-Besitzer.

Zum Glück habe ich wenigstens rechtzeitig die Telekom-Tüte zum Transport abgelehnt. Ich habe mich gut getarnt mit einer harmlosen, von EDEKA. Das ist zwar ein bisschen assi, aber der Zweck heiligt die Tüte: bloß nicht wie ein Hype-Opfer wirken.

Zu Hause packe ich das Teil aus und bin nach wie vor misstrauisch. Schließlich bin ich ein zufriedener Windows-Nutzer – sofern man mit Windows zufrieden sein kann. Klar, ich fahre mehrmals täglich rauf und wieder runter, aber was soll's? Jedem Neustart wohnt ein Zauber inne.

Meine Erwartungen ans iPhone sind nun so hoch, dass mich das Gerät eigentlich nur noch enttäuschen kann. Schon die Übertragung des alten Handy-Adressbuchs bringt mich an die Grenze meiner digitalen Toleranz.

Ich frage mich durch Hotlines meines alten Handy-Herstellers. Der sagt: Er könne leider nichts für mich tun oder höchstens ein Kabel schicken, das dann in den nächsten ein bis zwei Wochen geliefert werde. Mit dem könne ich dann das Adressbuch vom alten Handy übers Windows-Adressbuch aufs neue iPhone übertragen. Super, danke! Geht's noch einfacher?

Irgendwann bin ich so genervt, dass ich sämtliche Adressen mit der Hand eintippe. 900 insgesamt. Danach verfluche ich jeden, der überhaupt ein Telefon hat.

Klar, ich hätte Andi um Hilfe bitten können. Andi ist Apple-Nerd. Was auch sonst, als Vollzeit-Kreativer? Er hat alles von Apple. Wahrscheinlich sogar das Geschirr und die Möbel. Er hat iPhone, iTunes, iPod, iPad, iBums, iGedöns. Wenn er in den Urlaub fährt, dann fährt er nicht auf eine Insel – er fährt aufs iLand. Und wenn er mal wieder zu viel Geld für Apple-Produkte ausgegeben hat, dann fährt er in die iFel.

Warum ich denn noch kein MacBook habe, hat mich Andi letztens völlig verblüfft gefragt, als ich auf meinem Windows-Notebook herumhackte. «Ich bin in beiden Welten zu Hause», antworte ich, «Windows und Apple, ich möchte mich nicht für eine Seite entscheiden müssen. Ich möchte beides, auch wenn es ständig Probleme gibt, weil immer irgendwas nicht kompatibel ist – aber das ist mir wurscht. Es geht ums Prinzip. Und mein Prinzip ist: Ich will alles.» Andi versteht das nicht. Es ist wie in jeder vernünftigen Sekte: Ich werde als Teilzeit-Konvertit immer ein Fremder im Lager der Apple-Jünger bleiben. Andi sagt: «Windows – das ist das Castrop-Rauxel unter den Betriebssystemen.» Windows ist igitt, oder wie er sagen würde: iGitt! Ein Windows-Nutzer ist ein mieser kleiner Benutzer. Schon im Wort «Benutzer» steckt die ganze Verachtung für diesen Kloakenbewohner der Gewöhnlichkeit.

Ich habe langsam das Gefühl, Windows-Benutzer verteilen Koks an Kinder und schlagen ihre Frauen. Apple-Nutzer dagegen sind niemals Benutzer. Sie sind User. Sie sind die besseren Menschen, denn sie essen Bio, trennen den Müll, wählen Grün und gucken ARTE. Kurz: Apple-User machen die Welt besser, Windows-Benutzer machen sie schlechter. Wenn auch nicht absichtlich: Die Windows-Fraktion hat nur keine Zeit zum Weltverbessern, sie muss ja ständig Sicherheitslücken schließen!

Schnell wird mir klar: Der ganze Stolz des Apple-Users ist die App. Hunderttausende gibt es davon, kleine Applikationen, mit denen ich wunderbar das Leben aufschieben kann. Ich kann Zeitungen lesen, Züge buchen, den nächsten Drogendealer um die Ecke finden. Rund um die Uhr kann ich neue Apps suchen, finden, runterladen und wieder wegschmeißen.

Leider halten Apple-User ihre eigene Gesellschaft nicht lange aus und müssen darum der restlichen Welt ständig von ihren Apps erzählen, wann immer es geht. Mittlerweile habe ich aus Protest sogar ein Abendessen bei Andi verlassen, weil ich keine Lust hatte, dabei zuzugucken, wie sich Menschen gegenseitig ihre Apps zeigen. Was ist das für eine Zeit, in der man sich trifft, um sich gegenseitig sein Telefon vorzuführen? Das hat doch früher auch keiner gemacht: «Hier meine Wählscheibe, da deine Wählscheibe – guck mal, der da drüben hat sogar schon Tasten!» Zum ersten Mal dachte ich: Ich bin alt geworden! Früher war doch alles besser. Da gab es noch Schwanzvergleich statt Appvergleich.

Ich war so frustriert nach diesem Abend, dass ich direkt zu Starbucks gelaufen bin und einen Caffè Latte bestellt habe: «Aber nur als App aufs iPhone!», habe ich gerufen. Der Verkäufer guckte mich erschrocken an: «Ähhh … ham wa nicht!» Darauf ich: «Du mieser kleiner Windows-Benutzer!»

Apple nutzen heißt: cool, kreativ und jung sein – oder sich wenigstens so fühlen zu dürfen. Apple hat geschafft, was Millionen Coaches seit Jahren vergeblich auf ihren endlosen Power-Point-Präsentationen predigen: ein Produkt mit einer Emotion zu verknüpfen. Das ist das Wichtige: Wir sollen brauchen wollen, was keiner braucht. Täglich fragt mich das iPhone, ob ich vielleicht eine neue Neuigkeit herunterladen, eine Geschäftsbedingung akzeptieren, eine Software installieren, ausprobieren, testen, teilen oder ändern möchte. Ständig blinkt irgendwas, ständig gibt es Updates, hier eine neue App, da ein Update zu einer App, oder ein Update zu einem Update. Langsam habe ich das Gefühl, nicht ich beherrsche das iPhone – das iPhone beherrscht mich.

Im Zuge der digitalen Revolution ist die Kraft der Revolution verkehrt worden. 1968 und der Mauerfall gut 20 Jahre später – das sind die Revolutionen, die wir kennen. Es waren Revolutionen von unten. Ausgelöst von den Unterdrückten als Aufruhr gegen ihre Unterdrücker. Heute sind Revolutionen nur noch Revolutionen des Konsums und der Technik. Sie kommen von oben. Von Leuten wie Steve Jobs, dem Chef von Apple. Die Revolution hat sich selbst revolutioniert: Ist gerade eine neue Technik auf dem Markt, folgt bald schon wieder eine noch neuere. Der Laptop vom letzten Jahr? Da gibt es doch längst das Nachfolgemodell vom Nachfolger. Und wenn du nach den Programmen des alten fragst, an die du dich als kleiner Benutzer gerade erst gewöhnt hast, lacht dich der Fachmann nur aus.

Apple war in George Orwells Jahr 1984 angetreten gegen Microsoft. Es wollte den Menschen die Macht über ihre Daten zurückgeben. In den Geschäftsbedingungen des Mobilbetriebssystems iOS 4 von 2010 aber steht: «Apple, unsere Partner und Lizenznehmer können genaue Standortdaten sammeln, benutzen und teilen, inklusive des Echtzeit-Standorts Ihres Apple-Computers oder -Geräts.» 2010 ist das wirkliche 1984.

Das iPhone ist ein vollständig geschlossenes System. Was ich bekomme, kriege ich nur über iTunes und den Apple-eigenen App-Store. Apple ist der Türsteher des eigenen Clubs. Rein kommt nur, was ihm gefällt.

Stets denken wir: Mit Apple stehen wir auf der coolen, der politisch korrekten, der richtigen Seite. Steve Jobs muss ein guter Mensch sein – schließlich trägt er Rollkragenpullover. Und wer Rolli trägt, ist ein guter Mensch. Das wissen wir aus der Schule: Lehrer, die Rolli trugen, waren toll. Sie gingen während der übelsten Schlägerei noch mit der Vollkornstulle in der Hand dazwischen mit den Worten: «Du, Hakan, fühlt es sich für dich richtig an, dass der Yannick jetzt blutet?»

Steve Jobs ist geboren in den 50er Jahren des vergangenen Jahrtausends, er ist groß geworden in der Zeit des digitalen Urknalls. Eine Zeit, die geprägt war von unvollständigen Systemen, die ständig weiterentwickelt werden mussten. Er hat immer profitiert von der Offenheit – und macht heute den Deckel zu.

Darum ist die Revolution auch längst vorbei. Aus dem ehemaligen Revolutionär ist ein gewöhnlicher Herrscher geworden. Die gleiche Datenkrake wie Facebook, Google und Konsorten. Apple ist die digitale DDR. So wie ordentliche Milch für uns nur fettfreie Milch ist, definiert Steve Jobs Freiheit als «Freiheit von Pornographie». Aber diese Freiheit hat mit Freiheit nichts mehr zu tun. Sie dient nur dazu, Zensur zu rechtfertigen. Wir laufen Steve Jobs weiter hinterher in dem Glauben, wir seien cool, wenn wir Apple-User sind. Und das ist das eigentlich Tragische an Andi und mittlerweile auch an mir. Man kann uns alles erzählen – solange das Design stimmt, sind wir begeistert. Bedingungslos. Denn wir verwechseln Design mit Bewusstsein. So, wie wir im Che-Guevara-T-Shirt mit dem Touribomber nach Malle fliegen. Wer den Rebellen nicht mehr im Herzen trägt, muss ihn auf dem T-Shirt vor sich her tragen.

Einmal habe ich das iPhone verloren und musste ein neues bestellen. Ich dachte: Jetzt geht der ganze Mist wieder von vorne los – Kontakte suchen, über drei Kabel, die ich nicht habe, kopieren, einfügen und feststellen, dass alles nicht kompatibel ist. Irrtum. Ich schloss das neue Gerät an, iTunes sprang auf, forderte mein Passwort und fragte mich, ob das neue Gerät aus dem Backup wiederhergestellt werden soll. Ich dachte: Backup? Ich kann mich nicht erinnern, jemals ein Backup gemacht zu haben. Das muss Apple gewesen sein. Ganz von allein. Vier Minuten später ist auf dem neuen Telefon alles, wie es auf dem alten war. Inklusive SMS und Hunderten Selbstschuss-Fotos von Anne und mir. Und ich habe nichts getan. Klar:

Ich könnte Apple weiterhin autoritär und totalitär finden. Schließlich macht es, was es will. Aber wenn ich ehrlich bin, finde ich es prima. Wer ständig offen für alles sein soll, ist froh, wenn auch mal was dicht ist.

Die Parole der vollendeten Französischen Revolution war: Freiheit, Gleichheit, Brüderlichkeit. Die Parole der vollendeten digitalen Revolution lautet: Bequemlichkeit, Übersichtlichkeit, Virenfreiheit.

20. Aufschiebehaft

«DAS HINAUSZÖGERN
IST UNSER ERSATZ
FÜR UNSTERBLICHKEIT,
WIR VERHALTEN UNS,
ALS MANGELE ES UNS
NICHT AN ZEIT.»

BENJAMIN KUNKEL

Als Kind hatte ich den kürzesten Schulweg der Klasse. 250 Meter von Tür zu Tür. Einmal bergab, schon war ich da. Und trotzdem – oder gerade deshalb – war ich immer der Letzte. Der Rest der Klasse wurde mit Bussen aus dem Umland angekarrt, viele mussten schon am Vorabend losfahren, um morgens zur ersten Stunde da zu sein. Ich aber hatte zwei Minuten Anfahrt und kam trotzdem ständig zu spät. Ich konnte nichts dafür, ehrlich. Es war ja noch so viel zu tun morgens: Schultasche packen, Hausaufgaben machen, zum ersten Mal die Unterlagen zur Bio-Arbeit in der dritten Stunde angucken. Da kann doch kein Mensch pünktlich sein! Ich habe immer Leute beneidet, die rechtzeitig mit etwas anfangen und rechtzeitig in aller Ruhe damit fertig werden. Das ist mir nie gelungen. Bis heute nicht. Darum bin ich ein Aufschieber. Und je älter ich werde, desto schlimmer wird es. Neulich zum Beispiel habe ich meinen Personalausweis verloren. Fast vier Wochen hatte ich die Bestellung des neuen Ausweises schon hinausgezögert.

Aber heute, an diesem Mittwoch, muss es nun endlich passieren. Ich habe mir bereits gestern Abend vorgenommen, mich gleich morgens darum zu kümmern – und nur darum.

Es ist jetzt 10 Uhr. Eine super Zeit, um anzufangen. Aber erst mal muss ich Mails checken, das Geschirr spülen und die Post holen. Das ist einfach wichtig. Ich weiß nicht genau wozu, aber es ist wichtig.

10.25 Uhr. Nun muss es losgehen. Ich sitze schon halb am Schreibtisch, bereit, das Bürgeramt zu googeln und anschließend mit Anrufen zu nerven. Da fällt mir ein: Mein Kühlschrank ist leer. Die Milch ist alle, Kaffee habe ich auch keinen mehr. Das hat mich schon gestern vom Arbeiten abgehalten, weil ich mehrfach im benachbarten Starbucks Kaffee trinken gehen musste. Also gehe ich schnell noch einkaufen – nur das Nötigste, versteht sich.

11.30 Uhr. Jetzt kann es richtig losgehen. Na ja, gleich. Also, jetzt gleich. Sofort gleich, sozusagen. Vor lauter Papierstapeln finde ich leider keinen freien Platz für meinen Laptop auf dem Schreibtisch. Vielleicht sollte ich aufräumen. Ich weiß nicht, wohin mit den ganzen Papierbergen. Also schiebe ich die Stapel von einem Ende des Tischs zum anderen und mache zwischendurch noch schnell drei Online-Überweisungen.

Nach zwei Telefonaten, die sich nicht haben aufschieben lassen, ist es 13.15 Uhr. Ich bin bereit, anzufangen. So bereit, wie ich jetzt bereit bin, war ich selten bereit.

Ich rufe also beim Bürgeramt an, wo ich sofort bedient werde. Vom Herzlich-willkommen-bei-Ihrem-Bürgeramt-Automaten. Ich drücke siebenmal die 2 für das, was ich nicht will, dann zweimal die 4 für «Ja», danach die 6 für «keine Steuerangelegenheiten» und schließlich die Raute für «Personalausweis». Dann höre ich mir zehn Minuten lang «Abenteuerland» von *PUR* an.

Schon folgt die nächste Dschungelprüfung: Eine Mitarbeiterin, die offensichtlich sämtliche Kommunikations-Coachings der letzten zwanzig Jahre verschlafen hat, fragt mich, was ich will. Meinen Hinweis, dass ich das doch alles schon ins Telefon getippt habe und danach mit Musik gequält worden bin, quittiert sie prompt: «Wenn ick ne Tastatur wäre, hätt ich det längst schon jemerkt. Bin ick aber nich.»

Ich schaffe es gerade noch zu sagen, dass das so definitiv nicht geht und man da doch irgendwann vielleicht irgendwie echt mal was gegen machen müsse, da quakt sie noch irgendwas mit «online» in den Hörer und legt auf.

Großartige Idee. Online, das ist meine Welt: schnell, direkt und ohne Umwege.

Doch online ist Fluch und Segen zugleich. Fluch, weil online Youtube ist und Youtube ist Aufschieben. Erfunden von Aufschiebern für Aufschieber. Die besten Youtube-Filmchen verschicke ich als Link an mein gesamtes Adressbuch. Ich kann außerdem ganze Tage damit verbringen, die von mir gehassten Kommentare unter den Filmchen zu lesen. Es gibt nichts Überflüssigeres als Menschen, die Youtube-Filmchen kommentieren. Für die wünsche ich mir die gesetzliche 80-Stunden-Woche, damit sie keine Zeit mehr haben, so viel geistige Umweltverschmutzung zu verursachen. Ob bei You-tube, Amazon, eBay – alles wird von diesen Idioten bewertet und kommentiert und mit Sternchen versehen. Zu jeder Socke, die sie bestellen, müssen sie direkt einen Kommentar abgeben. «Sie passt, sie ist wunderbar, fünf Sterne für den Verkäufer und sechs für mich, weil ich meine Sockengröße kannte!»

Rufen Sie uns an, machen Sie mit, sagen Sie uns Ihre Meinung! Immer und überall soll der Leser, Hörer, Zuschauer, User seine Meinung kundtun. Wer nichts weiß, darf immer noch eine Meinung haben. Auch der beste Film, der beste Zeitungsartikel ermuntert den User dazu, seinen 08 / 15-Zweiviertel-Wissenskommentar in irgendwelche Foren und Spalten hineinzuschreiben. Was soll das? Haben die Macher selbst keine Meinung? Wahrscheinlich nicht. Sie ähneln einer Fluggesellschaft, die ihre Passagiere ins Cockpit setzen und sagen würde: Wenn die den Weg nach New York gefunden haben, kann ja unser unfähiger Pilot die Landedurchsage übernehmen.

Wie bitter, dass ich außer den Kommentaren von mir unbekannten Menschen nichts habe, worüber ich mich aufregen kann. Vielleicht sagt das mehr über mich als über die fröhlichen Schreiberlinge. Aber den Gedanken schiebe ich lieber auf.

Zielsicher steuere ich jetzt auf die Seite des Bürgeramts zu. Nachdem ich in die Suchen-Maske «Personalausweis» eingegeben habe, kann ich auf Anhieb vier PDF-Formulare downloaden. Ich habe die Wahl zwischen dem Formular «Anmeldung bei der Meldebehörde», dem «Anmeldeformular-Ergänzungsblatt» zur Anmeldung bei der Meldebehörde, dem Formular «Befreiung von der Ausweispflicht» und schließlich dem «Flyer Berlinpass». Haben Berliner jetzt schon einen eigenen Pass?

Ich spiele eine Runde Formularlotto und wähle die PDF-Datei «Anmeldeformular zur Anmeldung bei der Meldebehörde». Und damit ist dann auch schon Schluss mit «schnell und online». Die Datei kann ich nämlich weder online ausfüllen noch verschicken. Das wäre ja wohl auch etwas zu viel des Online. Nein, das Dokument muss ich ausdrucken, von Hand ausfüllen und dann zur Anmeldung bei der Meldebehörde bei der Beantragung des neuen Ausweises live und in Farbe mitbringen. Wenn's noch rasanter gehen soll, kann ich das Anmeldeformular zur Anmeldung bei der Meldebehörde aber auch per Post oder Fax an die auf der Internetseite angegebene Adresse schicken. Danach bekomme ich dann einen Termin zugeteilt. Damit's dann auf dem Amt schneller geht.

Früher bin ich einfach zum Amt gegangen, bekam einen Wisch in die Hand, füllte ihn aus, zog eine Nummer und wartete drei Stunden, bis das Amt meine Nummer aufrief.

Heute erledige ich vorher zu Hause brav alles online, kriege einen Termin, gehe zum Amt, ziehe eine Nummer und warte vier Stunden.

Langsam habe ich das Gefühl, die Welt ist so eingerichtet, dass ich tatsächlich das ganze Leben aufschieben muss. Ein neuer Personalausweis – und ein ganzer Tag ist dahin. Ich bin gleichsam zum Aufschieben verurteilt. Ein schöner Gedanke. Damit habe ich endlich den Schuldigen für alle meine Fehler und Probleme gefunden: die Welt. Früher hätte ich vielleicht noch Gott schuldig sprechen können. Aber das geht nicht mehr. Es gibt nur noch mich als Verantwortlichen. Aber das ist auf Dauer so verdammt anstrengend. Darum brauche ich die Welt, sie entlastet mich sehr. Die Welt ist schuld an allem, was mir nicht gelingen mag. Jetzt kann ich sagen: Ich bin ein Opfer – das ist das Beste, was mir passieren kann. Ich kann nichts dafür, bin nur ein Opfer der bösen Umstände. Wie lange habe ich nach einem solchen Ausweg gesucht? Für nichts mehr verantwortlich sein, alles abgeben an die Welt. Herrlich!

Es ist jetzt 15 Uhr, und ich habe sehr viel aufgeschoben mit dem Gedanken daran, dass ich am Aufschieben unschuldig bin. Weder habe ich einen Termin bei der Meldebehörde, noch habe ich irgendetwas von dem getan, was zu tun gewesen wäre. Ich denke: Vielleicht wäre es doch besser, sich professionelle Hilfe zu holen. Nur wo? Bei einem Psychologen? Für einen kurzen Moment kriege ich Angst vor mir selbst und befürchte, dass ich vielleicht morgen schon anfange, mein Horoskop zu lesen. Meiner Ansicht nach gibt es zwei klare Indizien für den Schritt ins gesellschaftliche Abseits: Horoskope lesen und zum Psychologen gehen.

Man könnte sagen, ich habe Vorurteile. Nein, ich habe Anne. Seit ich Anne habe, brauche ich keine Vorurteile. Seit wir uns kennen, ist sie in Therapie. Warum, weiß ich auch nicht, denn eigentlich geht es ihr gut. Sie ist nicht geschlagen und nicht getreten worden. Sie hat noch nicht einmal Platzangst in der Straßenbahn. All ihre Ex-Freunde hat *sie* verlassen. Wahrscheinlich hätten die mehr Grund zur Therapie als sie.

Ich schätze, sie kommt einfach nicht damit klar, dass ihre Eltern noch nicht geschieden sind. Damit ist sie allein in ihrem Freundeskreis, und das ist ein verdammt schweres Los heute.

Anne sagt, sie wolle sich klären. Sich klären? Ist sie doch in den Fängen einer Sekte? Auf welcher Clearing-Stufe ist sie, und was kommt als Nächstes? Tatsächlich hat sie mir auch schon verdächtig oft nahegelegt, auch mal zu einem Therapeuten zu gehen – nur für eine Probesitzung. Um mich zu klären. Nein danke, habe ich gesagt. Ich bin schon aufgeklärt, seit ich 12 bin.

Im Ernst: Ich glaube, Anne erhofft sich keine Lösungen von ihrem Therapeuten. Welche auch? Sie hat ja noch nicht einmal ein Problem. Sie will einfach nur reden. Über sich und die Welt und überhaupt über alles. Reden und um sich selbst kreisen. Sich mal vor einem anderen Spiegel selbst fotografieren. Mit einem betroffen nickenden Onkel gegenüber.

Ich bin sehr sicher: Die meisten Menschen heute wollen Probleme haben und keine lösen. Damit das Leben einen Sinn und sie ein Thema haben. Probleme sind cool, wer Probleme hat, ist wichtig. Gott ist tot, die Kirchen leer – also beten wir uns selbst und unsere Probleme an, bis wir an sie glauben und ständig darüber reden können. Durch ihre Therapie fehlt Anne jede Spontaneität. Andauernd überlegt sie, wie sie sich jetzt «dazu verhalten» soll. Neulich waren wir im Restaurant, Anne war unzufrieden mit dem Essen und dem Kellner und dachte eine halbe Stunde darüber nach, ob sie jetzt trotzdem Trinkgeld geben solle oder ob es vielleicht nur 5 % statt der üblichen 10 % sein sollten, nur als Zeichen, weil der Kellner doch auch andererseits im Stress war und so ... Ich habe dann gesagt: «Gib ihm 15 %, ich bin sicher, seine Eltern sind auch noch nicht geschieden.» Wenn ich Anne heute kennenlernen und hören würde, dass sie in Therapie ist, würde ich sagen: «Ruf mich wieder an, wenn du sie abgebrochen hast!»

Andererseits denke ich: Mein andauerndes Aufschieben könnte eine Chance sein. Vielleicht sollte ich das mal probieren mit dem Therapeuten, einfach, damit ich weiß, was Anne da so macht in einer solchen Sitzung.

Wenige Tage später sitze ich im Wartezimmer eines Therapeuten. Ich bin unsicher. Was kommt als Nächstes? Werde ich noch heute Abend ein Youtube-Filmchen kommentieren? Wie soll ich ihm gleich mein Problem beschreiben? Manisches Aufschieben klingt gut. Das schrammt noch ganz knapp am Pathologischen vorbei. Und vorbeischrammen ist wichtig, schließlich möchte ich mich nicht wirklich auf eine Diagnose festlegen, oder noch schlimmer: etwas verändern.

An der Wand des Wartezimmers ist eine Tafel angebracht, auf der sämtliche Ängste aufgeführt sind, die es gibt. Hätte ich noch keinen Grund, zum Therapeuten zu gehen, hier würde ich sicher einen finden. Ich stehe vor der Liste und frage mich: Welche Angst habe ich schon – und welche könnte ich noch gebrauchen? «Angst vor Nähe» passt am besten zu mir. Anne würde jetzt lautstark zustimmen.

Neben den *Psychologie heute*-Ausgaben der letzten hundert Jahre liegt das Buch: «Schluss mit dem ewigen Aufschieben». Es muss die Speerspitze des Aufschiebens sein, das Ende des Aufschiebens mittels Lektüre übers Aufschieben weiter aufzuschieben.

Der Psychologe hat einen grauen Lockenkopf, einen schmalen

Mund und klare blaue Augen. Er könnte auch Kommissar im Tatort sein, einer, hinter dessen kühler Brillanz gegen Ende des Films doch noch zarte Gefühle für die junge Ärztin aus der Gerichtsmedizin zum Vorschein kommen. In seinem Büro steht die obligatorische Analytiker-Couch und ein tiefer Sessel, in den ich so tief sinke, dass ich automatisch beginne, von meinem Leben mit dem Aufschieben zu erzählen.

Der Psychologe spricht mit der Vorsicht des Wissenschaftlers: «Ich neige zu der Auffassung, dass es das Problem des Aufschiebens schon immer gegeben hat.»

Wahnsinn! Darauf wäre ich selbst natürlich nie gekommen. Es kann doch nicht so schwer sein, mich mal eben in eine Schublade zu packen, mir die Absolution zu erteilen und mich wieder nach Hause zu schicken! Wir sind doch sonst so schnell mit Diagnosen zur Stelle: Zappelt das Kind, hat es ADHS, ist der Papa müde, hat er Burnout, hat Anne keinen Hunger, hat sie eine Essstörung. «Pimp my Leid» liegt im Trend.

Mittlerweile schildere ich dem Psychodoktor mit dramatischen Worten meine Irgendwann-fange-ich-an-Tage. Natürlich erzähle ich auch, dass ich mir trotz meiner Entscheidungsschwäche nicht alles gefallen lasse. Dass ich mich echt beschwert habe beim Amt. Dass ich denen schon gesagt habe, dass das so definitiv nicht gehe und dass man da doch irgendwann vielleicht irgendwie echt mal was gegen machen müsste.

Der Therapeut nickt. Er nickt sehr regelmäßig. Er nickt wie einer, der hauptberuflich nickt. Er nickt an den richtigen Stellen, das merke ich. Er nickt in Sinnzusammenhängen. Das ist wichtig, sonst würde ich mich nicht verstanden fühlen. Mache ich einen Gag, nickt er nicht, sondern lacht. Nachdem sein Lachen verklungen ist, nickt er wieder verständnisvoll, so, als wolle er gucken, wo der Haken an meinem Witz war.

Nach einer halben Stunde wandern seine Augen immer öfter an mir vorbei. Ihr Ziel ist rechts unten, schräg neben mir.

Beim Abschied sehe ich: Das Ziel seines Blicks war die Uhr hinter mir. Ich bin schließlich nur auf Probe hier, da möchte er pünktlich aufhören zu nicken.

Er sagt, eine Therapie sei in meinem Fall völlig unnötig, das kriege er bei keiner Kasse der Welt durch. Das Beste wäre aber, wenn ich endlich mal lernen würde, mich zu entscheiden. «Wie kann ich das denn lernen?», frage ich. «Fahren Sie mal zu Starbucks und bestellen Sie dort ein Getränk.» «Das habe ich schon gemacht, das geht gar nicht …», erwidere ich. «Gerade deshalb sollen Sie's ja wieder tun. Das nennt man Konfrontationstherapie! Ihr Problem ist: Sie wollen nichts verpassen. Sie wollen alles auf einmal, das überlastet Sie. Darum ziehen Sie es vor, sich nicht mehr zu entscheiden. Aber auch die Nicht-Entscheidung ist eine Entscheidung. Eine jämmerliche zwar, aber eine Entscheidung. Sie müssen wieder lernen, zu verzichten. Aktiv ja und nein zu sagen. Möglichkeiten müssen wieder Wirklichkeiten werden – sonst sind sie sinnlos, und Sie werden ewig das ganze Leben aufschieben.»

Auf dem Nachhauseweg denke ich: Mit dem Mann hätte ich gerne weitergeredet. Wahrscheinlich hat er sogar recht. Ich will nichts verpassen, ich darf nichts verpassen. Alles ist gleichzeitig möglich. Ich muss zugreifen – und zwar nicht irgendwie, irgendwo, irgendwann – sondern beim Richtigen. Beim Besten.

Ich werde mal bei meiner Krankenkasse nachfragen, ob sie mir eine Therapie bezahlen wegen Aufschieberitis. Nur eine kleine. Einfach, um noch mehr über mich zu erfahren. Vielleicht liegen die Ursachen ja weit zurück in meiner Kindheit. Wahrscheinlich war mein Schulweg einfach zu kurz für dieses lange Leben. Ja, das wird es sein. Aber das sollte ich mal vertiefen. Ich werde gleich anrufen. Sobald ich meinen Personalausweis wiederhabe. Also morgen dann. Um 10.

21. Ich wird Wir

«SOBALD MAN EINE
HINREICHEND IDEALISTISCHE,
HINREICHEND WÜRDIGE UND
VOLLKOMMENE VORSTELLUNG VON
DER LIEBE ENTWICKELT HAT, IST
MAN VERRATZT. NICHTS KANN
EINEM JETZT MEHR GENÜGEN.»

MICHEL HOUELLEBECQ

Lange habe ich mich gefragt, auf welcher Beziehungsstufe Anne und ich inzwischen eigentlich sind. 1, 2 oder 3? Eigentlich auf gar keiner. Wir waren uns immer einig, dass wir etwas Besonderes sind, anders als alle anderen. Mit der Zeit fiel mir auf: Heute fühlt sich jeder total anders, damit sind wir alle gleich anders. Also: alle gleich – nur eben anders.

Ich gebe zu, die Anzahl unserer gemeinsamen Pärchenabende steigt in den letzten Monaten bedrohlich. Glücklicherweise können wir uns trotzdem noch nicht einreihen in die lange Reihe von Karsten-elke, Andiulli und wie sie alle heißen. Schließlich habe ich Pärchen-urlaub bisher immer erfolgreich verhindert.

Gut, Anne übernachtet mittlerweile fast jede Nacht bei mir. Wir treffen uns, Anne kocht, ich esse. Wir gucken fern, manchmal gehen wir auch aus, aber das ist seltener geworden in letzter Zeit. Ich spüre, dass sie gern mit mir zusammenziehen würde. Bislang hat sie das nur so direkt nie ausgesprochen. Ab und zu versucht sie es: «Also, wenn wir schon jeden Abend zusammen einschlafen …» – aber spätestens dann gehe ich dazwischen und beende den Satz total ironisch mit den Worten «… heißt das noch lange nicht, dass wir auch zusam-men aufwachen müssen!»

Nun scheint es Anne ernster zu werden mit der gemeinsamen Bude. Es ziehen Wolken auf am Beziehungshimmel. Es sind diese Schäf-chenwolken, die harmlos scheinen, aber meist das schlimmste Tief ankündigen. Unsere Schäfchenwolken heißen Möbelhäuser. Ver-dächtig oft schleppt mich Anne in diese Bettbezugs- und Lampen-höllen. Das muss die berüchtigte Härte sanften weiblichen Drucks sein. Was alles schön wäre in einer neuen Wohnung, hat Anne an-gefangen zu betonen. Neulich habe ich gesagt: «Ich habe doch gar nicht vor, umzuziehen!» Daraufhin outete sie sich: «Du nicht, aber wir!»

Verdammt! Wir stehen also an der Schwelle zur WIR-Stufe – und Anne möchte offenbar drübergetragen werden. Ich werde niemanden je über eine Schwelle tragen, auch sie nicht.

Warum sträube ich mich gegen eine gemeinsame Wohnung? Weil es dort kein ICH mehr geben wird. Es wird laufen wie überall: Wir werden mehr haben als eine gemeinsame Wohnung. WIR werden gemeinsame Ansichten haben, gemeinsame Hobbys und gemeinsame Musik. WIR werden Sätze sagen wie: «WIR finden die Gesundheitsreform jetzt nicht so prickelnd ...» oder «WIR müssen wirklich nicht mehr jeden Abend raus.» Stattdessen machen WIR lieber einfach mal 'nen Videoabend zu Hause. WIR werden auch täglich ganz viele Freunde einladen, weil WIR uns nichts mehr zu sagen haben. Schließlich werden WIR tagein, tagaus miteinander verbringen. Nicht aufeinander und nicht untereinander, auch nicht hintereinander, sondern nebeneinander. Wir werden Filme gucken, die sind wie unsere Beziehung: ohne Action, dafür mit viel Schweigen und langen, ruhigen Bildern.

Essen werden WIR nicht mehr in der schmuddeligen Eckkneipe mit dem billigen französischen Landwein, sondern in Trattorias und Enotecas, die ideale Mischung für uns: vom Look her Drei-Tage-Bart, preislich eher Kaschmirschal. Voll WIR eben.

Ansonsten werden WIR zusammen kochen. Anne kocht sehr gern zusammen. Das musste ich schon beim ersten Date leidvoll erfahren. Kaum hatte ich damals den Satz ausgesprochen, dass ich nicht kochen könne, hatte Anne gesagt: «Dann lass uns doch mal zusammen kochen.» Zusammen? Mit jemandem, der es nicht kann? WIR kochen hieß nämlich in diesem Fall: ICH koche. Unter ihrer Anleitung. Bei unserem dritten Treffen war es so weit, wir waren zum Kochen verabredet. Ich hatte schon Tage zuvor Bauchschmerzen. Aber ich spielte brav mit, schließlich brauchte ich einen Vorwand, damit das Bett nicht gar so offensichtlich zum Ziel des Abends wurde. Wie alle talentfreien Köche war ich zum Gurkenschälen und Salatrupfen verurteilt. Und zum Saucenrühren. Stets versehen mit Annes fürsorglichem Hinweis: «Aber nicht, dass sie überläuft!» Meine Laune wurde zügig schlechter. Gemeinsames Kochen ist meist der Moment, in dem die Freundin zur Mutter und der Mann zum Kind wird. Und das jetzt an jedem enotecafreien Abend? Nein, danke.

Wochenenden werden wir immer öfter im Wellnesshotel mit extragroßem Spa-Bereich verbringen. Dort warten Massagen aus dem fernen Osten, die Namen tragen wie die kleine Thailänderin aus dem Edelpuff um die Ecke, den WIR mit UNSERER toleranten, weltoffenen Unterschrift verhindert haben.

Die meisten Pärchen ziehen genau in der Phase zusammen, in der wir jetzt sind: Wir diskutieren schon lange nicht mehr über die Welt. Wir kennen uns. Ist Anne eigentlich noch meine Freundin? Nein, eher eine Langstreckengefährtin, Dauerlebensabschnittspartnerin oder einfach: designierte Ehefrau. Ewig designiert. Ich kenne ihre Ansichten, Macken und Ticks und weiß den Hiphop im Minenfeld zu vermeiden. Tappe ich doch mal in die Falle, tauschen wir eben die gewohnten Argumente erneut aus, damit klar bleibt, dass sich seit der letzten Diskussion an unseren Positionen nichts geändert hat. Aber immerhin haben wir noch einmal darüber gesprochen, dass es nichts Neues zu besprechen gibt.

Die Zeit ist also reif fürs Zusammenziehen. Meint Anne. Zu meiner Überraschung hat sie schon erste Besichtigungstermine in Wohnungen vereinbart – für morgen Nachmittag, drei hintereinander. Ganz ohne Druck und Zwang, natürlich. Das ist so zwanglos, als würde man jemand auf den elektrischen Stuhl setzen und sagen: Mal sehen, was wir jetzt Lustiges mit dir machen!

«Ich will ja einfach nur mal gucken, was UNS so gefällt», hat Anne gesagt. WIR haben also auch schon EINEN Geschmack. Das ist mir neu. «Altbau muss schon sein», meint Anne. Selbst wenn die Rohre quer durch die Wohnung laufen und alles schimmelt, tropft und klebt – egal, Hauptsache Altbau. Altbau ist chic, Altbau ist cool, wer im Altbau wohnt, hat Geschmack.

Seit Anne mit mir zusammenziehen will, pendelt mein gefühltes Alter immer häufiger zwischen 45 und 65. Wenn ich an eine gemeinsame Bude in einer Altbauwohnung mit Stuck an den Wänden denke, altere ich direkt noch einmal um zehn Jahre. Heute Stuck an den Wänden, morgen Stock in den Händen.

Ich habe keine Lust auf eine gemeinsame Bude. Ich möchte mich weiter mit Anne verabreden. Immer zur gleichen Zeit am immer gleichen Ort mit immer dem gleichen Ziel – aber verabreden.

Ich möchte nicht wissen, ob Anne aufs Klo kann oder nicht, mir reicht schon PMS alle vier Wochen. Ich will sie nicht, diese ganze klebrige Selbstverständlichkeit. Diese Vereinnahmung, diese Übergriffe, diese gegenseitige Erziehung; alles, was sich jetzt schon andeutet und mir schon in den ersten Anzeichen auf den Sack geht. Die permanente Anwesenheit des anderen, seine Verfügbarkeit. Am besten noch mit Wohnzimmer, Schlafzimmer, Esszimmer.

«Nein», widerspricht Anne. Es solle eher sein wie eine WG mit zwei Schlafzimmern, sodass wir auch getrennt voneinander zusammen sein könnten. Und außerdem seien zwei Wohnungen doch rausgeschmissenes Geld! Aha – zusammenziehen aus ökonomischen Gründen. Das ist die Vorstufe zur Hochzeit aus steuerlichen Gründen.

Anne will das Gefühl haben, dass das mit uns eine Perspektive hat. Das sagen Frauen immer, wenn sie einem die Pistole auf die Brust setzen. Sie nennt es Perspektive – ich nenne es Prüfung.

Anne und ich würden schon beim Umzug scheitern. Ich finde Annes Kissen schrecklich und auch ihre Hausschuhe, diese laut klackernden Holzschuhe, mit denen wir nur in einer Kellerwohnung ohne schlechtes Gewissen den Nachbarn gegenüber leben könnten. Dann ihr Farbwahnsinn: Immer muss alles grün und blau sein und zusammenpassen in ihrem Farbkonzept. Dabei ist das kein Farbkonzept, das ist Farbdiktatur. Ein Wunder, dass sie noch Eier isst, obwohl die innen doch weiß und gelb sind. Und außen braun. Welch ein Bruch des Farbkonzepts!

Meine Farben sind rot, gelb und vielleicht noch orange, da kann ich nicht viel falsch machen. Aber ich bin auch für braun und grau und lila offen – aber eben nicht für grün-blau.

Sie würde ihr knallgrünes Sofa bringen, ich würde es nicht kommentieren. Ich würde es aussitzen. Auf *meinem* Sofa!

Dafür würde ich meine Witz-Deutschland-Karte eisern verteidigen. Die Karte aus meiner alten Bude mit Abgebrandenburg und Mordrhein-Pestfalen, Fressen und Rayern. Anne hasst sie, aber ich würde sie hochhalten, aus Prinzip. Wer knallgrüne Sofas anschleppt, hat bei Wortspielen, und seien sie noch so blöd, nichts zu melden.

Wir wollen die perfekte Wohnung, den besten Job, den besten Chef, die besten Bedingungen, die besten Freunde, den besten Altbau, den besten Sonntag, den besten Montag, den besten Dienstag und an allen Tagen den besten Partner. Im Grunde sind unsere Erwartungen so hoch, wir können nur enttäuscht werden. Aber das wollen wir nicht wahrhaben, darum haben wir über alles den Schleier der Coolness gelegt. Es muss eine coole Beziehung sein – keine gewöhnliche. Es muss eine coole Altbauwohnung sein, keine normale. Sie muss in einem coolen Viertel sein, in dem alle wohnen, die ebenfalls glauben, sie seien cool.

Früher sind Pärchen zusammengezogen, weil es ein rebellischer Akt war, weil es verboten war, in wilder Ehe zusammenzuleben. Heute ist alles erlaubt. Heute ziehen wir zusammen, weil es dazugehört zum Projekt «Perfektes Leben». Wir werden jede Lust ersticken in perfekten sozialdemokratischen Gesprächen. Wir werden Kompromiss und Konsens finden. Das Sofa von dir, die Karte von mir, immer schön fifty-fifty. Das Leben wird ein großer Kompromiss sein, ein mittelmäßig langweiliges Sowohl-als-auch. Keiner wird richtig glücklich sein, keiner richtig unglücklich.

So laufen wir mitten hinein ins perfektionierte Mittelmaß. Warum nur? Wir sehen doch die Opfer dieses Zusammenziehwahns vor uns, ältere Bekannte, Freunde. Und sie sehen aus wie ihre abgewohnten Altbauwohnungen: irgendwie ausgebrannt.

Was ist also zu tun? Anne sagt, wir sollten mehr Kompromisse eingehen. Also tun wir das. Wir ziehen einfach in ein Haus – aber in zwei verschiedene Wohnungen.

Zwei Stockwerke unter mir ist vor zwei Wochen was frei geworden. Zwei Stockwerke Sicherheitsabstand, und doch nah beieinander. Getrennt und doch zusammen, aber eben nicht als WG. Das nenne ich perfekt. Eine echte LAT-Beziehung, «Living apart together». Getrenntes Zusammenwohnen. Liegt schließlich voll im Trend, habe ich gelesen, vor allem bei Frauen. Wer Latte trinkt, braucht LAT-Beziehungen. Da haben wir alle Möglichkeiten. Jeden Tag aufs Neue können wir wie ein frischverliebtes Pärchen fragen: Zu mir oder zu dir? Alle Vorteile des Zusammenwohnens, aber keine Nachteile. Voller Geschmack, null Zucker. Jeden Tag können wir uns per SMS verabreden.

«Hey! Heute um 8 bei mir? Casablanca gucken?»

«Nee, später. Muss noch was tun.»

«Wann denn dann?»

«Weiß noch nicht. Meld mich wieder!»

«Ich komm gleich mal hoch. Will dich eh noch was fragen. Ruf dich vorher nochmal an!»

Das ist dann die SMS-LAT – die mit viel Schaum und wenig Inhalt. Wenn wir Freunde zum Essen einladen, gibt es «Action Food»: erster Gang bei ihr unten, zweiter bei mir oben, Dessert wieder unten, anschließend Party bei mir. Dinner als Völkerwanderung. Kaum sitzen die Gäste, geht es schon wieder weiter. Da bekommt der Begriff Heimatvertreibung erst seine wahre Bedeutung.

22. Schwarz-Grün

«ZUKUNFT ÜBER DIE
EIGENE PERSON HINAUS,
IST FÜR DIE MEISTEN
KAUM NOCH EINE VERBIND-
LICHE KATEGORIE.»

MAX FRISCH

Neulich fragt mich Anne, ob es eine Koalition gibt, die unser Lebensgefühl widerspiegelt.

Spontan wussten wir keine Antwort, also befragten wir den Wahl-O-Mat. Ein paar politische Fragen, konkret, direkt und ohne Umwege, Multiple choice wie beim Bachelor. Oder bei *Wer wird Millionär?* Wir dürfen sogar das Publikum um uns herum befragen oder jemanden anrufen, wenn wir nicht weiterwissen.

Der Wahl-O-Mat soll uns helfen, unsere politische Meinung zu überprüfen. Immer häufiger aber hilft er uns, überhaupt eine zu entwickeln. Es ist einfach toll, am Ende «Die Grünen» zu sehen und zu wissen: Die Welt ist in Ordnung. Es ist, wie wenn wir uns beim Arzt durchchecken lassen und er uns am Ende sagt, dass wir kerngesund sind. Dann können wir weitermachen wie bisher.

Das Einzige, was dem Wahl-O-Mat fehlt, ist der Amazon-Faktor: Wahlempfehlungen. «Wähler, die diese Partei gewählt haben, wählten auch ...»

Anne und ich sind dann am Ende zu einem erschreckenden Ergebnis gekommen: Unsere Koalition heißt Schwarz-Grün. Schwarz-Grün ist wie wir: alles. Aber von allem nur ein bisschen.

Fangen wir mit dem Positiven an: Anne und ich sind idealistisch. Zumindest halten wir uns dafür. Den Klimawandel finden wir «nich so doll». Und wir sind für die Umwelt. Für die Umwelt zu sein ist immer gut. Wer für die Umwelt ist, ist auch für die Zukunft. Ohne Umwelt keine Zukunft und ohne Zukunft keine Umwelt. Es bietet sich also an, für beides zu sein. So weit, so grün.

Auch «sozial» und «Gerechtigkeit» sind zwei Begriffe, die hintereinander gesprochen einen wunderbaren weltverbessernden Sound ergeben. Sind zwar eher SPD-Wörter, die aber auch die Grünen irgendwie ganz prickelnd finden.

Essen und Trinken sind inzwischen auch politisch. Das haben wir letzte Woche festgestellt. Anne hatte gekocht: argentinisches Ribeye-Steak. Dazu ein Rotwein aus Neuseeland und ein Fläschchen San Pellegrino. «Tiefschwarze Klimabilanz!», wendete ich ein.

«Ist aber nicht so schlimm», meinte Anne, «habe ich schließlich alles im Bio-Supermarkt gekauft.»

Vor diesem Hintergrund überlegt Anne täglich aufs Neue, Vegetarierin zu werden. Wobei ich sie dann keinesfalls Vegetarierin nennen dürfte – das wäre wie Achselhaare und Emanzen-Kurzhaarschnitt. Nein, sie würde sagen, dass sie jetzt «fleischfrei» lebt.

Aber noch isst sie ja alles. Darum ist sie momentan frei von Fleischfreiheit. Ich für meinen Teil bin Teilzeit-Vegetarier oder auch Gefühlsvegetarier: Ich esse nur die Tiere, die mir unsympathisch sind oder die sehr dumm aussehen. Tiere, die ich mag, kommen mir nicht auf den Teller. Kälbchen zum Beispiel oder Lämmchen sind tabu. Doof guckende Fische dagegen sind jederzeit herzlich willkommen. Ich finde das konsequent, ich bin ja auch nur mit Menschen befreundet, die mir sympathisch sind. Die anderen habe ich gefressen.

Anne verachtet China, weil die dort alles kopiert haben, außer den Menschenrechten. Nur wenn die Olympischen Spiele dort stattfinden, dann haben die Menschenrechte eben mal ein paar Wochen Sendepause. Dann sagen wir erfolgreich jein: Ja, wir sind auch für die Menschenrechte, voll und ganz. Aber nein, jetzt sind Olympische Spiele, und die wird man doch wohl noch gucken dürfen – auch ohne schlechtes Gewissen.

Die Olympischen Spiele sind dann eine Art Urlaub für Menschenrechte. Das ist ja auch nur konsequent: Es wäre gegen die Menschenrechte, wenn die Menschenrechte immer den Urlaub als Menschenrecht predigen und dann selber keinen bekommen würden.

Natürlich wollen Anne und ich Karriere machen. Aber nicht so eine FDP-Karriere. Es muss auch emotional stimmen. Und Spaß muss sie auch machen, die Karriere. Wir haben es schließlich verdient. Schwarze Karriere, aber unter grüner Flagge. Zum Beispiel mit einem Praktikum bei einer konservativen Zeitung, um dann rotzfrech auch einmal einen Text pro Windkraft zu verfassen.

Gleiches gilt für die Familie: Anne sagt, sie will Familie. Irgendwann. Aber keine spießige, wie die CDU sie will, sondern eine coole, moderne, grüne Familie. Ohne Trauschein. Und dann mit. Aber erst später. Je nachdem. Auf jeden Fall cool. Und anders.

Wie es sich für ordentliche Teilzeit-CDUler gehört, haben wir gegen unsere Eltern nie rebelliert. Sie hatten genug Ärger mit Scheidungen und Unterhaltszahlungen. Man tritt nicht nach, wenn jemand schon wehrlos auf dem Boden liegt. So musste die Rebellion leider ausbleiben. Wir gingen brav zur Schule, machten zügig ein Studium, wenn möglich. Beim ersten Praktikum hatte Anne heimlich gegoogelt, ob es die Stelle vielleicht auch in der Nähe ihrer Eltern geben könnte. Wir sind heimatverbunden und damit nah bei der CDU, vor allem aber bei der CSU, weshalb wir die Heimatverbundenheit schnell wieder ironisch brechen müssen.

Zweimal ist sie schon fast gelungen, unsere schwarz-grüne Liebeshochzeit: einmal in Hamburg und einmal in Baden-Württemberg. In Baden-Württemberg zerbrach sie leider lange vor der Trauung am Stuttgarter Hauptbahnhof. Stuttgart 21 hieß der Anlass. Als Schwarz-Grüne können wir gleichzeitig für und gegen den tiefer gelegten Bahnhof sein. Wir können «Oben bleiben!» rufen und doch unten reinspazieren.

Wir sind für den technischen Fortschritt, denn wir müssen mobil und flexibel sein. Wir müssen schneller ankommen in den europäischen Metropolen wie Ulm und Bratislava. Die CDU tunnelt uns und gibt uns die Chance, uns in den 35 Minuten unter der Schwäbischen Alb andauernd im verspiegelten Zugfenster anzuschauen und zu fotografieren. Unter der Erde werden wir perfektes Handynetz und High-Speed-Internet haben, mit dem wir dann dreistündige Hollywood-Blockbuster runterladen können, die wir nie anschauen werden – weil die Fahrzeit einfach zu kurz ist.

Nur weil wir schneller ankommen, können wir auch länger protestieren gegen die vielen Bäume, die sterben müssen für neue Bahnhöfe und schnelle Eisenbahntrassen. Wir protestieren zusammen mit den Grünen, unseren Eltern und Großeltern für und zugleich gegen den schnellen Bahnhof. Die Alten machen Sitzblockaden – so lange, bis wir gar nicht mehr wissen: Machen sie noch eine Sitzblockade, oder können sie einfach nicht mehr aufstehen?

Aber es tut gut, zu wissen, dass wir hier Seite an Seite mit unseren Eltern stehen. Sie sind ja erprobt – früher, in ihrer Jugend, waren sie auch oft auf der Straße. Damals ging es mindestens darum, den Planeten zu retten. Sonst wären sie gar nicht aufgestanden. Und den Planeten konnten sie nur retten, indem sie den Kapitalismus abschafften. Das ist ihnen zwar nicht gelungen, aber scheiße ist er immer noch, der Kapitalismus – abgesehen vom Mercedes und dem Einfamilienhaus. Heute stehen sie darum auf, um den Wohlstand zu retten, den sie damals abschaffen wollten.

In Hamburg ist unsere schwarz-grüne Koalition wegen des Volksentscheids zur sechsjährigen Grundschule geplatzt. Die Gymnasial-Eltern aus Groß-Flottbek und Harvestehude waren dagegen. Sie sagten: «Mein Kind noch zwei Jahre länger mit den Assis in einer Klasse? Nein, danke. Also, ich bin sehr für Multikulti. Aber bitte nur auf dem Gemüsemarkt.»

Anne und ich finden Protest super. Aber nur in Markenklamotten. Oder online. Oder in Markenklamotten online. Protest 2.0 eben. Dank schnellem Internet (CDU) und einem Glauben an eine bessere Welt (Grüne) geht das bald auch im ICE.

Anne hat gerade die Plattform *campact.de – Demokratie in Aktion* für sich entdeckt. Dort kann sie Appelle zu den unterschiedlichsten Themen unterzeichnen. Zu jedem Thema gibt es eine «5-Minuten-Info», in der alle Informationen gesammelt, die Lage analysiert und die Texte formuliert sind. Am Ende muss sie nur noch auf «Unterzeichnen» klicken, und fertig ist der Protest. Es ist das Häkchensetz-Prinzip. Das kennen wir von Apple. Der Protest wird zur Allgemeinen Geschäftsbedingung der Demokratie. Schnell abhaken und weiter geht's. Protest muss für uns sein wie die Caffè Latte: to go.

Am Ende müssen Anne und ich dann nur noch entscheiden, wer von uns bei der nächsten Wahl das Kreuzchen bei der CDU und wer es bei den Grünen macht.

Am besten wäre es wohl, wenn beide jeweils mit der ersten Stimme CDU und mit der zweiten die Grünen wählen würden. Wenn die Grünen sich dann mal wieder an einer rot-grünen Koalition versuchen sollten, hätten wir mit der grünen Zweitstimme indirekt auch die SPD unterstützt und trotzdem unsere Lebensgefühl-Regierung gewählt. Perfektes Parteien-Patchwork.

Seit den Landtagswahlen in Baden-Württemberg im März 2011 dürfen wir wieder hoffen. Dort regiert zwar eine grün-rote Koalition, ihr Ministerpräsident Winfried Kretschmann ist aber eigentlich die personifizierte schwarz-grüne Koalition: Grün ist er, weil er Bio- und Ethiklehrer ist, eine klassisch grüne Fächerkombi, Körner und Nachhaltigkeit. Schwarz ist er sprachlich: Mit seinem breiten schwäbischen Dialekt klingt er wie Erwin Teufel, den man mitten in der Nacht geweckt und aufgefordert hat: «Halt 'ne Rede! Jetzt sofort!» Außerdem ist er gläubiger Katholik und Mitglied eines Schützenvereins. Wenn er sich jetzt noch als vegetarischer Metzger outet, sind wir am Ziel.

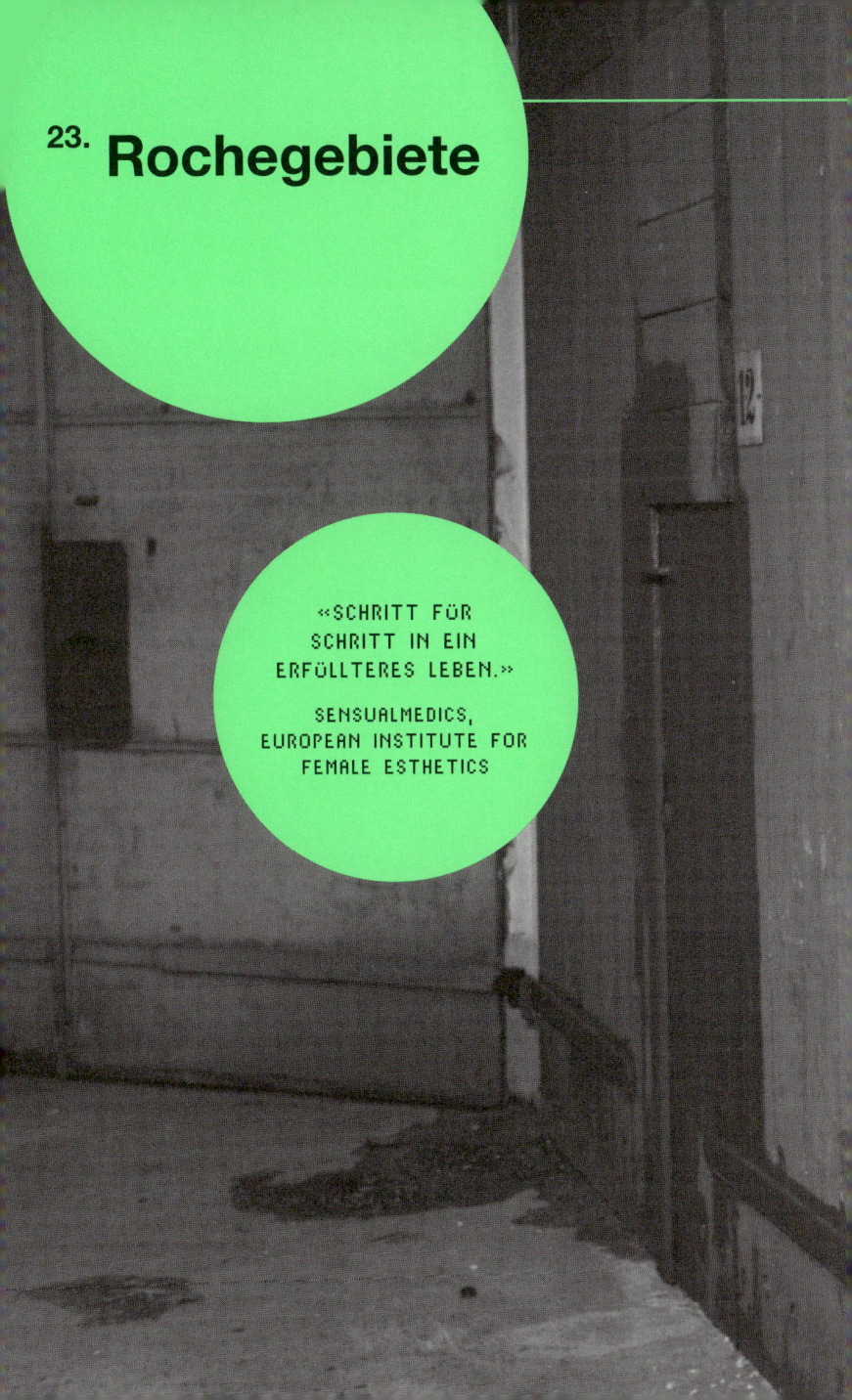

23. Rochegebiete

«SCHRITT FÜR
SCHRITT IN EIN
ERFÜLLTERES LEBEN.»

SENSUALMEDICS,
EUROPEAN INSTITUTE FOR
FEMALE ESTHETICS

Neulich war ich in der Sauna. Zum zweiten Mal in meinem Leben. Das erste Mal war ich vor 16 Jahren in einer finnischen Sauna. Ich dachte, Finnland ist ein kaltes Land, so heiß kann die ja nicht sein. Also habe ich mich einfach reingesetzt, abgewartet und bin zwanzig Minuten später, völlig am Ende meiner Kräfte, wieder hinausgewankt. Danach hatte ich zwei Tage lang höllische Kopfschmerzen und schwor mir, nie wieder eine Sauna zu betreten. Ich hielt die Kopfschmerzen für die angemessene Strafe: Schließlich war ich nur zum Gaffen in die Sauna gegangen. Na ja, sagen wir, um mich zu inspirieren. Eine Freundin war weit und breit nicht in Sicht, und das Internet gab es auch noch nicht. Was also tun angesichts des pubertären Hormonstaus?

Das ist lange her. Heute komme ich nicht mehr als Spanner, sondern, weil Saunieren so gesund ist. Heute brauche ich keine Inspiration mehr – ich habe ja Anne. Trotzdem kann man ja mal gucken, was man so alles verpasst, wenn man sich festgelegt hat. Gegessen wird schließlich weiterhin zu Hause, wie Anne gerne halbironisch bemerkt.

In einem «Health Club» möchte ich mir und der Sauna eine zweite Chance geben. Solange es keine finnische, schwedische, norwegische oder grönländische ist.

Jede popelige Muckibude, die auch nur eine winzige Saunaecke in ihren Keller gezimmert hat, nennt sich ja inzwischen «Wellness- and Health-Club».

Wellness ist ein englisches Wort, erfunden von einem Ami. Ein amerikanisches Wort, das für ostasiatische Anwendungen steht. Hier wächst zusammen, was nicht zusammengehört. Die ostasiatische Ruhe und das amerikanische Höherschnellerweiter gehen hier eine Liaison ein, die nicht funktionieren kann. Darum können und dürfen wir uns hier nicht wohl fühlen, wir müssen.

Über dem Eingang zum Saunabereich prangt in großen Buchstaben «Für gute Gesundheit». Was für ein Müll! Wie sieht dann bitte schlechte Gesundheit aus? Ist vielleicht Krankheit damit gemeint?

Ist Krankheit heute überhaupt noch Krankheit oder einfach Gesundheit, die noch suboptimal ist?

Hier in der Sauna muss ich nun also richtig runterkommen. Was erwartet mich dort unten? Meine innere Unterschicht? Möchte ich die überhaupt kennenlernen? Dann könnte ich ja gleich in mich hineinhören. Wer weiß, vielleicht höre ich dann Stimmen, die mir sagen, ich solle endlich zu ihnen runterkommen.

Vor dem Saunagang muss ich aber noch einmal in die Umkleide. Ich habe seit mittlerweile fünfzig Minuten weder SMS noch Mails gecheckt. Also werde ich jetzt schnell, aber sehr entspannt runtergehen, um dann eilig, aber ganz unverkrampft Mails und SMS zu lesen. Anschließend werde ich nach mehreren hektischen Telefonaten relaxt wieder nach oben gehen, um in der Sauna mit Blick über die Stadt ganzheitlich die Sanduhr umzudrehen und in zwölf Minuten endgültig runterzukommen.

Mit dem Saunagang verbinde ich einen wichtigen Wunsch: so wenig Gesellschaft wie möglich, bitte. Da ich erst zum zweiten Mal hier bin, fehlt mir die natürliche coole Lässigkeit beim Anblick nackter Körper. Doch mein Wunsch wird nicht erhört, dicht an dicht drängt sich schwitzendes Fleisch auf den Saunabänken. Jetzt bloß nicht wie ein Spanner wirken. Dennoch muss ich hingucken, ich kann nicht anders. Die anderen Saunisten spielen ihre Rolle überzeugender: Sie starren vor sich hin wie Passanten im Krimi, die am Tatort vorbeikommen und von der Polizei aufgefordert werden, einfach weiterzugehen. Ich erinnere mich an einen Satz von Anne über Männer in der Sauna: Die Typen, die man nackt sehen kann, will man nicht sehen, und diejenigen, die man nackt sehen will, kann man hier nicht sehen.

Ich halte das für Körperfaschismus. Wer legt denn fest, welche Körper ich nackt sehen möchte und welche nicht? Oder gibt es inzwischen einen gleichgeschalteten Geschmack, so wie es gleichgeschaltete Fitnessketten, gleichgeschaltete Elektronikläden und gleichgeschaltete Klamottenläden gibt?

Beim heimlichen Hingucken fällt mir auf: Es wird rasiert, epiliert und gewachst, was das Zeug hält. Dabei geht der Trend offensichtlich zur vollständigen Haarentfernung im Intimbereich, quer durch fast alle Generationen. «Brazilian Hollywood Cut» heißt das in der Fachsprache, wie ich mir habe sagen lassen. Seit wann liegt Hollywood in Brasilien? Es erinnert verdächtig an die pleitegegangene Bank *Hypo Alpe Adria*, bei der die Erfinder die Alpen offenbar in der Adria verortet haben. Der Hinweis, Hollywood liege in Brasilien, wäre wohl selbst für einen 9-Live-Moderator ein Kündigungsgrund.

Ich lasse meinen Blick weiterschweifen, ganz unauffällig, versteht sich. Die Alternative zum «Hollywood Cut» sitzt direkt neben ihm: der «Brazilian Landing Strip», schmaler Streifen auf dem Schambein, der wie eine Landebahn aussieht – wahrscheinlich angelegt für den wenig erfahrenen männlichen Piloten, der noch nicht so genau weiß, wohin die Reise gehen soll.

Intimfrisuren sind selbstverständlich auch beim rundum gleichberechtigten Mann angesagt, gern wird hier der Doppel-Iro rasiert. Er ist für Männer, die zeigen wollen, dass sie den Größten haben. Es bleiben zwei senkrechte Striche rechts und links stehen, sodass das Genital optisch größer wirkt, als es selbstverständlich sowieso schon ist.

Alice Schwarzer müsste nach einem Saunagang in meinem Wellness- und Health-Club wahrscheinlich künstlich beatmet werden. Sie und ihre MitstreiterINNEN sind VerfechterINNEN des Wildwuchses und glauben, die rasierte Frau unterwerfe sich perversen Wünschen perverser Männer – und die wollen selbstverständlich nichts anderes als unterwürfige, unschuldige jungfräuliche Kindfrauen. Das ist Schwachsinn, würde es doch umgekehrt bedeuten, dass sich Frauen einen kleinen thailändischen Liftboy im Bett wünschen.

An dieser Stelle ist es mir als Frauenbeauftragtem dieses Buches eine Herzensangelegenheit, dauerhaften Frieden im intimen Nahen Osten der weiblichen Generationen zu stiften: Das Schamhaar ist wie das Haar auf dem Kopf, es gibt unzählige Frisuren. Und das Tolle ist: Im Gegensatz zu früher wird das heute auch gelebt. Was die Alten für Unterdrückung halten, ist für uns Emanzipation. Vom Dreieck über das Herz und den Pfeil bis hin zur Glatze und wieder zurück ist alles möglich. Während meiner Schulzeit war die große Frage in der Schule: *Geha* oder *Pelikan*? Heute lautet sie: «Hollywood Cut» oder «Landing Strip»? Die Intimfrisur ist die Markenklamotte unterhalb der Gürtellinie.

Ich beschließe, ab sofort sehr diszipliniert vor mich hinzugucken. Damit mir das schneller gelingt, nehme ich mir fest vor, an etwas ganz Anderes zu denken, meinen letzten Strandurlaub mit Anne zum Beispiel. Da hatte sie mich plötzlich völlig ohne Grund besorgt gefragt, ob ich heimlich auf Silikonbrüste stehe. Ich verneinte klar und deutlich. Der Tag war gerettet.

Früher arbeiteten wir mit unserem Körper, heute arbeiten wir an ihm. Selten haben Menschen so viel an sich herumgeschraubt wie heute. Es wird ab- und wieder zugenommen, gehungert, gegessen und wieder abgeführt, gebotoxt und aufgespritzt, operiert und zusammengeflickt.

Der Körper ist heute Optimierungsmasse. Darum müssen wir ihn trainieren und perfektionieren. Vor wenigen Tagen habe ich einen Artikel in der Zeitung gelesen, in dem die Autoren von einem neuen Trend berichteten: Intimoperationen. Liegt ja auch irgendwie auf der Hand: Ist der Urwald erst einmal erfolgreich gerodet, wird der Blick frei für den Boden darunter. Und auch der hat perfekt zu sein, wir sind schließlich anspruchsvoll und haben uns Perfektion verdient. Und was von sich aus nicht perfekt sein will, das machen wir perfekt – und zwar ohne Rücksicht auf Verluste. Zwar holen die Männer auf in Sachen Schönheits-OPs, aber noch sind es vor allem Frauen, die sich unters Messer legen. Und sie werden immer jünger: Als erste OP steht die G-Punkt-Vergrößerung an, ein Eingriff für die junge, kinderlose Frau, die Spaß haben will. Ziel dieser Operation ist es, den Orgasmus zu erleichtern. Der Orgasmus, das ist die Einkommensteuer des Sexes. Sie darf nicht bezahlt werden, sie muss. Und zwar im richtigen Moment. Nicht zu früh und nicht zu spät. Im besten Falle gleichzeitig mit dem Partner, und wenn möglich, mehrfach. Klappt das nicht, wird es schnell schwierig. Dann gilt: Wer nicht kommt, kann gehen. Denn Sex ist kein Spaß, sondern harte Arbeit, und das Ergebnis muss man sehen und hören können. Ob es den G-Punkt wirklich gibt, weiß zwar bis heute niemand, aber das ist ja noch lange kein Grund, ihn sich nicht vergrößern zu lassen. Spätestens nach der dritten Diät und dem vierten Jojo-Effekt wird es Zeit, dem Idealbauch ein wenig nachzuhelfen, und es folgt die nächste Operation, die Unterbauchstraffung. Alles muss straff sein – straff wie die Organisation der Firma, straff wie ein durchgeplanter Tag.

Ist das erste Kind geboren, steht ein weiterer großer Schnitt im Schritt an: die Vaginalstraffung. Trotz vorheriger G-Punkt-Vergrößerung ist beim Sex nichts mehr zu spüren, darum muss auch hier alles wieder straffer werden.

In naher Zukunft schon werden sich Frauen nicht mehr fragen, wie alt sie sind, sondern in welcher Phase sie sich gerade befinden: G-Punkt-Vergrößerung, Bauch- oder Vaginalstraffung.

Zu Geburtstagen, Weihnachten, Ostern, Pfingsten und Silvester kommen nur noch Geldgeschenke in Frage. Zum 18. Geburtstag gibt es keinen Führerschein mehr, sondern Geld für die Schamlippen-OP. Der Lappen muss weg, heißt es dann. Weniger fahren, mehr operieren, das hilft der Umwelt und den Ärzten gleichermaßen. Viele zum Botox-Fachmann umgeschulte Zahnärzte können sich ihren Porsche dann wieder leisten.

Alles soll weniger werden: Wir machen Diäten, verkleinern Schamlippen und Nasen und lassen Fett absaugen. Genau wie wir Bier ohne Alkohol und Kaffee ohne Koffein trinken, Sex ohne Gefühl haben und Beratern ohne Ideen vertrauen. Es herrscht die große Diktatur des Ohne, in der wir gleichermaßen Herrscher und Beherrschte sind. Wir unterwerfen uns Regeln, die wir selbst erfunden haben. Hinter dem Credo «Alles ist möglich» verbirgt sich ein knallhartes Regelwerk, das dafür sorgt, dass die Sicherheit über den Spaß siegt, die Angst über die Lust, das Geschlossene über das Offene.

Eine Million Menschen in Deutschland sind magersüchtig, zugleich ist jeder Zweite übergewichtig. Deutschland ist eine *Brigitte*-Republik: *Brigitte* zeigt zwar nur noch normale Frauen mit normalen Körpern. Die vollbusige Lehrerin hat das Magermodel vom Cover gejagt. Neben ihr ist aber immer noch genug Platz für die neue «In-vier-Wochen-20-Kilo-weg-Diät».

Bei McDonald's hängt die Kalorientabelle mittlerweile groß am Eingang. Das ist so, als wenn über der Tür eines Bordells eine Liste aller Geschlechtskrankheiten hängen würde, die man sich hier holen kann.

Wir formen unsere Körper vor Spiegeln, machen uns die Haare vor Spiegeln und lassen abends die Handykamera zum Spiegel werden.

In einem Leben, das ein einziges großes Projekt geworden ist, geht es darum, uns täglich neu zu erfinden und in Form zu bringen. Nichts ist selbstverständlich. Da es keinen Gott mehr gibt, müssen wir selbst Gott spielen und unser eigener Schöpfer werden. So werden wir Gott, unser Körper die Religion und die Kalorientabelle zur Bibel.

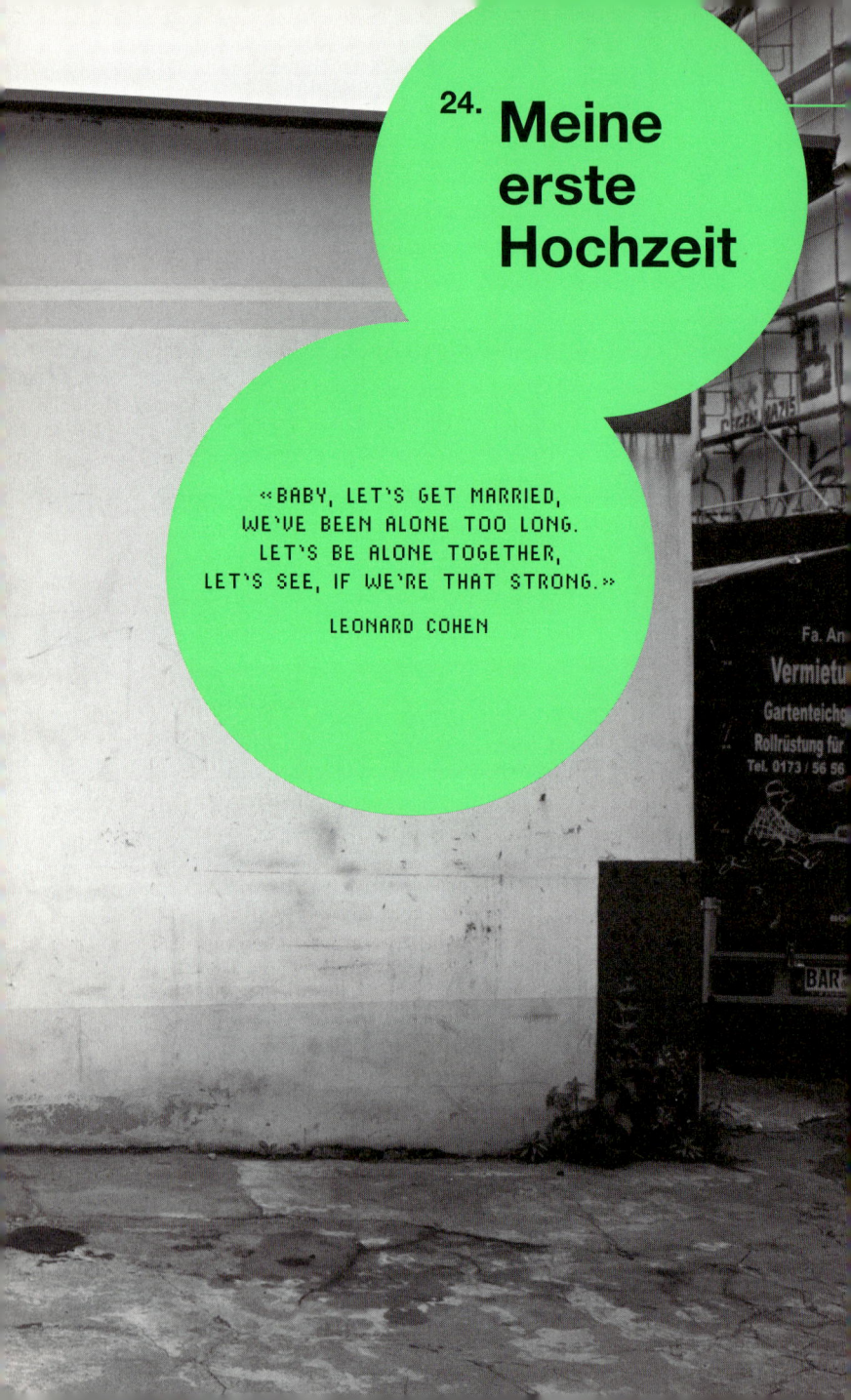

24. Meine erste Hochzeit

«BABY, LET'S GET MARRIED,
WE'VE BEEN ALONE TOO LONG.
LET'S BE ALONE TOGETHER,
LET'S SEE, IF WE'RE THAT STRONG.»

LEONARD COHEN

Meine erste Hochzeit beginnt an einem Dienstagmorgen im Februar. In meinem Briefkasten finde ich einen Umschlag. Jens heiratet Nicola. Einer musste ja den Anfang machen. Und wer, wenn nicht Jens? Wer mit 17 Jahren im *Fun* mit Polohemd zu Schlagern tanzt und dabei ernsthaft das Wort «abhotten» in den Mund nimmt, muss wohl spätestens mit 30 «unter der Haube» sein. Im Umschlag weitere Floskeln: «Wir trauen uns.» Und es kommt noch schlimmer: «Save the date» muss ich da lesen. Diese bekloppte Weihnachtsfeierfloskel geschniegelter Manager. Schon aus Prinzip boykottiere ich Anlässe, die mit einem «Save the date» daherkommen. Das sind immer Partys, bei denen schon auf der Einladung «angeregte Gespräche» befohlen werden. Vor Ort folgen dann Laberbacken-Drohungen wie «Wir machen mal was zusammen!», «Ich adde dich morgen bei Facebook!» oder: «Und, bist du auch bei XING? Ach, ich find dich schon! Tschühüüüs!» Nein, wir werden uns nicht finden – und es ist auch besser so.

Seit wann hat die Sprache der Manager, Product Owner, Coaches und wie all die wichtigen Medienleute heißen, auch bei Hochzeiten und anderen privaten Feiern Einzug gehalten?

So richtig fällt mir die Kinnlade runter, als mir der Ort der Heirat auffällt: Sizilien. Das muss ein Scherz sein. «Ein paar Tage» sollen wir einplanen.

Ich hatte mich bisher sämtlichen Hochzeiten erfolgreich entzogen. Jedes Mal ließ ich Anne alleine feiern gehen. Bei den Ausreden war ich immer ausgesprochen kreativ: Einmal hatte ich nicht die richtigen Klamotten, einmal keine Zeit und beim dritten Mal eine Angina. Blöderweise hatte ich die schon zwei Monate im Voraus angekündigt. Das überzeugte nur mittelmäßig. Allein im letzten Jahr machte Anne auf ihrer internationalen Wedding-Tour Station in Österreich, Frankreich, auf der Schwäbischen Alb und in einem Kaff an der Mecklenburgischen Seenplatte. Offenbar hatte sie ein Hochzeitsgast-Casting gewonnen. Das «Freunde suchen den besten Partygast aller Zeiten der uns nicht nur reich beschenken sondern auch noch mit einem Höllenritt seine Sympathie bekunden darf»-Casting. Ich hatte jedes Mal das Gefühl, heiraten ist heute ein Party-Schwanzvergleich: Wer hat die größte?

Sizilien im August. Wer kommt auf so eine Idee? Anne und ich wollten im August wieder nach Frankreich, nicht nach Italien. Aber sie meint, man müsste dahin. Vielen Dank. Das sind die schönsten Feiern, zu denen MAN hin MUSS. Ich dachte bisher, so etwas gibt es nur bei Reihenendhaus-Bewohnern, wenn der Oberstudienrat von nebenan 60 wird. «Man muss dahin», heißt dann so viel wie: «Warum wohnt das Arschloch neben uns, und wer hat dafür gesorgt, dass es 60 werden konnte?»

Anne und ich wohnen weder zusammen, noch sind wir verheiratet. Und trotzdem sind wir offenbar schon auf der MAN-Stufe.

Ich möchte eine freundliche Mail an Jensnicola schreiben: «Liebes Jensnicola! Vielen Dank für Eure Einladung. Leider kann MAN nicht kommen. MAN findet diese Heiraterei widerlich, diese Spießigkeit, die da zurückgekehrt ist. MAN findet es grauenhaft, dass Ihr Euch Ringe anzieht, die doch in Wahrheit Ketten sind, an die Ihr Euch legt. Dass Ihr Biederkeit mit Coolness verwechselt – mühsam überdeckt vom ach so coolen Sizilien.

Die Anzahl Eurer Gäste soll wohl die Anzahl Eurer Ehejahre nach oben treiben. Wahrscheinlich denkt Ihr: Wir können in fünf Jahren nicht zweihundert Leuten erklären, warum wir uns scheiden lassen. Also lassen wir's lieber mit der Scheidung und werden zu Ehebrechern, Ehebiegern, Ehelügnern. Hochzeitsgäste als Zeugen eines jahrelangen Verbrechens.

MAN steht Euch aber nach der Scheidung beim Auszug in eine Ein-Zimmer-Wohnung gerne tatkräftig unterstützend zur Seite – mit Mietspiegeln und Schminkspiegeln.»

Ich bin begeistert von meinen Worten. Abgeschickt habe ich den Brief nicht. So ist es beim Konjunktiv geblieben, wie immer.

Anne hat den Versand gestoppt. Und mir mal wieder geraten, mich bei einem Therapeuten mit der Scheidung meiner Eltern auseinanderzusetzen. Sie findet außerdem, es sei unsere Pflicht, bei dieser Hochzeit zu erscheinen, einfach weil Jensnicola unsere Freunde sind – also eine Art Teil der Familie. Ich erwidere: «Aha, Familie also! Deiner armen Tante würdest du auch nicht aufbürden, für eine lächerliche Hochzeit eine halbe Weltreise anzutreten. Du würdest sie mit einer echten Einladung einladen. Und nicht mit so einer vergifteten ‹Du bist eingeladen, wenn du's dir leisten kannst, eingeladen zu sein›-Einladung. Das ist wie eine Perlenkette, die ich dir schenke, um dann zu sagen: ‹Schön, oder? Das macht dann 200 Euro, bitte!›»

Als ich Jens bei einem Kaffee in seiner Mittagspause vorsichtig auf eine Absage vorbereiten will, hat er wenig Verständnis dafür, dass mir Sizilien leider ausnahmsweise mal zu weit ist im August. Mach doch einfach einen Kurzurlaub draus, meint er. Aha. Kurzurlaub also. Komisch. Wenn ich mich mit Jens treffen will und eine Kneipe in einem anderen Stadtteil als seinem oder meinem vorschlage, ist ihm das immer ausgerechnet heute zu weit. Wobei «heute» bisher jedes Mal war.

Andauernd ist ja von der Neuen Bürgerlichkeit unserer Generation die Rede. Lange dachte ich, das ist ein doofer Medien-Hype. So spießig, wie uns ahnungslose Journalisten machen wollen, können wir gar nicht werden. Jetzt zeigt sich: In Wirklichkeit ist alles noch viel schlimmer. Die Familie haben wir längst heilig gesprochen, die richtige Schule ist die strengste, am besten ein Internat. Wir zahlen wieder Kirchensteuer, und zwar gerne – so, wie wir CO_2-Abgabe zahlen. Fürs Gewissen. Kirche ist gut, der Papst scheiße. Aber der Papst ist ja auch nicht die Kirche. Das eine hat ja mit dem anderen nichts zu tun. «Ich mach mir die Welt, widde widde wie sie mir gefällt.» Wir haben früher einfach zu viel Pippi Langstrumpf geguckt.

Neue Bürgerlichkeit heißt in erster Linie, die Kultur des Ohne weiter fortzusetzen: sich selbst begrenzen, sich disziplinieren, sich im Griff haben, die Form wahren. Wir sind lauter kleine Knigges auf zwei Beinen, Etikette ist wichtig. Aber wir sind perfekte Etikettenschwindler.

So sind Hochzeiten heute Events, genau wie der Rest des Lebens. Durchorganisiert von Anfang bis Ende. Auch die Hochzeit ist ein Projekt, und zwar ein verdammt wichtiges. Mit einer Deadline, zu der alles stehen muss. Alles muss auf höchstem Niveau sein: Der Style, der Ort – nur beim Partner scheinen viele eine großzügige Ausnahme zu machen. Hauptsache Heiraten!

Jensnicola sind Scheidungskinder. Und trotzdem heiraten sie. Das ist so, wie wenn man sich entscheidet, nach einem knapp überlebten Flugzeugabsturz Pilot zu werden. Jensnicola sagen, sie wollen es besser machen als ihre Eltern. Jensnicola sagen auch, dass ihre Ehe halten könne. So sind wir eben, wir Kohl-Kinder. Unser Vertrauen in die Welt scheint grenzenlos. Mögen alle Zahlen, Daten und Fakten gegen mich sprechen, ich werde die Ausnahme von der Regel sein.

In ihrem Freundeskreis heirateten jetzt immer mehr Leute, haben Jensnicola beobachtet, da seien sie schon irgendwie im Zugzwang. Zugzwang – ein schönes Motiv, um den Rest seines Lebens miteinander zu verbringen. Fast so schön wie Steuern sparen.

Richtig Geld ausgeben werden sie, sagen Jensnicola. Nicola von Jensnicola wird zur Kosmetikerin gehen, mit Vorgespräch und Beratung, das Gleiche beim Friseur und einer Stylistin, die ihr wahrscheinlich am Hochzeitstag einen Hausbesuch auf Sizilien abstatten wird. «Frisiere meine Hochzeit!» ist das Motto dieses Tages. Muss ich mich an den Styling-Kosten beteiligen? Einfach, weil ich Nicola auf Sizilien anschauen darf? Bei einem Konzert finanziere ich ja über den Eintrittspreis auch die Stylisten mit, die meinen Star erst tageslichttauglich machen.

Einmal hätten Jensnicola die Hochzeit schon fast abblasen müssen, weil sich die beiden nicht einigen konnten – auf ihren Nachnamen. Jens wollte zunächst heißen wie Nicola, weil er ja ein unfassbar moderner, aufgeschlossener Mann ist, der echt alle Denkverbote hinter sich gelassen hat. Jens führte dabei den Kinderfall ins Feld. Kinder sind zwar weder geplant noch beabsichtigt, zumindest jetzt nicht, aber ausschließen kann man auch nix. Im Kinderfall jedenfalls, wolle er, Jens von Jensnicola, niemals wegen eines anderen Nachnamens im Ausland ständig für den Entführer der eigenen Kinder gehalten werden. Darum biete er, Jens, an, den eigenen Nachnamen an den Nagel zu hängen und Nicolas Nachnamen anzunehmen. Nicola lehnte ab, zu unmännlich. Jens hatte dann gefragt, ob sie einen Doppelnamen wolle. Um Himmels willen, hatte Nicola ausgerufen. Ein Doppelname kommt nicht ins Haus. Ein Doppelname ist Emanzenkacke, fand Nicola. Das hat man in den 80ern gemacht. Dann müsste sie sich noch vor der Hochzeit raspelkurze Haare schneiden lassen und den Visagisten-Trupp für die Hochzeits-Hochsteckfrisur wieder ausladen. «Doppelnamen!», sagt Nicola immer herablassend. «Da weiß doch keiner mehr, wer wer ist.» Unvorstellbar! Welchen Ärger Frau Leutheusser-Schnarrenberger seit Jahrzehnten haben muss, nur um ihren ganzen Namen auf ein simples Klingelschild zu pappen. Und bevor aus Platzgründen nur der erste Teil des Namens dasteht, könne man auch gleich nur einen Namen haben – und zwar den des Mannes. Das war Jens zu altbacken. Ein gemeinsamer Name aus Tradition, nein, um Gottes willen! Traditionell wollen Jensnicola auf keinen Fall sein. Traditionell geht gar nicht! Heiraten ja, aber niemals traditionell. Kirchlich ja, aber nicht gläubig. Cool heiraten ist wichtig, darum Sizilien. Italien ist ja auch keine besonders gläubige Gegend, klar.

Eine Zeitlang wollten sie also ihre eigenen Namen behalten, jeder seinen. Dann aber setzte sich Nicola durch. So, wie sie sich auch bei der Bildungsreise nach Costa Rica im letzten Sommer durchgesetzt hatte. Jens wollte entspannen am Meer, Nicola anspannen in Costa Rica. Mit täglichem Bungalow-Wechsel und «Lonely Planet»-Reiseführer und richtig viel Kultur. Jetzt heißt also Nicola wie Jens. Das ist nicht bieder, das ist retro, sagt Nicola. Ich schlage vor, dass die beiden doch einfach im Jahresrhythmus Nachnamen tauschen sollten. So heißt jeder mal wie der andere.

Auch Hochzeiten sind eine große Ja-aber-Veranstaltung. Ein großes ironisches «JA, wir machen das, ABER eigentlich ist alles nicht so gemeint».

So wie beim Junggesellenabschied, für den sich Jens jetzt offenbar bereit fühlt. Jens sagt, man müsse auch einfach mal die alten Denkverbote abschütteln, nicht immer alles nur schwarz-weiß sehen. Ich finde Junggesellenabschiede nicht schwarz-weiß. Ich finde sie nur schwarz. Junggesellenabschiede gehören aber heute wieder dazu, stets ironisch gebrochen, versteht sich. Mit T-Shirts, auf denen steht: «Selbst ich hab eine abbekommen» oder «Ab morgen trage ich Leine.» Frauen können dann eines anziehen mit der Aufschrift: «Ab morgen Desperate Housewife.» Aber das wäre ja keine Ironie mehr. Das wären nicht ein bisschen Spaß und ein bisschen Ernst – das wäre einfach nur die Wahrheit.

Jens wird mit seinen Kumpels in einen Stripclub und einen Puff gehen, aber ohne Anfassen. Nicola und ihre Freundinnen werden sich besaufen, aber kontrolliert. Das ist das Wichtigste. Nur ein bisschen ausflippen. Jensnicola werden an diesem Abend beide in Maßen das Getränk trinken, das sie am besten beschreibt: Kleiner Feigling.

Hinter unserer Partyironie zwischen Junggesellenabschied und Sizilien verstecken heiratende Pärchen nur eine bittere Wahrheit: Dass sie jetzt Teil eines Gefängnisses sind, ein Gefängnis, das sie selbst gebaut haben und in das sie sich freiwillig hineinsperren werden. Die Gitterstäbe sind nur schlecht überpinselt mit der Farbe der perfekten Hochzeit in der perfekten Location auf der perfekten Insel mit dem perfekten Partner, der natürlich mehr ist als ein Partner. Er ist Geliebter, Hausmann, Schwester, Bruder, Vater, Mutter und Hure. Alles muss erfüllt sein in einer Ehe, die zwar eine ist, aber bloß nicht so aussehen darf. Verheiratet sein, aber leben wie ein Single. Und drüber reden, dass alles nicht so ist, wie es scheint, und nichts so scheint, wie es ist.

Jensnicola sind nun so, wie ich mir Erwachsene vorstelle: tagein tagaus damit beschäftigt, ihr eigenes Leben zu rechtfertigen. Angekommen im Hafen der Ehe. Wie kann man nur für immer in einem Hafen ankommen wollen? Dort liegt man in trübem Gewässer. Schichten von abgestandenem Öl schwimmen um einen herum, ab und zu sieht man einen toten Fisch.

Jensnicola werden Eheleute sein. Sie werden diese perverse Institution unterstützen, die Liebe und Romantik vermischt mit ökonomischen Interessen, mit einem Regelwerk, das die Gesellschaft zusammenhalten soll.

Die Ehe ist aber weder ein Hafen noch eine Insel. Auch sie gehorcht nur den Gesetzen des Markts: Den Menschen, den wir auf dem Partnerschaftsmarkt ergattern und später heiraten, nennen wir nach streng marktwirtschaftlichen Gesichtspunkten auch einen «guten Fang». Er ist ein Fisch, der ins Netz gegangen ist und nach unseren Vorstellungen in den Hafen geschleppt und filetiert wird.

Die gute Ehe wäre eine, die nicht mehr vom Staat alimentiert würde, die das pervertierte Denken vom «guten Fang» und der «guten Partie» nicht länger unterfüttert. Die Ehe darf nicht mehr oder weniger wert sein als andere Formen des Zusammenlebens. Oder wir müssten die Zweckehe wiederbeleben: Zwei Menschen tun sich zusammen, weil sie den gleichen Musikgeschmack haben oder die Deutschen vor dem Aussterben retten wollen. Aber solange Marktwirtschaft und Liebe unter dem Vorwand der Romantik eine Ehe eingehen, stirbt die Liebe, bevor sie leben konnte.

Ich habe beschlossen: Ich fahre nicht nach Sizilien, möchte aber trotzdem dabei sein. Aus sicherer Entfernung. Darum schlage ich Jensnicola vor, auf Facebook statt auf Sizilien zu heiraten. Da könnten alle ihre 3800 Freunde live zugucken, wie sie sich selbst beim Heiraten mit der Handykamera filmen. Lediglich beim Ringetausch müsste kurz ein Trauzeuge übernehmen. Das würde insgesamt Reisekosten sparen, und die Freunde könnten trotzdem dabei sein – in Trainingshose auf dem heimischen Sofa. Mit Chips und Prosecco. Ganz so, als wenn irgendein Königspärchen heiratet. Da fährt man ja auch nicht jedes Mal extra hin.

Anschließend steht dann die Hochzeit vier Wochen auf der eigenen Facebook-Seite zum Download bereit. Ehe on demand. Dann könnte ich auch vorspulen, wenn's langweilig wird, oder zurück, wenn ich die Handlung nicht ganz verstanden habe. Oder ich schaue mir auf Jens' Profil einfach die Bildergalerien an. Unter der Überschrift: Herr der Ringe.

26. Loungefeeling

«WIR SITZEN IM
WARTESAAL ZUM GLÜCK-
LICHSEIN UND WARTEN
MAL. UND STÜTZEN UNSERE
KÖPFE, WENN SIE WIEDER
ZU VOLL SIND.»

BOSSE, WARTESAAL

Vor ein paar Wochen hat in meiner Straße eine Lounge aufgemacht. Ich bin oft an den verglasten Fensterfronten vorbeigelaufen. Nur, um zu gucken. Um zu gucken, wie ich heute aussehe. Irgendwann bin ich dann auch einmal reingegangen. Ich habe nämlich mittlerweile das Gefühl, dass ich im Lounge-Alter angekommen bin.

Mein letzter *Fun*-Besuch ist schon über zehn Jahre her. So toll ist es auf Dauer nicht, anderen beim Tanzen zuzuschauen und sich dabei die Beine in den Bauch zu stehen. Ich bin jetzt 30, da setzt man sich auch ganz gerne mal hin. So erwische ich mich inzwischen immer öfter beim Besuch einer Lounge. Zum Chillen. Wobei ich dieses Wort nicht ausstehen kann. Chillen ist was für Kiffer, die den Tag verpennen und mit glasigen Augen durch die Nacht stolpern. Der Lounge-Sitzer dagegen ist stets auf der Höhe. Er hat acht Handys, vier Smartphones und zwei Laptops. Alles ist mit allem synchronisiert, zumindest theoretisch. Praktisch sieht es ein bisschen anders aus. Aber was ist schon die Praxis? Er braucht das Chaos und nennt es kreativ. Innen gestresst, außen entspannt. Hibbelig, aber cool. Vor allem viele frühere *Fun*-Jünger sitzen heute weltweit in Lounges verteilt. Es ist ein Ort, an dem selbst der Steuerfachangestellte sich locker macht, indem er den Kragen auch mal hochklappt. Die Lounge ist die Wellness-Farm des späteren Abends. Nach Fitness, Pilates und Sauna nochmal in aller Ruhe gemütlich einen trinken gehen. Was zum Runterkommen für Leute, die glauben, dass sie ganz oben mitschwimmen. Im Hintergrund müsste dauerhaft der alte John Carpenter laufen mit den Zeilen: «I'm on the top of the world, looking down on creation.» Hier gibt es kuschelige Sofas statt kalter Tanzflächen. Gedämpftes Licht statt nervigem Geblitze. Brave Cocktails ohne Alkohol statt böser Ecstasy-Pillen. Salonjazz statt Scooter. Und Leute, die das Alphabet flexibel draufhaben statt zappelnder Dumpfbacken: Salon-Intellektuelle und Feierabend-Philosophen nehmen sich hier gerne mal fünf Minuten, um festzustellen, dass wir alle echt immer oberflächlicher werden.

Selbst ehemalige Technoclub-Betreiber gehen es heute gerne auch etwas ruhiger an und loungen deshalb. Lounging bedeutet Wohlgefühl in dezenter Atmosphäre: Darum stehen in meiner Lounge viele weiße Schalensessel und dunkle Tische vor einer riesigen Fensterfront. Alles ist cool, aber ohne Gesicht. Früher im *Fun* gab es die Torstens. Torstens waren schön, aber hohl. Es wirkt, als ob sie ein bisschen zu viel «Schöner wohnen» für Business-Leute gelesen hätten.

Vom Scheck ihrer Eltern haben sie Coaches engagiert, die so lange irgendwas von «Corporate Identity» gefaselt haben, bis sie in ihren hohlen Torsten-Köpfen Lounges schufen. Lounges, die überall auf der Welt gleich aussehen, die gleichen Getränke zu den gleichen Preisen verkaufen und die gleichen Leute mit den gleichen Frisuren beherbergen.

Gerne plätschert Musik von einem Lounge-Musiksampler aus dem Media Markt. Musik, die nicht stört, für Leute, die nicht gestört werden wollen. Da drüben in der Ecke lümmelt einer cool rum. Er hat eine Frisur, die so aussehen soll, als käme er gerade aus dem Bett. Tatsächlich hat er wahrscheinlich heute Morgen zwei Stunden vor dem Spiegel gestanden, um den Zustand des frisch Erwachten künstlich wiederherzustellen. Out-of-Bed-Style nennt man das. Die Frau neben ihm spielt Prinzessin und will wieder 16 sein in ihrem Kleidchen – sie bricht die Rolle gerade noch rechtzeitig mit einem Gehabe, das selbstbewusst sein soll, aber am Ende nur hilflos wirkt. Sie nippt kindlich an ihrem Strohhalm und macht dabei große Kulleraugen. Ihr Glas umklammert sie wie meine Oma ihren Rollator. Der ironische Gammler scheint an ihr interessiert zu sein, sie irgendwie auch an ihm. Es ist ein Flirt im ersten Gang mit angezogener Handbremse. Beide überdecken ihr Interesse mit Coolness. Es wird laufen wie bei Anne und mir: Sie wird heute ohne ihn nach Hause gehen. Er wird auf die Minute drei Tage abwarten, um ungeheuer unabhängig zu wirken. Dann wird er anrufen und sich mit ihr fürs Kino verabreden. Sie werden danach Sex haben, aber entschieden ist nichts. Es werden Monate ins Land gehen, bis wenigstens für einen der beiden klar ist, ob das Ganze Affäre, Beziehung oder doch besser gar nichts von allem werden soll. Die beiden folgen dem Gesetz der Lounge, in der sie sich kennengelernt haben: Wo man schnell drin ist, ist man auch schnell wieder draußen.

Ganz bei mir, voll authentisch, muss ich hier nichts an mich heranlassen. Alles perlt irgendwie ab. Die Musik, die Leute, die Möbel. Der Barkeeper hat mich seit fast einer halben Stunde konsequent ignoriert. Gäste stören hier offenbar. Ich nehme mir vor, abzuwarten, wann er mich bemerkt. Schließlich steht er vor mir und fragt: «Hast du schon bestellt?» Er klingt dabei wie ein Kontrolleur im Zug, der einen Schwarzfahrer ertappt hat. Ich sage: «Nein, wie soll ich bestellen ohne Karte?» Wortlos knallt er mir das Teil vor die Nase. Sein Blick ist so verachtend, als hätte ich die gesetzliche Meldepflicht vorsätzlich vernachlässigt. Ich muss eine ungeheure Zumutung für ihn sein. Die Karte ist umfangreich. Jetzt geht das schon wieder los. Ich werde Zeit brauchen, um sie zu studieren, eine engere Auswahl festzulegen, anschließend eine enge und dann eine endgültig enge Wahl zu treffen. Am Ende entscheide ich mich nach mittelschweren Gefechten mit mir selbst für das Lounge-Getränk schlechthin: den Prosecco Aperol.

Der Prosecco erlebt mit dem Aperol seinen zweiten Frühling. Allein war er ein vereinsamter Single auf der Schlagerparty. Der Vokuhila unter den Getränken, längst abgeschrieben als Drink für Hausfrauen aus Castrop-Rauxel. Frauen, die am Samstagmorgen um 10 im Regional-Express an die Mosel zu viert acht Plätze besetzen. Sie machen dann gerne einen «Prosetscho» auf und trinken aus Plastikbechern die Reste, die sie in der Kurve nicht über den Tisch gegossen haben. Schreiend und kichernd erinnern sie sich dabei lautstark an die Grillparty im letzten Sommer, als sie die Becher schon einmal benutzt haben. Diese Hühner sind mir mittlerweile fast lieber als die kühl-kontrollierten Elfen hier in der Lounge.

Die Theke ist das Zuhause der früheren Lollipopper. Da sitzt ein

Typ, er könnte Jens' Vater sein, mittlerweile Ende 50. Wahrscheinlich heißt er Hanspeter. Er sagt jetzt Sätze wie: «Ich fühl mich jünger, als ich bin.» Nur leider sieht er nicht so aus. Von der mehrfach geschiedenen Ex-Partnerin lebt er nach der dritten Trennung jetzt endgültig getrennt. Hanspeter macht hier auf seinem Hocker eine Art Sitzblockade. Der Barkeeper wird zum Therapeuten, die Theke zur Couch, auf der Hanspeter schon seit längerem eher liegt als sitzt. Der Barmann lernt viel an diesem Abend über Zugewinnregelungen, Unterhaltszahlungen und verlassene Reihenendhäuser. Hinzu kommt die Lektion: «Warum Frauen Schlampen sind.» Beziehungen mit ihnen beginnen, wie sie enden, sagt Hanspeter: Immer wollen sie einen ausziehen. Am Anfang körperlich, am Ende finanziell. Wenn der Barkeeper genug hat, wirft er das Barkeeper-Handtuch mit Schwung über die Schulter und tut so, als müsse er ganz dringend Gläser abspülen.

Ich habe kein Handtuch und kann keine Gläser spülen. Darum muss ich aufpassen, dass mich Patient Hanspeter nicht anspricht. Die Lounge ist auch der Ort, an dem wir erleben können, wie wir nicht enden wollen.

Eigentlich kommt der Begriff Lounge aus der Welt der Bahnhöfe und Flughäfen. Hier ist sie der Ort, an dem Reisende sich aufhalten, solange sie auf den nächsten Zug oder Flug warten. Das Zuhause des dauerübermüdeten Jetlaggers. Egal, ob unterwegs oder zu Hause, die Lounge ist ein zentraler Ort für uns permanent mobile Leute. Ein Wartebereich, in dem wir darüber hinweggetäuscht werden sollen, dass wir nur Wartende sind auf den nächsten Anschluss zur nächsten Station unseres Lebens. Es ist der Wegehort für Leute, die irgendwie immer busy sind. Die Lounge ist das XING für die Offline-Minuten.

Seit ein paar Jahren ist schlagartig alles eine Lounge. Das Wartezimmer beim Arzt wird bald zur Health-Lounge, die Tankstelle zur Sprit-Lounge und Verbrecher stecken wir nicht mehr in den Knast, sondern ganz gepflegt in die Gitter-Lounge. Überhaupt verstauen wir alles, was stört, in eine Lounge: Raucher zum Beispiel stehen in der Raucher-Lounge. Die ist meist draußen auf der Straße. Je nach Mitleidsfaktor auch in einem verglasten Raum, wo wir ihnen bei ihrem abartigen Hobby zugucken können wie den Pavianen im Zoo. Das ist konsequent: Nach einem Tag mit Coaches ohne Ideen und Chefs ohne Mut ist das Wichtigste für die Besucher hier ein Abend mit Drinks, aber ohne Alk, Rauchern, aber ohne Zigaretten, und Menschen, aber ohne Emotionen.

Um auch sicherzugehen, dass alles draußen bleibt, was stören könnte, gibt es neuerdings in meiner Lounge «die Tür». Die Tür wacht darüber, dass hier nur Leute reinkommen, die nicht stören. Keine Gruppen, keine Leute in Jeans und vor allem keine in Sneakers. Man weiß hier sehr genau, was man nicht will. Stattdessen: fein, aber nicht aufgedonnert, Hemd auf, aber nicht zu weit, gepflegt, aber nicht geschniegelt. Die Fensterfronten gaukeln uns Weite und Offenheit vor. Die Lounge ist aber nicht so offen wie ihre Fenster, sondern so verschlossen wie ihre Tür. Drinnen ist alles streng, clean und puristisch. Die Leute, die Getränke, die Möbel. Middle of the road. Nicht zu laut und nicht zu leise, nicht zu cool und nicht zu spießig. Mittelmaß eben. Darauf ist man hier eingestellt wie der Kranke auf sein Medikament.

26. # Kinder-
garten

WAS IST EIN EGOIST
OHNE KINDERWAGEN?
SINGLE.

WAS SIND ZWEI EGOISTEN
MIT KINDERWAGEN?
ELTERN.

Ich habe es mir gerade bequem gemacht im ICE. Kaum sitze ich, fahre ich direkt den Laptop hoch. Ich könnte ja etwas verpasst haben, schließlich war ich seit drei Stunden nicht mehr online. Und dann das: Zwar nur eine neue Mail – aber die hat es in sich. 15 MB. 21.27 Uhr steht unter *Erhalten*. Die Betreff-Zeile ist leer. Der Anhang endet mit .jpg. Der Absender ist Nina, meine Ex-Freundin. Wir haben damals schnell kapiert, dass das nichts wird mit uns. Es reicht nicht zu gehen, man muss es rechtzeitig tun, heißt es immer. Das haben wir beherzigt, weshalb es uns tatsächlich gelungen ist, so etwas wie gute Freunde zu bleiben.

Die Mail ging an mich und viele weitere Florians, Christians, Daniels, Stevens und Kevins. Habe ich schon einmal erwähnt, dass ich Rundmails hasse? Rundmails sind wie Blumen aus Plastik. Nett gemeint, aber leider tot. Ohne irgendeinen Bezug zu denen, die sie bekommen.

In der Mail steht: «Hallo Ihr Lieben! Konstantin ist da!» Dahinter eine Größenangabe in Zentimetern und eine Gewichtsangabe in Gramm. Dazu das genaue Datum und die genaue Uhrzeit.

Es folgt eine endlose Litanei an Superlativen. Ganz viele «sehr stolz», «sehr begeistert», «freuen uns riesig und sehr», «sind sehr sehr überglücklich». Ich denke: Schön für euch. Aber verlieren diese neugeborenen Eltern eigentlich jeden Respekt vor ihren Mitmenschen? Wie können sie als Teil einer mobilen Generation es verantworten, abends um halb zehn eine Mail zu schicken mit einem 15-MB-Anhang? Ich sitze gerade in einem ICE durch Dunkeldeutschland! Mein Zug hat zwar gerade den Bahnhof «Jena Paradies» verlassen, das Netz hier ist trotzdem die Hölle auf Erden. Der Akku meines Notebooks ist fast leer, der Strom im Zug ausgefallen, und jetzt kommt diese überflüssige Mail mit ein paar kindischen Kinderfotos und frisst die spärlichen Reste meines Akkus. Da soll noch einer sagen, junge Eltern täten etwas für die Gesellschaft. Ja, was denn? Posteingänge zumüllen und freien Speicherplatz mit unwichtigen Fotos belegen. Wenn Outlook einmal angefangen hat, eine Mail vom Server zu laden, gibt es kein Entkommen mehr – obwohl ich wie ein Wahnsinniger « abbrechen » drücke. Immer wieder. Outlook sagt jedes Mal: Fertigstellen der Nachricht. Nein, die Nachricht ist doch der Grund des Abbruchs, sie soll nicht fertiggestellt werden. Bis ich hier 15 MB runtergeladen habe, bin ich mit der Transsibirischen Eisenbahn einmal durch die Mongolei gefahren. Ich weiß nicht, über wen ich mich mehr aufregen soll – Herrn Gates oder Frau Nina?

Kurz vor Berlin kann ich den Anhang mit den Bildern schließlich öffnen. Drauf zu sehen: Vater, Mutter, Kind. Daneben nur Mutter und Kind – von oben und von unten, von rechts und von links, selbstverständlich selbst abfotografiert. Vater und Sohn sind nur einmal allein auf einem Bild. Wahrscheinlich wollte Nina die spätere Sorgerechtsregelung hier schon einmal auf dem Foto vorwegnehmen.

Junge Eltern verschicken Mails so, wie sie von nun an in Busse und Straßenbahnen einsteigen: mit dieser aggressiven Wucht. Den Kinderwagen schieben sie als Waffe vorneweg, um den Weg frei zu boxen. Dabei setzen sie diese gestresst-wichtige Miene auf, in der das gesammelte Unrecht dieser Welt eingemeißelt ist. Aus jeder Pore verströmen sie die « Geh mir aus der Sonne, du asoziales, kinderloses Hedonistenschwein »-Energie: « Lerne du erst mal, eine verschissene Windel zu entsorgen! Bis dahin habe ich Vorfahrt! » Sie haben seit dem Augenblick der Geburt dieses aufgesetzte « Ich bin jetzt erwachsen »-Selbstbewusstsein. Sie sind ja auch übers Wasser gegangen, während alle anderen nicht einmal schwimmen können. Nein, die anderen sitzen am Ufer und verprassen ihr überflüssiges Double-income-no-kids-Vermögen an den Mövenpick-Eisdielen dieser Welt.

Sie aber, die jungen Eltern, haben nicht nur sich selbst, sie haben das Land fortgepflanzt. Ihretwegen werden wir am Leben bleiben, nur ihretwegen. Darum bitte Dankbarkeit vor so viel Fruchtbarkeit. Sie sind die besseren Menschen, sie erfüllen alle Anforderungen unserer Zeit jetzt hundertfünfzigprozentig: Sie haben aufgehört zu rauchen, trinken keinen Alkohol mehr und kaufen nur noch Bio-Rind im Bio-Öko-Supi-Supermarkt. Sie werden für Jahre absorbiert sein vom wirklichen Leben. Sie werden nicht mehr Gefangene der Möglichkeiten sein. Sie sind von nun an Gefangene ihrer Hormone. Sie haben eine neue Werteskala, auf ihr kommt 1.) das Kind, 2.) das Kind und 3.) das Kind.

Ist es gerechtfertigt, nur wegen einer etwas zu groß geratenen Mail so einen Aufstand zu machen? Was kann Nina dafür, dass ich hier schlechtes Internet habe, was kann sie dafür, dass ich so ein bemitleidenswerter Online-Junkie bin? Was kann sie dafür, dass der Gedanke an ein eigenes Kind für mich die Hölle auf Erden darstellt? Weil es mir das Ende meiner Freiheit vor Augen führen würde. Weil es endgültig wäre, meine volle Aufmerksamkeit einfordern und mich überleben würde. Es ist ein Gedanke, den ich nicht ertrage.

Schon komisch, wenn so eine Ex-Freundin plötzlich schwanger ist. Ich klicke auf das Bild im Anhang. Das Kind interessiert mich weniger, der Vater umso mehr: Sieht er mir ähnlich? Ist er wie ich? Oder ganz anders? Nein, er hat eine Glatze und schwulstige Lippen. Na ja, sagen wir, volle Lippen, das klingt netter. Er könnte in einer Fernseh-Doku über ehemalige Schläger auftauchen, bei denen die Resozialisierung erfolgreich war. Nein, ich bin nicht eifersüchtig. Im Gegenteil. Ich bin heilfroh. Ich fühle mich wie ein Urlauber, der glücklicherweise zwei Tage vor dem Terroranschlag noch das Land verlassen konnte.

Ein paar Monate später bin ich eingeladen bei den beiden. Zum Brunch. Was auch sonst bei jungen Eltern. Der Erzeuger ist eigentlich ganz nett. Nett, im Wortsinn: als größte Ohrfeige, die man einem Menschen geben kann. Nett ist meist gefolgt von dem tragischen Wort «aber». «Ich find dich nett, aber ...» Nett ist wie ein Kanarienvogel: Stinkt nicht, stört nicht, könnte aber auch genauso gut weg sein. Irgendwo zwischen Langeweile, Gleichgültigkeit und Desinteresse, da wohnt nett.

Er, der Kindsvater, hat auch einen netten Namen. Kai. Ein Bionade-Trinkername. Aber nur Litschi. Komisch, wie sich der Männergeschmack von Frauen schlagartig ändert, wenn sie bereit sind, sich zu vermehren. Jahrzehntelang stehen sie auf große Typen mit markantem Gesicht und starkem Kinn. Der Mann aber, mit dem sie Kinder machen, ist dann meist ein kleiner, etwas untersetzter mit rundem Gesicht. Ein netter Typ eben. Am Ende, wenn das mit dem Sorgerecht geklärt ist, wird Nina sagen, dass Kai sie nie herausgefordert habe, dass er sich nicht entwickelt habe, nicht einmal bereit dazu gewesen sei. Was sie heute verlässlich nennt, heißt ab morgen langweilig.

Kai hat schon vor Jahren ein Kind in die Welt gesetzt mit einer Ex-Ex-Ex-Freundin. Das hätte Nina eigentlich abschrecken müssen. Aber wahrscheinlich fand sie genau das anziehend.

Er hat zu seiner Tochter ja auch ein so tolles Verhältnis! Er besucht sie jedes zweite Wochenende und fährt dafür durch ganz Deutschland – großartig! Wobei, jedes zweite Wochenende mit dem Ex-Kind bedeutet übersetzt: Jedes zweite Wochenende ohne das Neukind. Vielleicht denkt Nina insgeheim, wenn sie dann in ein paar Jahren alleinerziehend ist, wäre ja immer noch jedes zweite Wochenende für ihr gemeinsames, dann bereits nicht mehr ganz so neues Neukind frei. In jedem Fall hatte dieser Mann schon einmal bewiesen, dass er ein Nest bauen, die Brut beschützen und auf die Jagd gehen kann. Mag es noch so oft schiefgegangen sein – sobald die biologische Uhr nur leise zu ticken beginnt, dient auch der letzte Schwachsinn als Bestätigung des eigenen Lebensentwurfs.

Kai hat auch schon ein neues Auto gekauft. Wie ein Blitz ist das Wort Kombi in seinen Kopf geschossen, als ihm Nina von ihrer Schwangerschaft erzählt hat. Er hatte sogar vergessen, pflichtgemäß auszuflippen und Nina vor lauter Freude in die Luft zu werfen. Unmittelbar nach ihrer Schwangerschaftsverkündung rannte er hektisch zu seinem Notebook und googelte «Kombi», verglich Kombi-Preise mit anderen Autopreisen. Dabei hat er schnell gesehen: Kombi ist ihm einfach nicht schick genug. Er liebt aber schicke Autos. Drum musste es ein Cayenne sein. Ein X5 wäre auch möglich gewesen. Irgendwas um die 400 PS jedenfalls, mit dem er jetzt auf geschwindigkeitsbegrenzten 130 km / h-Straßen in die Provence rasen kann oder tagelang vor ALDI seine Runden dreht, weil er in keine Parklücke mehr passt. Eigentlich, sagt Nina beim Brunch, eigentlich ist das ja nicht so unser Ding, so ein Landrover hier in der Stadt, aber das Teil hat eben Allradantrieb. Und da haben wir gedacht, man kann ja mal ...

Ein Mann wie Kai in einem Cayenne – das könnte auch ein cooler Single sein, der gern coole Schlitten durch die Gegend fährt. Ein bisschen Single bleiben ist immer gut, auch für frischgebackene Papis. Frauen stehen schließlich auf Männer mit Kind auf den Schultern. Den Markt im Blick behalten, nur mit einem Auge. Für später.

Jetzt, mit Kind, engagieren sich Nina und Kai sogar politisch. Beide haben schon ihre Unterschrift unter zwei Bürgerbegehren globalen Ausmaßes gesetzt: einmal für die Tempo-30-Zone in ihrer Straße und einmal für einen Kinderspielplatz neben der Tempo-30-Zone. Für mehr Kultur in ihrer Straße würden sie auch unterschreiben. Aber Kultur nur bis 21.30 Uhr. Danach muss Ruhe sein. Wegen des Kinderspielplatzes. Da ist zwar kein Kind mehr um diese Zeit, aber hier geht es ums Prinzip.

Das Leben des Nachwuchses ist durchgeplant wie ein Projekt. Jeder neue Zahn ist ein Weltwunder. Weil sich Nina und Kai auf dem Markt der Möglichkeiten ewig austoben mussten, haben sie das Projekt Kind immer weiter nach hinten verschoben. Deshalb wird es wohl auch bei diesem einen Kind bleiben – und dieses eine, das muss dann bitte auch perfekt werden. Das muss zwei Tage nach der Geburt Thailand kennenlernen und mit vier Jahren vier Sprachen und fünf Instrumente beherrschen.

Obwohl ihr Kind noch nicht einmal das erste halbe Lebensjahr hinter sich hat, machen sich Nina und Kai natürlich bereits Gedanken über die zukünftige Schule. Schon jetzt halten sie Ausschau nach der richtigen Schule – nein, der perfekten. Man kann nicht früh genug anfangen. Auf jeden Fall schicken sie das Kind auf eine Privatschule und in eine Privatversicherung. Keinesfalls aber darf es vors Privatfernsehen. Das ist das Ende. Überhaupt müssen sie das Kind von allem fernhalten – in erster Linie vom Kindergarten. Also von einem normalen jedenfalls, von einem, in dem noch Bauklötze fliegen. Danach müsste das Kind sofort zum Therapeuten: Es hat einen Bauklotz geworfen – wie verhindern wir eine Karriere als Terrorist? Und müssen wir als Eltern jetzt nicht auch in eine Paartherapie, um unsere eigene Bauklotz-Vergangenheit aufzuarbeiten? Nimmt uns dann das Jugendamt das Kind weg?

Nein, dann lieber in einen Waldorf-Kindergarten, in dem es von allem verschont bleibt, was das Leben später ausmachen wird.

Kinder sind die neuen Heiligen unserer Zeit. Es ist, als ob sie uns die Reinheit zurückgeben würden, die wir glauben, verloren zu haben. In Kindern zeigt sich das ganze «Ja, aber» unseres Lebens.

Seit Nina und Kai ein Kind haben, können sie sich rühmen, endlich erwachsen zu sein. Zugleich aber leben sie ihr Leben weiter wie zuvor. Bloß nichts verpassen, auf nichts verzichten. Im Grunde wollen sie selbst die Kinder bleiben, die sie kriegen.

«Eigentlich» ist das neue Lieblingswort der beiden. «Eigentlich sind wir nämlich gar keine Eltern. Also nicht so, wie man sich Eltern vorstellt – normalerweise.»

Die beiden haben jetzt regelmäßige kinderfreie Wochenenden eingeführt. Ein Trip nach London sei geplant, irgendwann. Vielleicht mit dem Cayenne. Vielleicht auch mit Ryanair. Nur weil jetzt ein Kind da ist, dürfen sie schließlich als Paar nicht zu kurz kommen. Zeit für sich brauchen sie schon. Jeder für sich und dann auch noch zusammen.

Kinder kriegen, ohne Eltern zu werden: Das ist das Ziel. Auf den Spielplätzen sehen wir darum viele Papis, die sich um jeden Preis jugendlicher kleiden wollen als ihre Söhne.

Im Grunde soll sich nichts ändern. Das Kind ist ein Vorwand. Wir tun so, als würden wir uns jetzt nicht mehr um uns selbst drehen, endlich soll sich alles relativieren, alles soll nicht mehr so wichtig sein. Aber wir bleiben weiter die Handy-Fotografierer unserer selbst. Wir haben nur den Fokus minimal verändert – gerade so, dass das Kind noch mit draufpasst.

27. Das letzte Date

«KANN MAN DAS:
EIN JUNGER MÖNCH SEIN
UND SICH NICHT VON DEN
TEXTEN ÜBERWÄLTIGEN LASSEN?
DIE KUTTE NEHMEN UND
TROTZDEM FREI BLEIBEN? NACH
DEN REGELN LEBEN, OHNE DEN
GEIST ZU BINDEN?»

ALFRED ANDERSCH

Am Anfang habe ich nichts Böses geahnt. Obwohl sich Anne seit unserem Zoff vor vier Tagen nicht mehr gemeldet hat. Am Telefon sagt sie, sie wolle heute Nachmittag spazieren gehen. Gut, das kommt bei ihr häufiger vor, aber eigentlich nur sonntags. Heute ist aber Dienstag. Was soll's, denke ich, vielleicht möchte sie Gewohnheiten durchbrechen. Soll man ja ab und zu mal machen, auch in altgedienten Beziehungen. Doch dann kommt der Satz: «Wir müssen reden.» Das machen wir doch sowieso jeden Tag mehrfach, denke ich. Dennoch beschleicht mich ein komisches Gefühl. Ich kombiniere blitzschnell: Spazieren gehen + reden müssen = Schluss machen. Gut kombiniert, trotz Rechenschwäche. Dann noch die Tageszeit hinzugefügt, schon gibt es eigentlich keinen Zweifel mehr. Ich weiß nicht genau, was ich zu einem drohenden Beziehungsende sagen soll.

Auf der einen Seite gibt Anne meinem Leben durchaus so etwas wie Sinn und Struktur. Ich ernähre mich zum Beispiel bedeutend gesünder, seit sie regelmäßig für mich kocht. Schön ist auch, dass ich mittlerweile offiziell dabei zuschauen darf und nicht mehr mitmachen muss. Dafür weiß sie sonst alles besser: Wie ich meine Pflanzen zu pflegen habe, wie ich das Bad putzen muss und welcher Streifenfrei-Reiniger wirklich streifenfrei reinigt. Seit sie unter mir wohnt, weiß ich oft nicht, ob sie meine Mutter oder meine Schwester ist. Wir sehen uns abends, essen, trinken, gucken fern, schlafen ein. Meist ich etwas früher als sie. Ich habe das Gefühl, wir sind in vier Jahren um vierzig gealtert. Wenn wir streiten, sind die Rollen sehr klar definiert: Sie ist die Zicke und ich der unentschiedene Taugenichts. Vielleicht sollten wir ein Kind bekommen. Dann hätte sie zwei – mich und das echte. Mal sehen, welches mehr Arbeit macht. Ich sehe sie schon vor mir, wie sie alles besser kann, besser weiß, besser macht. Je mütterlicher sie wird, desto rechthaberischer werde ich. Alles lehne ich inzwischen ab: Ausgehen mit Freunden, Kino, Theater. Einfach nur um zu zeigen, dass das Kind schon einen eigenen Kopf hat und sehr wohl entscheiden kann.

Ich mache einen Spaziergang hin zum verabredeten Spaziergang – ein emotionales Warm-up. Ich spüre: Jetzt muss ich mich tatsächlich warm anziehen. Wir sind um 16 Uhr verabredet. Ich bin um 15.57 Uhr da. So pünktlich war ich nur bei unserem ersten Date. Leider ist Anne noch pünktlicher.

Ich beginne das letzte Treffen mit einer Entschuldigung, obwohl es nichts zu entschuldigen gibt. Das allerletzte Treffen wird es nicht sein heute, das weiß ich. Beim allerletzten wird sie ihre Sachen bei mir holen. Ich werde das umgekehrt nicht tun. So eine Zahnbürste kann man nachkaufen. Das hat sie mir auch immer öfter vorgeworfen in letzter Zeit, dass angeblich nichts von mir in ihrer Wohnung sei. Und was das aussagt über mich, uns und unsere Beziehung. Alles sagt bei ihr immer etwas aus, ist ein Zeichen von etwas anderem. Unsere Beziehung ist ein einziger Interpretationskurs. Daraufhin habe ich dann die Zahnbürste geliefert. Seitdem kann ich diesen Punkt von der Diskussions-to-do-Liste streichen.

Eigentlich ist zunächst erst einmal alles wie bei unserem ersten Date: Wir umarmen uns, ohne uns zu küssen, und führen Smalltalk. Paare, die sich trennen, werden wieder wie frisch Verliebte. Ich achte plötzlich auf jede Silbe, jede Betonung. Das ist lange nicht passiert. Aber es liegt jetzt die Schwüle des bevorstehenden Angriffs in der Luft. Beide haben aufgerüstet. Die Frage ist, wer zuerst schießt. Im Grunde ist es egal, wir werden es beide überleben. So viel ist klar. Wichtig ist aber die Bilanz: Wer wird agieren, wer nur reagieren? Wer wird handeln, wer nur behandelt?

An der Ecke des Platzes, auf dem wir uns getroffen haben, ist ein Café. Ich hole uns zwei Latte macchiato. To go, was auch sonst in diesem Moment. Dann gehen wir los. Obwohl ich ahne, was jetzt kommt, habe ich ehrlich gesagt keinen Masterplan. Ich habe keine Haltung. Will einfach mal gucken, wie das Ding so läuft, einfach alles auf mich zukommen lassen. Und vertraue auf meine Ironie im richtigen Moment. Auf sie konnte ich mich bisher noch immer verlassen, wenn es ernst zu werden drohte. Bestimmt auch diesmal: Ich werde mich einfach ein wenig über Anne und die Welt lustig machen. Anne wird lachen, und dann gucken wir weiter. Mein Humor hat mich noch immer gerettet.

Zugleich habe ich ein schlechtes Gewissen, so, als wäre ich schuld an unserer Situation. Anne beendet den Smalltalk und fordert erneut eine gemeinsame Wohnung in den nächsten drei Monaten. Ich bin beeindruckt, sogar mit Deadline. Wie bei einem echten Projekt. Wäre das ein Fußballspiel, würden die Reporter jetzt vermelden: Anne spielt erfrischend offensiv. Wenn ich die gemeinsame Wohnung nicht wolle, dann liebe ich sie nicht oder zumindest nicht so sehr wie sie mich. Fuck. Zwei Minuten nach Spielbeginn ist sie schon mitten in meinem Strafraum. Ich versuche total erfrischend zu kontern: «Wenn du mich lieben würdest, würdest du mich nicht zwingen wollen.» Gleichstand. Das wird ein zähes Turnier.

Anne setzt jetzt zum großen Angriff an. «Dein Problem ist ...», beginnt sie. Vielen Dank, Frau Doktor. Ich hasse Sätze, die mit «Dein Problem ist» anfangen.

«Dein Problem ist: Du willst einfach alles: Eine Beziehung, aber leben wie ein Single. Gebunden sein, aber doch frei bleiben. Du musst doch irgendwann anfangen, Entscheidungen zu treffen, ja oder nein zu sagen und dich nicht ewig hinter deinem Jein zu verstecken.» Verdammt. Hat sie heimlich mein Gespräch mit dem Psychologen belauscht? «Stattdessen lässt du geschehen. Du lebst dein Leben nicht, du bist der Zuschauer deines Lebens, der sich dabei zuschaut, wie er sich zuschaut. Du staunst über all die Möglichkeiten, die du zu haben glaubst. Aber sie bleiben leere Hüllen, genau wie du. Weil du nichts umsetzt. Du liebst dein Leid, du bist ein glücklicher Gefängnisinsasse. Als Kontakt nach draußen reichen dir die Medien. Ab und zu siehst du einen Film im Fernsehen über die Welt draußen. Danach sagst du, dass man den jetzt so oder so interpretieren kann.

Natürlich beschwerst du dich über die Zustände, aber immer schön ironisch. Damit du dir auch ja keine Feinde machst. Die Ironie ist nicht der Humor der Mobilen und Flexiblen, es ist der Humor der Unverbindlichen, der Bequemen und Unentschiedenen.

Du tust so, als würdest du das große Sowohl-als-auch sehen, aber siehst doch immer nur dich selbst. Und das schaffst du sogar ohne Handy-Kamera. Du verachtest Silbermond, weil sie sind wie du: Sie reden nur von sich. Aber wenigstens wissen sie, was sie wollen. Sie brechen nicht alles durch diese ständige Selbstironie. Du bist wie ein Pudding, den man versucht, an die Wand zu nageln.»

Ob ich das wohl nochmal schriftlich bekommen kann, zum Nachlesen? Kurz ärgere ich mich, dass sie mir mit dem Sowohl-als-auch-Vorwurf zuvorgekommen ist. Ich versuche, entschieden zu kontern: «Du bist ein richtiges Bachelor-Kind. Je mehr, desto besser. Früher hast du Punkte gejagt wie ein Eichhörnchen die Nüsse, heute führst du deine Beziehung nach mathematischen Regeln. Was gebe ich? Was bekomme ich? Du willst Familie, aber auch Karriere. Du willst zusammenwohnen, aber nicht wie alle anderen, eher so als WG. Du kannst nicht den Softie in der Vertikalen und den Harten in der Horizontalen wollen, einen Teilzeit-Sozi, der nachts auch mal den Despoten raushängen lässt. Du musst dich entscheiden, was du willst!»

Ich habe das Gefühl, dass das jetzt alles nichts mehr bringt. Anne ist von Anfang an in Führung gegangen. Das hole ich heute nicht mehr auf.

Ich komme mir jetzt vor wie ein Fußballer, der nach verlorener Partie auf der Pressekonferenz nochmal sagt, wie er das Tor geschossen hätte, wenn nicht diese verdammte andere Mannschaft auf dem Platz gewesen wäre.

«Jetzt zusammenziehen, ich lasse mich doch nicht erpressen», sage ich deshalb nur, obwohl ich eigentlich das Gefühl habe, diese Beziehung jetzt retten zu müssen. Muss ich sie retten, oder will ich sie retten? Ich weiß es nicht.

Bei unserem ersten Date ist Anne irgendwann gegangen und mit dem Taxi nach Hause gefahren. Dieses Mal gehe ich – zu Fuß, ohne

Taxi. Ich kann also behaupten, dass ich Schluss gemacht habe. Der Erste zu sein, der aufsteht und geht – das reicht doch, um das Ende auf dem eigenen Konto verbuchen zu können. Ich finde, es steht jetzt mindestens 3:3.

Nichts!

«WENN ICH ETWAS
SEHE UND ANFANGE, ES ZU
ERLEBEN, DENKE ICH SOFORT:
‹JA, DAS IST ES! DAS IST DIE
ERFAHRUNG, DIE MIR NOCH FEHLT!›,
UND HAKE ES GLEICHSAM AB. (...)
‹DAS WAR ES ALSO!›, DENKE ICH
UND WARTE, WAS WOHL ALS
NÄCHSTES KOMMEN WIRD.»

PETER HANDKE

▶ Was mache ich nun mit meiner Freiheit? Ich gehe dorthin zurück, wo ich noch alle Möglichkeiten habe. Zu Starbucks. Erst mal 'nen Kaffee. Nur welchen? Jetzt geht das schon wieder los. Alle Sorten in allen Sprachen, Hauptsache, groß: tall, grande, venti. So funktioniert unsere Welt. Auch was klein ist, heißt groß. Das ist logisch in einer Welt, in der man nicht mehr schlecht, sondern suboptimal sagt. Diese Welt ist ein Radiosender: Hauptsache, sie klingt gut. Es geht darum, uns das Gefühl zu geben, immer Teil des Größten zu sein, zu dem es keine Alternative mehr gibt. Stets bekommen wir das Größte – wenigstens könnte es möglich sein. Eigentlich sollen wir es aber gar nicht bekommen. Wir sollen es nur bekommen wollen. Damit wir die Klappe halten.

Und wenn ich dann doch zuschlage und nur die kleinste Größe bestelle, weil ich keine Ahnung hatte oder blöderweise nicht alle Sprachen beherrsche – dann können sie immer noch drauf vertrauen, dass ich es vielleicht gar nicht bemerke. Und wenn ich es beim Ausschank doch spitzkriege und mich beschweren will, habe ich eben Pech gehabt: Der Ausschank ist streng getrennt von der Bestellung. Hier wird es heißen: «Du musst schon selber wissen, was du bestellt hast.» Man lässt mir alle Möglichkeiten, um mich dann allein zu lassen. Weil ich zu faul und zu feige bin für die Beschwerde-Bürokratie, werde ich also die Klappe halten – mal wieder. Ich mache es wie mit meinem iPhone: Ich beklage lautstark, dass Apple alles über mich weiß, aber am Ende siegt meine grenzenlose Bequemlichkeit. Da ich schon beim Kaffeebestellen höllisch aufpassen muss, dass ich alles richtig mache, reicht mir das in Sachen Verantwortung für eine Woche.

Ich habe mich noch immer nicht entschieden, was ich trinken will. Aber das macht nichts. Die Schlange ist lang. Vor mir stehen zwei Typen mit Nerdbrillen. Augenzwinkernd tragen sie ihre Kassengestelle vor sich her. Vielleicht, überlege ich mir, sind diese ironischen Teile auch nur der verzweifelte Versuch, mit dem Rahmen der Brille einer aus dem Rahmen gefallenen Welt endlich wieder einen

Rahmen zu geben. Die Hochzeit von Jensnicola, Annes zwanghafter Wunsch, zusammenzuziehen, der verschulte Bachelor an den Unis – all das sind Versuche, Ordnung ins Chaos zu bringen. Einen Anker zu setzen in der Flut.

Ich brauche keine Brille. Ein Lebensrahmen würde mir trotzdem langsam mal guttun. Ich nehme mir also vor, erneut die ganze Karte hier zu lesen, um mich dann ein für allemal zu entscheiden. Ich werde dann das ultimative, coolste, beste Getränk wählen, das ich dann immer, wirklich immer bestellen werde. Den «fruchtigen Tea frap mit Mango-Passionsfrucht» zum Beispiel. Nie wieder hadern, zweifeln und zögern. Nie wieder jein, nie wieder sowohl-als-auch. Für mich jetzt immer Passionsfrucht! Dann werden mich die Verkäufer bald wissend anschauen und nur noch sagen: «Wie immer?», und ich werde ein freundliches Nicken andeuten, zum Zeichen, dass alles gut ist und sie nicht überrascht sein müssen. Kein Hü und kein Hott mehr. Jeden Tag Mango-Passionsfrucht. Jeden Tag zur gleichen Zeit. Im gleichen Starbucks.

Werde ich dann frei sein? Weil ich mich entschieden habe? Weil ich 128 andere Möglichkeiten ausgelassen habe? Würde ich das überhaupt aushalten? Nie wieder nach rechts und nach links zu schielen wie in der Sauna? Nie wieder zu gucken, ob nicht am Wegesrand doch noch das eine oder andere Pflänzchen bereitsteht, das ich mitnehmen muss, wenn auch nur für ein kurzes Stück?

Vielleicht sollte ich aber auch aufhören, über Freiheit nachzudenken. Ich bin überzeugt: Freiheit gibt es heute nicht mehr. Es gibt «frei» nur noch in Kombination: «frei von.» Kaffee frei von Koffein, Milch frei von Fett, Kneipen frei von Rauch, Körper frei von Haaren, Coaches frei von Ideen, Leben frei von Spaß. Fehlt nur noch Freiheit frei von Freiheit, das wäre es. Was stört, muss weg. Das Leben ist Kosmetik. Alles, was im Spiegel des Fotohandys mies aussieht und nicht mit dem Bild, das ich von mir in meinem Kopf habe, übereinstimmt, ist böse.

Die Jungpolitiker aus CDU und FDP habe ich verachtet für ihre

Zuhause-Bleiberei. Warum habe ich nicht gesehen, dass sie mir einen Spiegel vorgehalten haben? Schließlich habe auch ich mein Viertel seit Ewigkeiten nicht mehr verlassen. Schließlich gehe auch ich zum immer gleichen Bäcker, zum immer gleichen Italiener und ins immer gleiche Kino. Doch dieses Bild von mir will ich nicht sehen. Darum schiebe ich es weg und zerschlage den Spiegel, der nichts dafür kann.

Weil auch ich im Grunde ein Zuhausegebliebener bin, ein Kind der Gewohnheit, die ich nach außen so lautstark verteufeln muss. Damit auch sicher keiner bemerkt, wie nah ich ihr schon bin. Weil ich am liebsten jeden Tag im gleichen Starbucks den gleichen Kaffee trinken möchte bis an mein Lebensende. In einem Starbucks, der aussieht wie Millionen andere Starbucks' auch. Der mir das Gefühl gibt, zu Hause zu sein, egal, wo ich bin.

Nicht die Welt ist eine gleichgemachte – ich bin es, der sich heimlich eine gleichgemachte Welt wünscht, der anders das Leben nicht erträgt.

Noch vier Leute vor mir. Ich habe eine Mail bekommen. Das iPhone vibriert, alle zehn Minuten ruft es selbständig Mails ab. Lob der Technik! Nervös ziehe ich es aus der Tasche – nur nichts verpassen! Jens schreibt, er habe von Nicola gehört, dass Anne Schluss gemacht hat. Anne hat Schluss gemacht? Das wüsste ich aber! *Ich* bin doch aufgestanden! Also habe ja wohl ich Schluss gemacht. Ich muss sofort zurückschreiben. Am Ende denkt Jens noch, ich hätte mir was angetan vor lauter Schmerz! Blödsinn! Ich leide nicht. Ich leide nie. Ich kann auch ohne sie. Aber sie nicht ohne mich. Das ist der Unterschied. Ich sehe, das muss schnell gehen mit der Mail, ich bin gleich dran. Und zurück ans Ende der Schlange, das geht nicht. Ein Hauch von Stress überfällt mich. Alles muss immer sofort sein. Und gleichzeitig. Antworten, telefonieren, bestellen. Ich bin für alle immer erreichbar. Und wehe, ich antworte nicht innerhalb von Sekunden. Dann kommt sofort der Anruf mit dem wütenden Unterton: «Hast du meine Mail nicht bekommen, die ich dir auch noch auf die Mailbox gesprochen und als SMS geschickt habe?»

Einmal war Anne mit einer Freundin drei Monate in Australien. Ich dachte erst: Gar nicht schlecht. Alle zwei Wochen mal eine Mail, und ansonsten Ruhe. Was war? Jeden zweiten Tag bestand sie auf ein zweistündiges Telefonat über Skype. FREI von Kosten versteht sich. Und mit Bild. Ihre erste Frage, als sie mich sah: «Wie siehst du denn schon wieder aus?» Ich dachte: Die ist nicht in Australien, die sitzt gleich im Raum nebenan.

Alles ist Gegenwart. Wir leben in einem Terror des Jetzt. Es gibt nicht mehr Hier und Dort, es gibt nur noch Hier. Das Erdbeben in Thailand? Verfolgen Sie es im Liveticker! Fußball-WM in Brasilien? Verfolgen Sie es im Livestream! Anne in Australien? Verfolgt mich. Alle zwei Tage über Skype und alle paar Stunden über Twitter («Grade zehn Kilometer gewandert. Echt anstrengend.»). Ich dachte: Bitte, lauf weiter! Lauf einfach weiter, atme ruhig und gleichmäßig und bitte twittere nicht.

Ich kenne kein Gestern und kein Morgen, ich kenne nur Heute. Und heute muss alles passieren. Alles wirkt wie eine endlose Gegenwart mit endlos vielen Anschlussmöglichkeiten. Auf dem Bahnhof, auf der Autobahn, am Telefon. Überall Anschlüsse.

Wenn ich mich als Kind am Telefon verwählt hatte, sagte eine Stimme am Telefon: «Kein Anschluss unter dieser Nummer.» Heute sagt eine Stimme: «Diese Rufnummer ist uns leider nicht bekannt.» Einmal habe ich zurückgebrüllt: «Jetzt hör doch auf zu lügen und gib zu, dass es diese Nummer einfach nicht gibt! Wenigstens nicht auf diesem Planeten!» Man möchte auch dort noch Möglichkeiten offen lassen, wo es sie definitiv nicht gibt. Die Telekom glaubt wohl, mir einen Gefallen zu tun: Wer in Anschlüssen lebt, erträgt keinen Abschluss.

Noch drei Leute, dann bin ich dran. Der Kunde vor mir ist Spanier und spricht weder Englisch noch Deutsch. Wenn er jetzt noch eine fette Laktose-Intoleranz hat – gute Nacht!

Die beiden Nerdbrillen hinter mir reden über «die Gesellschaft». Lebe ich eigentlich in einer Gesellschaft? Ich finde, Gesellschaft ist irgendwie voll 70er.

Ich lebe nicht in einer Gesellschaft, ich lebe im Netz. In vielen verschiedenen Netzen. Virtuellen und realen. Online und offline. Überall Netze. Netze aus Kollegen, Kontakten, Freunden, Bekannten. Menschen, die mir wichtiger sind, und Leute, die mir egal sind, die das aber so nicht wissen sollen. Ich sage lieber: «Diese Wichtigkeit ist mir leider nicht bekannt.» Die Netze überschneiden sich an einzelnen Punkten, aber insgesamt sind sie getrennt voneinander. Mit jedem Netz teile ich einen Teil meines Ichs. Ich habe so viele Netze wie Iche. Wer bin ich? Ich weiß es nicht. Ich bin der und der und der. Ständig ein anderer. Ich breite mich aus, genau wie meine Netze. Netze sind meine Gegenwart, sie sind immer da, parallel, gleichzeitig.

Anne hatte mir in letzter Zeit oft vorgeworfen, dass ich mich nicht weiterentwickle. Ich habe dann gesagt: «Es geht heute auch nicht mehr darum, sich zu entwickeln. Entwicklung ist voll 70er! Es geht heute darum, sich zu entfalten! Das ist es doch auch, was du willst. Einen, der alles gleichzeitig ist: laut und leise, Fußballfan und Kantleser.»

Darum beschließe ich hier in der Schlange: Ab jetzt bin ich perfekt. Also, ab morgen dann. Ich werde alle Widersprüche in mir vereinen. Ich werde mein eigenes Netz – vielleicht begegne ich einem Teil von mir darin und kann mir eine Freundschaftsanfrage schicken. In jedem Fall werde ich mich breiter aufstellen, genau so, wie die Coaches es immer predigen. Darum geht es heute: Breite statt Tiefe. «Und» zu sagen statt «oder».

Im Grunde bin ich eine Software. Aus dem Netz hole ich mir die Updates, die ich brauche, und bringe mich auf den aktuellen Stand. Anne war also nichts weiter als mein Service Pack 4. Sie hat ein paar Sicherheitslücken geschlossen, ein paar Updates installiert, und jetzt surfe ich weiter durchs Netz.

Surfen klingt sehr cool. Früher wanderte man, heute surft man. Von Link zu Link, von Seite zu Seite. Ich folge meinen Eindrücken. Springt mich etwas an, rechts oben oder unten links, vergesse ich, was ich eigentlich gesucht habe, und bin weg.

Wenn es nur noch das Jetzt gibt, kein Ziel, nichts wirklich Fremdes, keine Alternativen – dann müssen wir uns notwendigerweise um uns selbst drehen. Alle drehen sich um sich: Anne, indem sie sich selbst fotografiert, ich, indem ich die ganze Zeit möglichst selbstironisch nur von mir erzähle. Medien, indem sie Events erfinden, um dann über sie zu berichten. Die Politik, indem sie Probleme erschafft, die sie dann in den Medien zerreden kann – damit anschließend die Medien den Medien in den Medien vorwerfen können, dass das, was die Medien als Medien machen, dringend zerredet gehört. Die Ironie wird dann zum letzten verzweifelten Versuch, Abstand zu gewinnen in einer abstandslosen Welt, die nur noch Selbstgespräche führt. Je näher mir die Welt kommt, desto mehr entferne ich mich von ihr. Je mehr ich über Liveticker und Livestream live und in Farbe sehen kann, desto mehr ziehe ich mich zurück in meine kleine übersichtliche Welt. Eine Welt, in der ich noch in aller Ruhe schwarzweiß sehen kann.

Die Welt außerhalb meiner eigenen, außerhalb des Netzes, ist sehr weit weg. Ich habe kein Gefühl für sie. Natürlich lege ich die Stirn betroffen in Falten, wenn mir mal wieder ein Wissenschaftler in den Nachrichten sagt, dass ich später sehr arm sein werde, weil ich momentan 80 Rentner auf einmal finanziere, aber für mich selbst später nur 0,002 Kinder zahlen werden. Oder wenn ich höre, dass spätestens im Jahr 2020 Hamburg wegen Klimawandel komplett unter Wasser steht. Kann sein, denke ich dann. Kann aber auch nicht sein. Man wird sehen. Wäre jedenfalls schade um die versenkten Millionen für die Elbphilharmonie. Die Rettung des Planeten wird mit mir genauso ausfallen wie ohne mich.

Plötzlich bin ich dran. Verdammt. Das ging jetzt doch schneller als gedacht. Ich weiß immer noch nicht, was ich will. Natürlich könnte ich jetzt irgendwas stammeln, irgendeine Verlegenheits-Latte bestellen. Aber das mache ich nicht. Ich spüre jetzt eine Kraft, die ich noch nie erlebt habe. Ich schaue der Verkäuferin direkt in die Augen und sage selbstsicher und mit klarer Stimme: «Ich möchte nichts bestellen. Gar nichts. Null. Ich möchte einfach nur hier stehen und wissen: Ich könnte, wenn ich wollte. Von Kuchen über Schokolade bis hin zu Kaffee. Aber auch wenn der Kuchen ‹New York Cheese Cake› heißt, ist hier nicht New York. Ich brauche kein New York, kein London, kein Paris. Ich brauche nichts. Keine kalorienfreie Schokolade und vor allem keinen koffeinfreien Kaffee. Das ist wie Sex ohne Orgasmus. Und auch den brauche ich nicht. Weder den Sex noch den Orgasmus. Ich brauche gar kein Ohne. Ich brauche weniger als ohne. Ich brauche nichts. Ich brauche nichts, und ich will nichts. Und mit nichts meine ich nichts. Und zwar in allen Sprachen: nichts, nothing, niente. Nicht groß und nicht klein, nicht mittel und nicht venti. Einfach nur nichts. Haben Sie mich verstanden?»

Für einen kurzen Moment wird es jetzt sehr still im Café. Die Menschen um mich herum gucken mich an wie einen, der gleich rufen wird: «Jesus lebt! Und Elvis ist sein Bruder!» Da soll noch einer sagen, es gebe heute keine Möglichkeit mehr, aufzufallen.

Als ich das Café verlassen habe, finde ich mich sehr revolutionär. Kurz überlege ich, auf Wikipedia zu gucken, ob ich schon einen Eintrag als «Starbucks Che Guevara» habe. Zum ersten Mal habe ich eine Entscheidung getroffen. Eine Entscheidung für nichts, aber immerhin.

Auf der anderen Seite der Straße lässt meine Begeisterung schon wieder nach, vielleicht sollte ich aufhören, mir vorzumachen, dass ich surfe. Um surfen zu können, müsste ich erst mal schwimmen lernen. Keiner surft, weder online, noch offline. Alle versuchen, sich irgendwie über Wasser zu halten. Ziellos, hektisch, ungeduldig warte ich wie ein Surfer auf dem Wasser, solange die Brandung ausbleibt. Im Grunde warte ich auf die Welle meines Lebens. Viele schöne kleine lasse ich vorbeiziehen. Ich lege mich höchstens kurz rein, probiere sie aus und verlasse sie wieder, noch bevor ich weiß, was aus ihnen wird. Aber die nächste Welle wird kommen. Ganz sicher. Ich muss nur warten lernen. Wirklich warten. Nicht ungeduldig sein.

Und so warte ich auf die Welle, die alles überspült, ohne mich nass zu machen. Bis dahin werde ich weiter versuchen, die Stille auf Distanz zu halten. Die Stille, in der die Angst kommt. Die Angst, mich selbst zu verpassen.

Dank

Ich bedanke mich bei allen, die mich bei der Entstehung dieses Buches ermutigt und begleitet haben. Vor allem möchte ich all jenen danken, die sich mit mir und für mich entschieden haben, dass ich mich entscheiden soll. Für dieses Buch und überhaupt. Sie haben geholfen, dass ich die entscheidenden Worte gefunden und im entscheidenden Moment entschieden aufgeschrieben habe.

Insbesondere danke ich Susanne, Christian, Walli, Sarah, Andi, Esther, Hanna, Heiko, Barbara und Julia sowie dem gesamten Rowohlt-Team.

Dank für geistige Inspiration an: Slavoj Žižek, Peter Sloterdijk, Byung-Chul Han, Robert Pfaller, Michel Houellebecq, Unbekanntes Komitee.

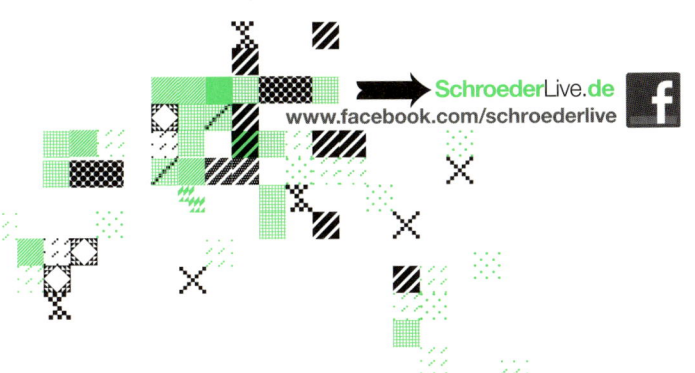

SchroederLive.de
www.facebook.com/schroederlive

Originalausgabe
Veröffentlicht im Rowohlt Taschenbuch Verlag,
Reinbek bei Hamburg, Juli 2011
Copyright © 2011 by Rowohlt Verlag GmbH,
Reinbek bei Hamburg
Layout Esther Wienand
Fotos im Innenteil Frank Eidel
Umschlaggestaltung Esther Wienand
(Foto: © Frank Eidel)
Satz Garamond PostScript, InDesign,
bei KCS GmbH, Buchholz bei Hamburg
Druck und Bindung GGP Media GmbH, Pößneck
Printed in Germany
ISBN 978 3 499 62736 1